2008
中国农产品价格调查年鉴

CHINA YEARBOOK OF AGRICULTURAL PRICE SURVEY

国家统计局农村社会经济调查司 编

Department of Rural Survey, National Bureau of Statistics of China

中国统计出版社
China Statistics Press

(京)新登字 041 号

图书在版编目（CIP）数据

中国农产品价格调查年鉴. 2008
/ 国家统计局农村社会经济调查司编.
- 北京：中国统计出版社，2008. 11
ISBN 978-7-5037-5572-9

Ⅰ. 中…
Ⅱ. 国…
Ⅲ. 农产品 - 价格 - 统计资料 - 中国 -2008- 年鉴
Ⅳ. F323.7-54

中国版本图书馆 CIP 数据核字（2008）第 166980 号

中国农产品价格调查年鉴— 2008

作　　者 / 国家统计局农村社会经济调查司
责任编辑 / 许立舫
E-mail /cbsebs@stats.gov.cn
封面设计 / 艺编广告
出版发行 / 中国统计出版社
通信地址 / 北京市西城区月坛南街 57 号
邮政编码 /100826
办公地址 / 北京市丰台区西三环南路甲 6 号
网　　址 /www.stats.gov.cn/tjshujia
电　　话 / 邮购 (010) 63376907　书店(010)68783172
印　　刷 / 河北天普润印刷厂
经　　销 / 新华书店
开　　本 /880 × 1230 毫米　1/16
字　　数 / 460 千字
印　　张 /18
版　　别 /2008 年 11 月第 1 版
版　　次 /2008 年 11 月第 1 次印刷
书　　号 /ISBN 978-7-5037-5572-9/F・2786
定　　价 / 108.00 元

《中国农产品价格调查年鉴—2008》
编辑委员会

CHINA YEARBOOK OF AGRICULTURAL PRICE SURVEY—2008

EDITORIAL BOARD AND STAFF

前　言

一、本书编辑目的与作用

伴随我国市场经济体制的建立与完善，农村经济运行市场化步伐加快，市场机制在农产品流通与贸易中的基础作用日益显现，宏观决策和社会公众对农产品价格信息的需求与日俱增。为了适应这一新的形势，国家统计局农村社会经济调查系统发挥自身优势，逐步建立起完整的农产品价格调查体系，对农产品生产和流通全过程进行密集跟踪调查，全方位把握农产品价格走势，深入透视农产品生产、贸易和消费环节的分配关系和利益格局。汇编这些价格数据的目的就是为了充分发挥农产品价格信息在分析研究我国农产品供给与需求、农产品市场竞争与产业结构调整、农民收入与居民消费等方面的独特作用，更好地服务于各级党政领导的“三农”决策，服务于关注农产品价格问题的研究机构和各界社会公众。

二、本书编辑的主要内容与资料调查方法

本书的内容主要包括我国农产品生产价格、集贸市场价格、批发市场价格信息三部分。农产品生产价格是农产品生产者农户和农场直接出售其产品时实际获得的单位产品价格，它是农产品集贸市场价格、批发价格和消费价格形成的基础和前提。农产品生产价格调查采用随机抽样的方法抽选调查网点，实行抽样调查。全国共抽选31000个农业生产经营单位，其中农户占90.5%，农场占9.5%。调查内容涉及农林牧渔四个大类，十五个中类三十个小类600种农产品。农产品集贸市场价格调查是对全国200个农产品主产县（市）36种农产品进行的集贸市场价格调查，旨在反映我国农产品主产区大宗农产品的交易价格和价格走势。批发市场价格调查对全国100家大中型农产品批发市场150种农产品进行的批发价格调查，旨在收集批发价格资料，准

确把握全国主要农产品价格走势和供求状况。

三、特别说明

本书在重点收录2007年农产品价格调查资料的同时，编发了2000年以来全国主要农产品的价格数据。生产价格指数以上年或上年同期价格为100。农产品集贸市场价格单位统一为元/公斤，价格数据保留两位小数；集贸市场价格走势分为环比和同比两个系列，环比以上月或上季度价格为100，同比以上年同月或同期价格为100。

为了及时反映全国农产品价格走势，我们将定期出版《中国农产品价格调查年鉴》。限于我们的经验和水平，书中疏漏在所难免，不妥之处敬请读者批评指正。

编　者

2008年11月

Preface

I. The Purpose of Editing This Book and the Role It Plays

Along with the establishment and improvement of the system of market economy in China, the marketization of the rural economic performance has been accelerated, the fundamental role of market mechanism has increasingly manifested itself in the circulation and trade of agricultural products. In the meanwhile, the government and the general public increasingly demand more for the information on the prices of agricultural products with each passing day, so as to meet the needs of macro-economic decision-making and to satisfy public concern.

In light of this new situation, the rural socio-economic survey system of the National Bureau of Statistics has brought its advantages to gradually set up an integral system of the survey of the prices of agricultural products, so as to monitor the whole process of the production and circulation of the agricultural products, to outline the changing trend of the prices of agricultural products in an all-round way, and to thoroughly understand the distribution relations and interest pattern among the production, trade and consumption links. The purpose of compiling these price data is to bring the unique role of the information on the prices of agricultural products into full play in analyzing and studying a few issues such as the supply and demand relations of the agricultural products, the market competition of agricultural products and the readjustment of industrial structure, the income and consumption of rural residents. It is expected, thereby, to better serve the leaders of the communist party and governments at different levels for decision-making on the issues of agriculture, rural areas and farmers, and to better serve the research institutes and the public of different circles, which pay close attention to the issues of the prices of agricultural products.

II. The Main Contents of This Book and the Survey Methods

The content of this book includes mainly the following three parts:(1)the producer prices, (2) the prices of the agricultural products at the country fairs in China, (3) the prices of agricultural products at the wholesale markets. The producer price of the agricultural product is the unit price at which the producer, i.e. the rural household or the farm, directly sells the product. The producer prices of agricultural products are the bases for the formation of the prices at the country fairs as well as the wholesale prices and consumer prices. The survey of the producer prices of agricultural products is a sample survey. A total number of 31000 units engaged in agricultural production and management have been randomly selected in the whole country, in which the agricultural households account for 90.5% and the farms account for 9.5%. The content of the survey covers 600 products in the four categories of farming, forestry, animal husbandry and fishery, 15 divisions, and 30 groups. The survey of the prices at the country fairs covers 36 agricultural products in 200 major producing counties and cities. It is conducted for the purpose of reflecting the trading prices of the staple agricultural products in the major producing areas and the changing trend of these prices. The survey of the prices at the wholesale markets covers 150 agricultural products at 100 large and medium sized wholesale markets all over the country. It is conducted to reflect the trend of the prices of the main agricultural products at the wholesale markets and the relationship between supply of and demand for such products.

III.Special Notes

While mainly collecting the survey data on the prices of agricultural products for 2007, this book also includes the data on the prices of main agricultural products in China since 2000. The producer price indices take the prices in the previous year or the prices in the same period of the previous year as 100. The unit of the prices of agricultural products at country fairs is unified to be yuan/kg and two decimals are kept for the price data. Both chain indices and the fixed base indices are produced reflect the trend of the prices of agricultural products at country fairs. The chain indices take the prices of the previous month or quarter as 100 while the fixed base indices take the prices of the same month or same period in the previous year as 100.

In order to timely reflect the changing trend of the prices of agricultural products in China, we will publish the *China Yearbook of Agricultural Price Survey*. Due to limited experiences and knowledge, there may be some oversights and omissions in the book. We warmly welcome the comments or criticism from our readers.

The Editor
Beijing
November 2008

目录

前　　言
Preface

第一部分　农产品生产价格指数
Part I　Indices of Producer Prices of Agricultural Products

第二部分 农产品集贸市场价格

Part II Prices of Agricultural Products at the Rural Market Fairs

第三部分 农产品批发市场价格

Part III Prices of the Agricultural Products at the Wholesale Market

1

农产品生产价格指数

Indices of Producer Prices of Agricultural Products

1—1 全国农产品生产价格总指数(以上年为100)

National Gross Indices of Producer Prices of Agricultural Products

(上年=100) (preceding year=100)

年份 Year	农产品生产价格总指数 Gross Indices of Producer Prices of Agricultural Products					
	总指数 Gross Index	种植业产品 Crop Products	#粮食 Grain	林业产品 Forest Products	畜牧业产品 Livestock Products	渔业产品 Fishery Products
1978	103.90	104.69	100.70	101.00	100.50	102.50
1979	122.10	122.39	130.50	115.00	122.60	118.20
1980	107.10	107.78	107.90	115.80	103.40	101.80
1981	105.90	106.09	109.70	127.00	101.10	100.60
1982	102.20	102.48	103.80	105.90	100.30	101.00
1983	104.40	105.74	110.30	100.20	100.50	103.20
1984	104.00	103.82	112.00	103.30	104.10	109.80
1985	108.60	101.66	101.80	155.50	124.10	151.30
1986	106.40	106.62	109.90	114.90	103.00	110.40
1987	112.00	108.83	108.00	120.30	117.90	122.80
1988	123.00	113.46	114.60	136.70	140.20	134.30
1989	115.00	118.90	126.90	105.20	110.20	99.80
1990	97.40	100.73	93.20	84.50	92.30	98.80
1991	98.00	97.31	93.80	102.40	97.40	104.70
1992	103.40	101.14	105.30	107.30	106.30	108.10
1993	113.40	112.05	116.70	111.10	114.20	122.10
1994	139.90	141.91	146.60	111.80	144.60	122.00
1995	119.90	123.95	129.00	105.10	115.80	112.40
1996	104.20	104.71	105.80	104.40	103.30	103.40
1997	95.50	92.81	90.20	98.90	101.80	91.70
1998	92.00	93.64	96.69	101.10	86.90	93.90
1999	87.80	85.75	87.09	101.40	88.50	92.50
2000	96.40	94.66	90.20	90.00	99.00	100.50
2001	103.10	105.65	107.61	94.15	103.07	98.57
2002	99.70	100.04	96.16	98.31	100.15	95.89
2003	104.37	107.42	104.48	107.01	101.76	100.34
2004	113.09	115.86	126.21	104.62	111.08	110.19
2005	101.39	101.55	99.08	104.79	100.52	104.67
2006	101.20	104.50	102.00	112.78	94.33	103.93
2007	118.49	109.82	110.26	104.37	131.36	108.05

注:2000年以前农产品生产价格总指数为农产品收购价格指数。

Note: The gross indices of producer prices of agricultural products were the indices of purchase prices of agricultural products before 2000.

1—2 全国农产品生产价格总指数(以 1978 年为 100)
National Gross Indices of Producer Prices of Agricultural Products

(1978 年=100) (1978 year=100)

年份 Year	农产品生产价格总指数 Gross Indices of Producer Prices of Agricultural Products					
	总指数 Gross Index	种植业产品 Crop Products	#粮食 Grain	林业产品 Forest Products	畜牧业产品 Livestock Products	渔业产品 Fishery Products
1978	100.00	100.00	100.00	100.00	100.00	100.00
1979	122.10	122.39	130.50	115.00	122.60	118.20
1980	130.77	131.91	140.81	133.17	126.77	120.33
1981	138.48	139.95	154.47	169.13	128.16	121.05
1982	141.53	143.43	160.34	179.10	128.55	122.26
1983	147.76	151.66	176.85	179.46	129.19	126.17
1984	153.67	157.45	198.07	185.38	134.49	138.54
1985	166.88	160.07	201.64	288.27	166.90	209.61
1986	177.56	170.67	221.60	331.23	171.91	231.41
1987	198.87	185.74	239.33	398.46	202.68	284.17
1988	244.61	210.74	274.27	544.70	284.15	381.64
1989	281.31	250.56	348.05	573.03	313.14	380.87
1990	273.99	252.39	324.39	484.21	289.02	376.30
1991	268.51	245.61	304.27	495.83	281.51	393.99
1992	277.64	248.40	320.40	532.02	299.24	425.90
1993	314.85	278.33	373.91	591.08	341.74	520.03
1994	440.47	394.97	548.15	660.83	494.15	634.43
1995	528.12	489.56	707.11	694.53	572.23	713.10
1996	550.30	512.61	748.12	725.09	591.11	737.35
1997	525.54	475.75	674.80	717.11	601.75	676.15
1998	483.50	445.50	652.50	725.00	522.92	634.90
1999	424.51	382.02	568.29	735.15	462.79	587.28
2000	409.23	361.61	512.60	661.63	458.16	590.22
2001	421.91	382.03	551.60	622.93	472.22	581.78
2002	420.65	382.19	530.42	612.40	472.93	557.87
2003	439.03	410.55	554.19	655.33	481.26	559.77
2004	496.50	475.66	699.44	685.61	534.58	616.81
2005	503.40	483.03	693.00	718.45	537.36	645.61
2006	509.44	504.77	706.86	810.26	506.89	670.98
2007	603.64	554.34	779.39	845.67	665.85	725.00

注:2000 年以前农产品生产价格总指数为农产品收购价格指数。

Note: The gross indices of producer prices of agricultural products were the indices of purchase prices of agricultural products before 2000.

1—3 全国农产品生产价格总指数(以 1995 年为 100)
National Gross Indices of Producer Prices of Agricultural Products

(1995 年=100) (1995 year=100)

年份 Year	农产品生产价格总指数 Gross Indices of Producer Prices of Agricultural Products					
	总指数 Gross Index	种植业产品 Crop Products	#粮食 Grain	林业产品 Forest Products	畜牧业产品 Livestock Products	渔业产品 Fishery Products
1978	18.94	20.43	14.14	14.40	17.48	14.02
1979	23.12	25.00	18.46	16.56	21.43	16.58
1980	24.76	26.95	19.91	19.17	22.15	16.87
1981	26.22	28.59	21.84	24.35	22.40	16.98
1982	26.80	29.30	22.68	25.79	22.46	17.14
1983	27.98	30.98	25.01	25.84	22.58	17.69
1984	29.10	32.16	28.01	26.69	23.50	19.43
1985	31.60	32.70	28.52	41.51	29.17	29.39
1986	33.62	34.86	31.34	47.69	30.04	32.45
1987	37.66	37.94	33.85	57.37	35.42	39.85
1988	46.32	43.05	38.79	78.43	49.66	53.52
1989	53.27	51.18	49.22	82.51	54.72	53.41
1990	51.88	51.55	45.87	69.72	50.51	52.77
1991	50.84	50.17	43.03	71.39	49.20	55.25
1992	52.57	50.74	45.31	76.60	52.29	59.73
1993	59.62	56.85	52.88	85.11	59.72	72.92
1994	83.40	80.68	77.52	95.15	86.36	88.97
1995	100.00	100.00	100.00	100.00	100.00	100.00
1996	104.20	104.71	105.80	104.40	103.30	103.40
1997	99.51	97.18	95.43	103.25	105.16	94.82
1998	91.55	91.00	92.28	104.39	91.38	89.03
1999	80.38	78.03	80.37	105.85	80.87	82.36
2000	77.49	73.86	72.49	95.26	80.07	82.77
2001	79.89	78.04	78.01	89.69	82.52	81.58
2002	79.65	78.07	75.01	88.18	82.65	78.23
2003	83.13	83.86	78.37	94.36	84.10	78.50
2004	94.01	97.16	98.92	98.72	93.42	86.50
2005	95.32	98.67	98.01	103.44	93.91	90.54
2006	96.46	103.11	99.97	116.66	88.58	94.09
2007	114.30	113.23	110.22	121.76	116.36	101.67

注:2000 年以前农产品生产价格总指数为农产品收购价格指数。

Note: The gross indices of producer prices of agricultural products were the indices of purchase prices of agricultural products before 2000.

1—4 全国农产品生产价格总指数(以 2000 年为 100)
National Gross Indices of Producer Prices of Agricultural Products

(2000 年=100)　　(2000 year=100)

年份 Year	农产品生产价格总指数 Gross Indices of Producer Prices of Agricultural Products					
	总指数 Gross Index	种植业产品 Crop Products	#粮食 Grain	林业产品 Forest Products	畜牧业产品 Livestock Products	渔业产品 Fishery Products
1978	24.44	27.65	19.51	15.11	21.83	16.94
1979	29.84	33.85	25.46	17.38	26.76	20.03
1980	31.96	36.48	27.47	20.13	27.67	20.39
1981	33.84	38.70	30.13	25.56	27.97	20.51
1982	34.58	39.66	31.28	27.07	28.06	20.71
1983	36.11	41.94	34.50	27.12	28.20	21.38
1984	37.55	43.54	38.64	28.02	29.35	23.47
1985	40.78	44.27	39.34	43.57	36.43	35.51
1986	43.39	47.20	43.23	50.06	37.52	39.21
1987	48.60	51.36	46.69	60.22	44.24	48.15
1988	59.77	58.28	53.51	82.33	62.02	64.66
1989	68.74	69.29	67.90	86.61	68.35	64.53
1990	66.95	69.80	63.28	73.18	63.08	63.76
1991	65.61	67.92	59.36	74.94	61.44	66.75
1992	67.85	68.69	62.51	80.41	65.31	72.16
1993	76.94	76.97	72.94	89.34	74.59	88.11
1994	107.63	109.23	106.94	99.88	107.86	107.49
1995	129.05	135.39	137.95	104.97	124.90	120.82
1996	134.47	141.76	145.95	109.59	129.02	124.93
1997	128.42	131.57	131.64	108.38	131.34	114.56
1998	118.15	123.20	127.29	109.58	114.14	107.57
1999	103.73	105.65	110.86	111.11	101.01	99.50
2000	100.00	100.00	100.00	100.00	100.00	100.00
2001	103.10	105.65	107.61	94.15	103.07	98.57
2002	102.79	105.69	103.48	92.56	103.22	94.52
2003	107.28	113.53	108.11	99.05	105.04	94.84
2004	121.33	131.54	136.45	103.62	116.68	104.50
2005	123.01	133.58	135.19	108.59	117.29	109.38
2006	124.49	139.59	137.90	122.46	110.64	113.68
2007	147.51	153.30	152.05	127.82	145.33	122.84

注:2000 年以前农产品生产价格总指数为农产品收购价格指数。

Note: The gross indices of producer prices of agricultural products were the indices of purchase prices of agricultural products before 2000.

1—5 全国主要农产品生产价格指数
National Indices of Producer Prices of Main Agricultural Products

(上年=100) (preceding year=100)

农产品名称	Categories of agricultural products	2002	2003	2004	2005	2006	2007
生产价格总指数	Gross Index	99.70	104.37	113.09	101.39	101.20	118.49
种植业产品	Crop Products	100.04	107.42	115.86	101.55	104.50	109.82
粮食	Grain	96.16	104.48	126.21	99.08	102.00	110.26
谷物	Cereal (unprocessed food grains)	95.83	102.34	128.06	99.23	102.14	108.95
小麦	Wheat	98.14	102.99	131.16	96.41	100.07	105.50
稻谷	Paddy	97.17	99.89	136.30	101.57	102.02	105.43
玉米	Maize (corn)	91.5	104.58	116.92	97.97	103.02	115.04
豆类	Beans	98.11	119.33	120.29	95.70	99.29	122.62
大豆	Soybeans	98.95	120.62	120.17	94.24	99.17	124.17
薯类	Potato	93.71	92.87	105.75	106.14	109.72	109.04
油料	Oil-bearing Crops	104.82	119.40	116.58	91.33	104.83	133.44
棉花	Cotton (unginned cotton)	103.35	135.33	79.54	111.82	97.06	109.60
糖料	Sugar crops	86.01	90.50	104.86	111.57	121.13	100.00
烟叶	Tobacco	132.78	97.21	108.42	103.26	99.67	106.26
蔬菜	Vegetable	95.06	110.44	105.17	107.22	109.29	106.85
水果	fruits	109.91	102.04	98.63	107.41	111.35	101.27
茶叶	Tea		91.99	111.22	110.22	106.96	112.34
林业产品	Forest products	98.31	107.01	104.62	104.79	112.78	104.37
木材	Felling and transport of wood			104.19	103.17	107.07	108.18
竹材	Felling and transport of bamboo			108.89	103.67	114.50	114.06
胶脂和果实类	Products of natural and artificial forest	110.48	121.49	104.05	105.76	115.83	102.81
畜牧业产品	Livestock products	100.15	101.76	111.08	100.52	94.33	131.36
猪(毛重)	Hog (gross weight)	97.96	102.86	112.84	97.58	90.59	145.85
牛(毛重)	Live cattle (gross weight)	91.44	101.68	103.93	101.66	100.58	117.46
羊(毛重)	Live sheep		96.34	103.72	101.70	101.77	121.01
肉禽	Poultry	106.09	101.00	111.80	105.61	97.17	117.02
禽蛋	Eggs	102.80	101.06	112.58	106.38	95.98	115.89
奶类	Milk products	99.71	103.68	103.73	99.62	102.90	106.23
毛绒类	Hair and down products	80.11	102.23	103.10	106.51	105.70	106.69
渔业产品	Fishery	95.89	100.34	110.19	104.67	103.93	108.05
海水水产品	Seawater aquatic products	98.09	101.13	109.00	104.10	107.62	110.06
海水鱼类	Seawater fish	104.87	103.98	109.16	104.18	109.65	110.13
海水贝类	Seawater shellfish	106.68	97.80	109.17	103.28	109.22	105.55
内陆水域水产品	Aquatic products in inland water areas	93.07	98.83	112.30	107.90	100.48	106.80
淡水鱼类	Freshwater fish	93.07	98.65	111.52	106.24	99.94	106.75
淡水虾蟹类	Freshwater shrimps and crabs	91.72	104.13	122.97	116.18	111.83	108.08

1—6 全国分品种农产品生产价格指数

Nationlal Indices of Producer Prices of Agricultural Products

(上年=100) (preceding year=100)

农产品名称	Categories of agricultural products	2002	2003	2004	2005	2006	2007
总指数	**Gross Index**	**99.70**	**104.37**	**113.09**	**101.39**	**101.20**	**118.49**
一、种植业产品	I. Crop products	100.04	107.42	115.86	101.55	104.50	109.82
粮食	Grain	96.16	104.48	126.21	99.08	102.00	110.26
谷物(原粮)	Cereal (unprocessed food grains)	95.83	102.34	128.06	99.23	102.14	108.95
小麦	Wheat	98.14	102.99	131.16	96.41	100.07	105.50
硬粒小麦	Hard-grained wheat	99.70	103.96	132.28	96.25	99.93	105.08
软粒小麦	Soft-grained wheat	87.66	103.12	130.97	97.78	101.54	105.18
混合小麦	Mixed wheat	98.76	101.84	132.88	97.70	100.08	107.00
稻谷	Paddy	97.17	99.89	136.30	101.57	102.02	105.43
早籼稻	Early long grained nonglutinous rice	99.39	101.69	133.57	95.22	102.13	107.18
晚籼稻	Late long grained nonglutinous rice	100.79	103.70	134.39	99.13	101.75	109.47
粳稻	Round-grained rice	94.71	97.85	137.68	105.39	101.31	102.09
玉米	Maize (corn)	91.50	104.58	116.92	97.97	103.02	115.04
黄玉米	Yellow maize	91.25	104.59	116.89	97.99	103.04	115.07
白玉米	White maize	102.89	101.33	117.43	103.19	104.92	108.35
混合玉米	Mixed maize	109.95	104.66	117.48	93.90	100.09	115.48
薯类	Potato	93.71	92.87	105.75	106.14	109.72	109.04
红薯	Sweet potato	142.94	94.54	108.97	103.59	104.41	109.16
马铃薯	White Potato	75.42	92.21	104.89	107.43	112.57	108.75
豆类	Beans	98.11	119.33	120.29	95.70	99.29	122.62
大豆	Soybeans	98.95	120.62	120.17	94.24	99.17	124.17
绿豆	Mung beans	86.11	100.45	116.73	105.95	103.08	112.03
红小豆	Red beans	99.30	103.60	128.26	105.17	97.34	111.99
油料	Oil-bearing Crops	104.82	119.40	116.58	91.33	104.83	133.44
花生	Peanut	102.71	124.19	117.07	97.60	103.94	121.09
油菜籽	Rapeseeds	103.14	119.15	116.33	86.97	102.84	138.53
芝麻	Sesame	88.64	128.92	122.34	102.98	97.58	116.09
胡麻籽	Flaxseeds	118.53	116.34	115.44	103.21	103.09	115.63
棉花	Cotton (unginned cotton)	103.35	135.33	79.54	111.82	97.06	109.60
细绒棉(籽棉)	Thin-staple cotton	103.83	135.81	79.80	112.04	96.81	109.67
长绒棉(籽棉)	Long-staple cotton	94.40	121.21	83.50	103.70	107.26	105.94
麻类	Fiber crops	93.84	111.11	124.99	104.77	94.55	85.62
黄红麻	Jute and blueish dogbane	96.63	107.67	116.59	108.91	94.58	89.43
苎麻	Ramie	86.27	113.83	131.10	103.36	91.85	105.39
糖料	Sugar crops	86.01	90.50	104.86	111.57	121.13	100.00
甘蔗	Sugarcane	86.57	90.49	104.86	111.22	122.46	99.83
甜菜	Beet	97.14	106.56	106.10	102.82	105.60	103.39
烟叶	Tobacco	132.78	97.21	108.42	103.26	99.67	106.26
烤烟叶	Flue-cured tobacco	153.69	94.94	106.42	103.15	99.43	106.16
晒烟叶	Sun-cured tobacco	99.09	112.40	113.45	107.64	110.30	112.43
蔬菜	Vegetable	95.06	110.44	105.17	107.22	109.29	106.85

1—6 续表 1 continued 1

农产品名称	Categories of agricultural products	2002	2003	2004	2005	2006	2007
叶菜类	Leafvegetable	98.09	113.21	101.85	108.92	108.35	110.76
菠菜	Spinach	85.62	113.94	101.57	108.99	105.00	104.38
芹菜	Celery	81.62	127.10	99.28	107.77	113.37	115.09
大白菜	Chinese cabbage	81.37	115.76	102.10	108.06	111.69	114.36
元白菜	Cabbage	90.32	99.55	106.45	112.93	105.03	111.73
甘蓝	Wild cabbage	146.08	97.81	100.78	110.42	104.48	112.59
花椰菜	Cauliflower	89.66	112.08	101.29	97.89	103.09	108.99
莴笋	Asparagus lattuce	119.20	102.77	107.36	109.72	106.84	107.46
油菜	Rape	155.50	109.50	101.61	110.88	106.92	110.73
瓜菜类	Gourd vegetable	98.01	110.71	101.10	105.08	106.65	109.32
黄瓜	Cucumber	96.97	113.37	103.66	104.99	107.33	109.75
冬瓜	White gourd	93.21	122.81	92.92	105.86	101.83	108.29
西葫芦	Summer squash	146.05	107.46	99.41	103.53	104.85	109.15
块根、块茎菜类	Root and tuber vegetable	85.86	111.62	103.59	106.06	107.72	109.52
萝卜	Radish	86.33	110.46	103.08	108.67	111.02	107.04
胡萝卜	Carrot	99.17	115.09	102.90	103.33	106.86	115.35
生姜	Ginger	67.06	95.91	145.13	93.80	77.72	91.04
茄果菜类	Eggplant，tomato and chili，etc.	86.18	108.55	103.18	104.75	108.73	110.98
茄子	Eggplant	101.74	117.82	108.01	104.76	102.93	114.17
西红柿	Tomato	79.20	103.82	104.06	104.39	111.33	109.71
辣椒	Chili	87.87	111.06	103.62	100.35	111.95	113.69
青椒	Sweetbell	109.39	109.38	96.48	105.72	105.39	109.07
葱蒜类	Onion and Garlic	96.39	105.98	115.91	109.76	113.68	87.81
大葱	Scallion	173.41	110.21	111.81	103.04	105.62	108.47
蒜苔	Garlic stalk	109.81	115.60	115.10	107.28	110.14	86.00
蒜头	Garlic head	84.59	94.67	117.72	118.93	115.26	80.58
菜用豆类	Garden beans	100.38	109.98	104.96	107.98	107.72	108.22
四季豆	Kidney beans	98.54	104.16	108.45	106.42	103.89	112.09
豇豆	Cowpeas	103.14	117.49	101.77	110.38	108.46	104.94
水生菜类	Water vegetable	129.38	112.41	113.37	124.53	98.49	118.54
莲藕	Lotus root	112.73	114.53	108.84	105.14	106.40	106.11
茭白	Wild ruice stem	143.37	102.64	106.81	154.49	89.57	129.69
荸荠	Water chestnut	85.94	99.69	122.09	106.09	106.78	111.00
水果	Garden fruits	109.91	102.04	97.44	107.41	111.35	101.27
苹果	Apple	106.53	103.51	102.50	114.55	112.51	125.11
红富士苹果	Hongfushi apple	120.67	103.84	102.48	112.23	108.71	122.68
国光苹果	Guoguang apple	94.63	91.60	98.21	105.47	129.10	112.18
秦冠苹果	Qinguan apple	88.92	107.81	108.62	102.19	130.90	121.85
香蕉苹果	Banana apple	49.18	110.85	105.10	113.33	112.29	113.20
梨	Pear	112.35	102.91	95.31	104.53	111.68	96.56
雪花梨	Snowflake pear	125.20	109.54	93.96	104.66	114.97	92.09

1—6 续表 2 continued 2

农产品名称 Categories of agricultural products		2002	2003	2004	2005	2006	2007
鸭梨	Ya-pear	103.04	103.56	98.29	104.82	116.26	102.54
酥梨	Soft-pear	90.75	106.64	95.31	103.32	113.42	100.29
香梨	Bergamot pear	146.51	142.19	108.04	99.81	103.38	122.58
柑桔类	Citrus	103.02	100.50	94.73	104.91	107.12	103.51
柑	Mandarin orange	109.41	99.24	95.73	103.76	107.93	104.52
桔	Tangerine	107.11	106.19	91.83	124.51	103.70	98.69
橙	Orange	93.44	109.41	102.14	101.58	104.78	96.93
柚	Shaddock	79.90	93.89	99.23	113.46	110.52	105.87
热带亚热带水果	Tropical and subtropics area fruits	104.50	114.98	101.61	103.66	101.51	104.95
香蕉	Banana	143.80	111.31	114.25	92.78	113.60	75.89
荔枝	Litchi	76.89	125.03	64.76	118.69	108.61	95.51
龙眼	Longan	49.66	115.09	79.61	92.00	103.72	101.00
果用瓜	Melon	168.06	88.59	109.63		101.80	100.75
西瓜	Watermelon	287.81	88.54	110.00	112.96	97.46	99.97
甜瓜	Muskmelon	90.94	91.83	107.34	110.07	94.72	107.57
桃	Peach	113.45	89.42	96.66	109.93	95.61	110.42
杏	Apricot	91.66	98.72	99.61	89.10	102.08	111.35
杨梅	Red bayberry	277.56	81.29	106.76	100.04	93.76	107.68
草莓	Strawberry	95.65	110.38	105.37	99.36	103.61	114.94
猕猴桃	Yangtao	101.85	87.77	113.20	109.35	92.07	150.09
葡萄	Grape	136.62	99.14	95.36	112.53	103.55	106.02
红枣	Chinese date	101.96	91.62	108.02	95.83	99.11	107.99
柿子	Persimmon	113.64	97.86	92.29	104.20	103.30	96.12
红毛茶	Black tea	105.33	83.22	109.41	112.57	106.19	110.36
绿毛茶	Green tea	180.71	100.56	110.48	110.95	107.03	129.64
乌龙茶	Oolong tea	106.26	94.56	107.50	95.89	103.20	101.87
二、林业产品	II. Forest products	98.31	107.01	104.62	104.79	112.78	104.37
工业用原料	Industrial materials	110.48	121.49	104.05	105.76	115.83	102.81
橡胶	Rubber	110.48	121.49	117.47	114.44	130.50	96.68
油桐籽	Seeds of tung oil tree	84.93	180.53	114.47	118.64	96.59	109.86
油茶籽	Seeds of tea-oil tree	75.08	113.54	115.56	101.09	99.07	126.60
坚果	Nuts	142.89	96.39	108.36		114.02	107.18
核桃	Walnut	142.89	96.39	102.66	111.31	114.16	109.07
花椒	Chinese prickly ash	101.11	98.68	93.49	97.88	117.61	102.21
八角	Anise	82.52	74.93	77.36	88.03	113.78	99.75
桂皮	Cassia bark	81.44	92.07	96.73	102.57	104.43	102.32
三、畜牧业产品	III. Livestock products	100.15	101.76	111.08	100.52	94.33	131.36
猪	Hog (gross weight)	97.96	102.86	112.84	97.58	90.57	145.85
肉牛	Live cattle (gross weight)	91.44	101.68	103.93	101.66	100.38	117.46
家禽(毛重)	Poultry (gross weight)	106.09	101.00	111.25	105.61	97.17	117.02
鸡	Chicken	105.94	101.02	111.22	105.83	96.70	117.03

1—6 续表 3 continued 3

农产品名称	Categories of agricultural products	2002	2003	2004	2005	2006	2007
鸭	Duck	100.69	95.81	116.32	105.05	100.93	116.40
鹅	Goose	115.09	101.83	113.47	105.28	101.26	122.87
蛋类	Eggs	102.80	101.06	112.58	106.38	95.98	115.89
鸡蛋	Chicken's eggs	102.58	101.06	112.54	106.52	95.32	116.09
鸭蛋	Duck 's eggs	110.74	101.61	113.95	107.01	99.92	113.70
鹅蛋	Goose' s eggs	79.36	100.35	105.95	105.68	101.74	111.55
奶类	Milk products	99.71	103.68	103.73	99.62	102.90	106.23
牛奶	Cow milk	99.76	103.67	103.73	99.62	102.90	106.23
羊奶	Sheep milk	62.67	105.90	105.30	101.41	105.12	105.68
毛绒类	Hair and down products	80.11	102.23	103.10	106.51	105.70	106.69
山羊毛	Goat's wool	175.45	85.72	98.98	102.77	101.51	111.50
山羊绒	Cashmere	67.54	104.92	104.71	107.78	99.04	104.72
蚕茧	Silkworm cocoon	64.38	106.29	125.01	112.54	125.04	78.09
蜂蜜	Honey	137.68	106.87	99.07	102.45	108.45	112.54
四、渔业产品	IV. Fishery products	95.89	100.34	110.19	104.67	103.93	108.05
海水水产品	Seawater aquatic products	98.09	101.13	109.00	104.10	107.62	110.06
海水鱼类	Seawater Fish	104.87	103.98	109.16	104.18	109.65	110.13
大黄鱼	Large yellow croaker	76.64	94.01	108.66	102.11	114.96	111.13
小黄鱼	Small yellow croaker	91.57	97.68	110.53	102.70	104.19	106.19
带鱼	Hairtail	94.92	102.75	107.29	103.01	110.12	111.32
石斑鱼	Grouper	468.10	84.24	116.27	104.81	103.18	104.24
海水虾蟹类	Seawater shrimp and crab	149.68	110.19	108.80	103.43	105.57	105.88
海水贝类	Seawater shellfish	106.68	97.80	109.17	103.28	109.22	105.55
贻贝	Mussel	89.10	99.63	136.84	113.47	98.94	107.33
扇贝	Scallop	101.40	102.41	134.07	107.85	86.83	115.02
牡蛎	Oyster	107.78	96.65	102.39	96.34	120.68	102.47
鲍鱼	Abalone	99.20	111.12	117.06	95.91	83.22	104.81
蛤	Clam	107.05	98.35	106.35	103.61	120.32	106.12
蚶	Blood clam	93.05	138.03	94.30	101.99	109.00	99.61
藻类	Seaweeds	118.13	102.66	120.68	102.53	105.67	131.45
海带	Kelp	108.75	103.98	114.47	105.97	105.72	132.93
紫菜	Laver	132.98	103.19	95.60	91.64	103.32	128.32
内陆水域水产品	Aquatic products in inland water areas	93.07	98.83	112.30	107.90	100.48	106.80
淡水鱼类	Freshwater fish	93.07	98.65	111.52	106.24	99.94	106.75
青鱼	Black carp	59.97	99.28	106.65	107.52	101.87	116.16
草鱼	Grass carp	90.97	97.33	115.47	110.17	99.95	105.64
鲤鱼	Carp	93.92	101.06	112.06	103.91	99.29	109.57
鲢鱼	Silver carp	89.03	97.28	113.29	107.37	100.03	106.87
鲫鱼	Crucian carp	85.06	98.06	109.33	107.91	99.58	103.54
罗非鱼	Tilapia	104.73	96.57	104.88	103.02	102.08	103.78
淡水虾蟹类	Freshwater shrimps and crabs	91.72	104.13	122.97	116.18	111.83	108.08

1—7 全国农产品生产价格指数(第一季度)

National Indices of Producer Prices of Agricultural Products

(上年同期=100) (1st quarter) (the same period of the preceding year=100)

农产品名称	Categories of agricultural products	2002	2003	2004	2005	2006	2007
		第一季度 1st quarter					
合 计	**Gross Index**	**99.30**	**101.15**	**113.75**	**106.40**	**102.40**	**107.34**
一、农业产品	I. Crop products	95.13	105.01	114.82	104.20	104.81	103.77
1.谷物及其他作物	1. Cereal and other crops			119.93	103.90	100.30	106.41
#粮食	Grain	96.06	98.33	120.69	106.62	98.59	107.27
谷物(原粮)	Cereal (unprocessed food grains)	98.21	95.92	121.00	107.95	98.64	107.96
小麦	Wheat	103.79	96.00	124.36	109.41	94.92	105.43
硬粒小麦	Hard-grained wheat	112.72	98.69	130.45	109.15	94.41	105.00
软粒小麦	Soft-grained wheat	97.43	94.69	117.34	110.81	96.07	104.36
混合小麦	Mixed wheat	101.00	94.95	123.38	109.93	96.35	107.13
其他小麦	Other wheat			120.71	105.04	97.89	108.75
稻 谷	Paddy	98.21	94.12	129.55	112.98	99.82	103.61
早籼稻	Early long grained nonglutinous rice	102.68	99.11	124.73	110.33	97.90	107.53
晚籼稻	Late long grained nonglutinous rice	101.33	99.93	127.20	112.33	97.51	106.10
粳 稻	Round-grained rice	96.67	92.02	130.67	114.44	101.45	100.98
其他稻谷	Other paddy			119.22	110.68	99.68	105.75
玉 米	Maize (corn)	97.21	97.48	112.86	101.15	99.40	115.01
黄玉米	Yellow maize	97.20	97.48	112.86	100.97	99.51	115.05
白玉米	White maize	111.68	96.15	113.63	107.05	92.83	106.48
混合玉米	Mixed maize	90.97	98.53	112.09	106.99	96.32	114.83
其他玉米	Other maize		87.83	114.42	103.26	97.83	109.52
杂 粮	Coarse cereals		116.43		110.45	104.78	102.71
谷 子	Millet		117.82	117.63	106.83	109.88	104.24
高 粱	Chinese sorghum		97.47	116.19	110.38	102.14	102.57
大 麦	Barley		102.79	108.25	105.73	93.98	104.72
荞 麦	Buckwheat		109.02	103.52	112.38	114.14	101.05
元 麦	poulard wheat		129.34			102.50	
青 稞	Highland barley		107.74	103.02	123.29	106.94	101.52
莜 麦	Naked oats		103.86	109.55	113.10	107.67	101.84
燕 麦	Oats		130.85		107.14		100.00
其他杂粮	Other coarse cereals			109.48	105.06	104.73	108.23
小麦秸	Wheat straw		96.57	123.29	113.82	109.10	108.37
稻 草	Rice straw		95.07	117.98	97.48	89.36	105.73
玉米杆	Corn stover		92.23	111.45	95.29	99.05	92.36
谷子杆	Millet stalk		107.56	123.63	100.68	108.00	119.52
高粱杆	Chinese sorghum stalk		113.10		114.41		
薯 类	Potato	90.81	89.44	100.65	103.06	109.89	104.35
红 薯	Sweet potato	120.60	92.27	100.86	103.52	104.93	104.05
马铃薯	White Potato	73.93	87.83	100.53	102.84	112.32	104.50
其他薯类	Other potatoes			101.79	96.46	98.81	95.83
薯 藤	Potato vines		99.15	94.07	104.17	93.33	119.62
油 料	Oil-bearing Crops	108.55	109.02	120.27	99.40	93.10	112.98

1—7 续表 1 continued 1

农产品名称	Categories of agricultural products	2002	2003	2004	2005	2006	2007
		第一季度 1st quarter					
花 生	Peanut	80.98	129.34	120.47	100.66	97.45	110.58
油菜籽	Rapeseeds	110.09	107.74	120.06	98.29	90.53	114.85
芝 麻	Sesame	92.55	103.86	148.68	106.84	99.95	103.14
向日葵	Sunflower		100.74	109.87	104.72	99.03	104.75
胡麻籽	Flaxseeds	153.38	123.78	111.23	100.52	111.30	100.66
苏 籽	Perillaseeds		112.32	105.77	92.85	91.29	106.07
其他油料作物	Other oil-bearing crops			112.77	102.88	115.87	105.91
花生蔓	Peanut vine		106.67	125.00	100.00	100.00	
豆 类	Beans	82.87	116.43	123.15	99.95	94.38	104.19
大 豆	Soybeans	83.15	117.82	123.92	98.12	93.96	103.20
绿 豆	Mung beans	76.05	97.47	108.89	117.21	96.26	112.14
红小豆	Red beans	107.91	102.79	150.78	110.28	94.72	106.95
蚕 豆	Broad beans		91.97	117.80	105.79	94.88	108.34
豌 豆	Peas		112.72	109.02	106.91	106.88	108.21
芸 豆	Kidney beans		126.87	108.85	102.32	96.67	114.74
其他杂豆	Other beans			113.32	107.47	100.31	107.31
豆 秸	Beanstalk		100.00	85.71	112.70	100.00	105.00
棉花(籽棉)	Cotton (unginned cotton)	77.20	130.85	136.52	77.98	114.48	96.54
细绒棉	Thin-staple cotton	77.30	131.16	136.93	77.72	114.68	96.50
长绒棉	Long-staple cotton	73.76	119.36	121.51	83.59	110.15	97.30
棉 籽	Cottonseeds		94.44	110.89	94.12	103.73	104.56
麻 类	Fiber crops	106.71	95.45	118.04	106.99	100.69	87.74
黄红麻	Jute and blueish dogbane	115.14	93.92	114.18	109.00	102.71	88.76
苎 麻	Ramie	82.74	99.80	129.00	105.26	98.95	86.87
线 麻	Thread hemp		106.06		105.00		
剑 麻	Steel hemp		81.57		100.00	152.17	77.14
其他麻类	Other fiber crops			102.37	100.00		
糖 料	Sugar crops	81.41	88.38	101.75	107.60	134.92	100.36
甘 蔗	Sugarcane	81.39	88.38	101.77	107.60	134.92	100.35
甜 菜	Beet	98.20	99.68	86.90	111.72	136.46	114.95
烟 草	Tobacco	83.23	95.10	101.21	101.04	96.31	96.25
烤烟叶	Flue-cured tobacco	86.05	91.97	96.75	100.81	95.89	95.96
晒烟叶	Sun-cured tobacco	67.32	112.72	126.41	109.79	111.97	107.21
白肋烟	Whiteerib tobacco		95.44	91.01	100.00		
其他烟叶	Other tobacco			106.94	102.25	102.75	106.18
青饲料	Greenfeed		130.73	108.73	78.33	107.46	92.50
牧 草	Herbage		130.73	98.57	121.11	109.10	100.00
绿 肥	Green manure		97.03		115.47		
桑 叶	Mulberry leaves		109.04				
席 草	Stems or leaves of cattail		95.65	62.39			
蓖麻籽	Castor beans		110.30	99.48	105.42	99.24	105.25

1—7 续表 2　　　　continued 2

农产品名称 Categories of agricultural products		2002	2003	2004	2005	2006	2007
		第一季度 1st quarter					
薄荷油	Peppermint oil		102.87		116.04		107.96
野生植物的采集	Gathering of wild plants			102.41	104.68	103.86	102.32
未列明的其他农作物	Other agricultural crops			110.31	113.38	99.97	106.13
2. 蔬菜、园艺作物	2. Vegetable and Horticulture		126.87	98.73	105.52	114.24	98.28
蔬 菜	Vegetable	77.48	126.87	98.73	105.52	114.24	98.28
叶菜类	Leaf vegetable	77.05	131.15	96.09	110.62	112.20	97.43
菠 菜	Spinach	95.47	142.97	101.47	115.43	106.12	96.58
芹 菜	Celery	68.07	152.13	94.25	106.48	117.79	90.51
大白菜	Chinese cabbage	53.29	124.52	108.26	101.28	121.28	96.40
元白菜	Cabbage	63.48	100.74	100.36	118.56	107.80	99.89
甘 蓝	Wild cabbage	21.03	123.78	97.17	115.97	109.44	102.48
花椰菜	Cauliflower	87.03	112.32	88.86	112.63	104.77	93.40
莴 笋	Asparagus lattuce	120.53	106.48	102.77	108.07	113.62	98.12
油 菜	Rape	87.83	119.23	91.36	113.12	106.81	103.98
其他叶菜	Other leaf vegetable			96.29	113.52	106.64	102.84
瓜菜类	Gourd vegetable	85.70	128.78	94.11	108.97	116.38	96.25
黄 瓜	Cucumber	86.82	147.41	94.37	111.08	116.18	95.52
冬 瓜	White gourd	55.66	158.76	92.77	109.52	119.33	99.43
西葫芦	Summer squash	67.51	107.56	91.97	126.18	103.33	102.03
苦 瓜	Balsam pear		126.68	127.24	77.33	125.19	86.84
丝 瓜	Towed gourd		98.03	96.34	95.37	109.76	99.77
南 瓜	Pumpkin		74.03	103.46	99.00	102.47	96.33
打 瓜	Seeded watermelon		108.65		92.64		
瓠 子	Bottle gourd		108.65	83.33			
其他瓜菜	Other gourd vegetable			71.49	115.01	107.54	107.07
块根、块茎菜类	Root and tuber vegetable	75.21	105.33	107.69	102.44	115.77	97.11
萝 卜	Radish	75.63	106.06	105.48	102.29	117.91	95.66
胡萝卜	Carrot	134.46	105.08	109.96	102.38	113.28	100.50
生 姜	Ginger	52.12	81.57	150.92	112.66	67.89	81.24
芋 头	Taro		119.88	112.94	111.67	105.87	96.79
苔 干	Dried bryophyte		71.74	89.44	102.06	97.69	
百合(根)	Lily (root)		97.63	97.64	102.74	106.58	
芋 艿	Taro		63.45	124.81	126.36	97.54	94.97
山 药	Chinese yam		97.23	116.56	99.39	106.20	100.84
其他块根、块茎菜	Other root and tuber vegetable			91.51	109.24	102.30	89.75
茄果菜类	Eggplant, tomato and chili, etc.	58.98	128.74	97.98	96.74	118.45	93.11
茄 子	Eggplant	79.65	152.02	104.87	99.93	113.86	105.12
西红柿	Tomato	56.46	116.87	103.41	99.18	119.88	95.11
辣 椒	Chili	59.23	116.70	100.37	87.13	120.05	94.24
青 椒	Sweetbell	88.31	139.46	75.16	96.20	118.11	80.37
其他茄果菜类	Others			111.71	97.72	105.74	107.91

1—7 续表 3 continued 3

农产品名称	Categories of agricultural products	2002	2003	2004	2005	2006	2007
		第一季度 1st quarter					
葱蒜类	Onion and Garlic	135.35	111.64	110.24	108.18	110.82	104.18
大 葱	Scallion	171.63	107.40	125.90	92.91	111.29	85.35
蒜 苔	Garlic stalk	177.80	122.06	111.24	109.11	101.54	100.30
蒜 头	Garlic head	116.54	95.44	101.06	114.80	113.29	113.81
洋 葱	Onion		98.24	98.40	95.10	104.43	103.38
蒜 苗	Garlic bolt		98.21	106.30	122.74	111.69	94.09
小 葱	Shallot		99.33	99.92	115.66	103.14	100.27
韭 菜	Fragrant-flowered garlic		89.15	107.79	112.20	108.13	95.32
其他葱蒜类	Others			102.34	128.58	108.02	103.36
菜用豆类	Garden beans	46.54	124.75	95.90	97.58	113.73	106.73
四季豆	Kidney beans	47.51	106.21	102.73	105.62	106.28	110.22
豇 豆	Cowpeas	35.24	150.18	86.53	91.79	119.10	104.21
其他菜用豆	Other garden beans			102.18	115.90	110.05	101.77
水生菜类	Water vegetable	99.47	130.73	110.67	109.30	112.73	99.52
莲 藕	Lotus root	100.24	130.73	111.28	112.14	102.63	102.13
茭 白	Wild ruice stem	100.00	96.32	100.00	107.02	120.81	97.43
荸 荠	Water chestnut	85.94	99.83	120.52	112.45	105.05	106.02
其他水生菜	Other water vegetable			109.98	105.88	112.35	62.55
食用菌(干鲜混合)	Mushroom		97.03	103.91	101.42	113.01	114.76
香菇(干品)	Mushroom (dried)		109.04	98.64	97.75	130.51	105.23
蘑菇(鲜品)	Mushroom (fresh)		95.65	104.12	101.45	112.17	116.28
黑木耳(干品)	Black edible fungus (dried)		110.30	106.26	105.41	103.71	105.64
白木耳(干品)	Tremella (dried)		79.50			101.99	93.82
金针菇(鲜品)	Golden mushroom		90.49	110.54	99.92	105.80	152.18
平菇(鲜品)	Oyster mushroom		100.00	112.67	106.48	103.72	110.42
花菇(干品)	Black forest mushroom		97.34	100.15			
其他食用菌	Other edible mushrooms			98.58	91.54	99.81	108.65
椿 芽	Chinese cedrela sprouts		95.15	126.49			133.20
未列明的其他蔬菜	Other vegetable			104.45	109.99	94.42	109.88
百合花	Lily		99.46	54.49	76.82	108.02	89.40
康乃馨	Carnation		100.00	98.33	107.29	123.81	114.98
满天星	June snow (serissa)		95.65	117.10	113.88	121.17	362.28
勿忘我	Forgetmenot		78.22	70.08	95.41	116.67	100.00
非洲菊	Flameray Gerbera		100.00	98.00	88.74	95.34	98.26
玫 瑰	Rugosa rose		78.70	130.25	74.58	123.09	114.09
郁金香	Tulip			83.33	101.05	115.00	93.25
情人草	Evans begonia		100.00	96.20	90.31	116.67	71.43
其他鲜切花	Other fresh flowers			121.36	105.29	122.71	99.74
草坪草皮	Sod for lawn		98.46	87.40	110.29	105.41	103.28
其他园艺作物	Other horticulture			104.58	108.60	107.06	
3.水果、坚果、饮料和香料	3. Fruits, beverages and perfume		102.29	104.97	103.65	116.20	96.98

1—7 续表 4 continued 4

农产品名称 Categories of agricultural products		2002	2003	2004	2005	2006	2007
		第一季度 1st quarter					
水果、坚果	Fruits and nuts		102.87	104.80	102.48	118.05	97.04
园林水果	Garden fruits	125.09		104.78	103.48	118.51	96.68
苹 果	Apple	141.53	111.26	96.42	95.65	128.02	108.47
红富士苹果	Hongfushi apple	143.08	111.05	95.76	97.02	125.80	96.43
国光苹果	Guoguang apple	111.80	84.29	99.07	92.58	118.16	128.48
秦冠苹果	Qinguan apple	115.87	124.80	101.70	94.79	146.51	102.59
香蕉苹果	Banana apple	100.00	96.68	113.79	104.08	114.34	114.59
元帅苹果	Yuanshuai (Marshal) apple		95.24	112.78	97.33	108.81	111.72
新红星苹果	New Hongxing apple		111.11	98.62	101.18	110.58	104.01
其他苹果	Other apples			112.04	97.92	104.01	103.72
梨	Pear	104.56	98.26	107.33	112.75	118.83	83.44
雪花梨	Snowflake pear	149.65	118.98	113.26	112.76	119.55	83.30
鸭 梨	Ya-pear	104.33	98.21	107.48	113.64	116.14	82.20
酥 梨	Soft-pear	110.92	95.40	86.39	103.18	119.87	101.51
苹果梨	Apple pear		103.45	91.66	105.42		
其他梨	Other pears			79.37	116.32	100.24	104.03
柑 桔	Citrus	89.67	101.97	102.38	106.71	109.76	104.10
柑	Mandarin orange	90.04	98.62	104.68	108.71	106.47	104.51
桔	Tangerine	89.29	117.80	89.82	97.70	130.05	101.65
橙	Orange	81.64	119.23	98.79	95.04	109.75	103.80
柚	Shaddock	85.49	95.58	95.50	108.45	108.82	108.58
其他柑桔	Others			96.32	103.02	99.19	105.71
其他水果	Other fruits			125.77	90.80	106.70	110.19
香 蕉	Banana	267.44	103.51	125.77	94.18	115.08	108.64
菠 萝	Pineapple		60.58	71.79	124.75	109.03	89.67
芒 果	Mango		202.51		111.07	114.71	84.97
木 瓜	Papaya		60.83	89.44	101.72	173.21	
桃	Peach	100.00	100.00	98.57	87.71	106.67	111.18
猕猴桃	Yangtao	100.00	100.00	101.67	114.74		
葡 萄	Grape	191.12	75.65	89.99	109.14	95.44	104.67
红 枣	Chinese date	115.16	97.87	108.36	103.74	99.13	101.35
柿 子	Persimmon	139.41	89.51	105.66	105.56	106.05	110.00
其他园林水果	Other garden fruits			114.08	89.22	104.30	98.48
瓜果类	Melon	420.22	52.79	119.18	91.68	113.24	100.83
西 瓜	Watermelon	900.54	53.28	121.15	91.57	116.05	100.80
甜 瓜	Muskmelon	100.00	52.46	117.87	91.36	75.95	109.54
草 莓	Strawberry	93.48	109.25	106.24	95.60	95.36	85.87
其他瓜果	Others			100.22	92.63	102.00	99.79
坚果类	Nuts				99.93	89.89	112.29
椰 子	Coconut			128.96	99.93	89.89	112.29
槟 榔	Areca			78.30	146.04	131.44	153.34

1—7 续表 5 continued 5

农产品名称	Categories of agricultural products	2002	2003	2004	2005	2006	2007
		第一季度 1st quarter					
其他坚果	Other nuts			106.27	108.70	101.14	
茶及其他饮料(干品)	Tea and other beverages			112.02	111.23	104.20	96.56
茶	Tea	114.40		112.02	111.01	104.38	96.31
红毛茶	Black tea	100.00	74.03	102.37			
绿毛茶	Green tea	114.40	103.20	112.02	111.95	104.76	95.81
乌龙茶	Oolong tea	100.00	103.48	94.33	101.62	100.55	101.32
其他茶	Others			81.16	117.67	121.33	102.37
咖啡豆	Coffee bean		102.79	92.46	117.44	99.13	103.51
4. 中药材	4. Chinese medicinal materials						
茯苓	Fuling (poris cocos)		100.00	108.01	90.49		104.90
党参	Tangshen (pilose asiabell)		208.82	92.20	92.19	112.94	135.45
当归	Chinese angelica		119.06	142.01	105.42	112.25	139.10
黄芪	Root of membranous milk vetch		125.00	106.26	101.08	92.55	108.50
金银花	Honeysuckle		100.00	111.55	93.66	109.04	124.62
黄连	Rhizome of Chinese goldthread		100.00	118.42			
甘草	Licorice root		112.34	100.00	105.10	115.43	100.00
贝母	Bulb of fritillary		212.45	143.94	17.10	189.74	
枸杞	Fruit of Chinese wolfberry		119.09	156.00	81.74	108.57	124.19
菊花	Chrysanthemum		92.09	145.97	59.07	120.95	148.23
白术	Largehead atractyldes		88.34	116.45	112.69	101.49	119.74
半夏	Tuber of pinelia		94.63	100.00	104.24	109.92	103.62
麦冬	Tuber of dwarf lilyturf			105.26		96.62	
生地	Dried rhizome of rehmannia		101.14	83.33	103.55	100.28	
板蓝根	Root of common baphicacanthus		100.00	71.39	79.54	107.41	102.63
苦丁茶	Kudin crotoxylum (bitter tea tree)		41.65	173.84			
天麻	Tuber of elevated gastrodia		102.82	78.25	81.55	136.71	108.45
灵芝	Glossy ganoderma			96.00			
穿心莲	Creat		100.00	147.73	49.06	190.00	
桔梗	Rampion		169.97	107.33	48.36	110.08	110.24
丹参	Root of red-rooted salvia		82.97	193.01	103.71	115.55	120.44
大青叶	Common conehead		125.00		75.00		
二、林业产品	II. Forest products	86.42	108.65	107.04	102.58	108.89	106.17
1. 竹木采运	1. Bamboo and wood			108.79	102.97	107.22	107.33
木材采运	Felling and transport of wood	96.40		106.97	102.92	107.14	107.20
原木	Log	94.80		106.97	102.92	107.14	107.20
红松	Korean pine		93.04	107.55	100.83	110.57	104.47
落叶松	Larch		82.72	111.93	103.48	106.56	109.26
马尾松	Masson pine		99.75	109.10	104.62	107.77	106.11
杉木	China fir		99.67	105.29	102.37	102.86	110.59
云南松	Yunnan pine		100.12	94.30	101.72		84.16
薪材	Firewood	211.21	99.27	104.53	120.48	101.27	107.80

1—7 续表 6　　continued 6

农产品名称	Categories of agricultural products	2002	2003	2004	2005	2006	2007
		第一季度 1st quarter					
竹材采运	Felling and transport of bamboo	71.42		112.90	105.97	112.14	115.17
水竹	Water bamboo		90.98	109.39	116.39	111.53	103.86
斑竹	Mottled bamboo		89.93	108.11	101.67		
毛竹(楠竹)	Mao bamboo		102.39	117.53	105.97	112.14	115.17
蒿竹	Hao bamboo		83.12	105.25	108.29	99.42	100.00
淡竹	Henon bamboo		140.00	99.34	107.34	90.00	
其他竹材	Other bamboo		102.56	103.87	97.52	106.77	119.69
2. 林产品的采集	2. Gathering of forest products	79.97	108.65	105.34	102.40	109.69	105.62
天然和人工林的果实	Products of natural and artificial forest			105.34	102.40	109.69	105.62
橡胶	Rubber	76.05	127.31	127.89	106.16	122.23	97.22
油桐籽	Seeds of tung oil tree	84.93	164.07	113.44	122.43	94.77	104.61
乌桕籽	Seeds of Chinese tallow tree		100.39	110.87	116.07		
油茶籽	Seeds of tea-oil tree	75.08	101.65	120.39	100.91	99.70	120.21
棕片	Palm fibre		96.99	102.95	100.00	99.60	102.85
松脂	Rosin		97.28	94.18	102.82	211.73	86.18
核桃	Walnut	124.96	119.88	95.31	106.83	112.74	109.40
板栗	Chinese chestnut		100.04	103.35	100.49	93.70	106.62
白果	Ginkgo		104.50	95.98	106.02	139.32	
花椒	Chinese prickly ash	197.96	97.63	86.04	97.69	100.05	109.71
八角	Anise	52.20	63.45	71.17	101.84	83.06	123.55
胡椒	Pepper		81.18	107.39	82.06	102.09	150.71
其他果实	Other products			90.67	120.94	94.18	106.88
柳条	Willow twigs		96.00	117.63	110.00		
藤条	Rattan		99.39	107.72	108.32	95.17	
竹笋干	Dried bamboo shoots		101.76	101.07	118.50	106.77	99.84
三、牧业(畜产品)	III. Livestock products	103.42	97.23	114.47	109.95	98.43	113.82
1. 牲畜的饲养	1. Livestock raising			102.06	103.93	100.71	105.28
牛的饲养	Cattle raising	92.22		101.88	102.92	100.16	105.17
活牛(毛重)	Live cattle (gross weight)	92.22	100.39	101.88	102.89	100.20	105.26
牛肉	Beef		101.56	111.49	104.14	98.45	101.38
羊的饲养	Sheep raising			101.21	105.08	101.48	106.42
活羊(毛重)	Live sheep		92.96	101.21	105.08	101.48	106.42
羊肉	Mutton		96.51	97.16	102.29	104.32	104.88
马	Horse		100.43	100.31	106.92	98.51	99.40
驴	Donkey		104.74	62.23	103.62	100.03	105.91
骡	Mule		99.10	102.64	44.89	112.50	93.00
其他未列牲畜的饲养	Other livestock raising			111.34	112.64	100.51	102.94
奶产品	Milk products	97.09	98.99	107.64	101.15	103.31	101.24
牛奶	Cow milk	97.12	98.99	107.63	101.15	103.31	101.24
羊奶	Sheep milk	77.49	100.85	111.52	100.14	100.14	100.38
其他奶类	Other milk			100.64	110.01	100.51	101.11

1—7 续表 7 continued 7

农产品名称	Categories of agricultural products	2002	2003	2004	2005	2006	2007
		第一季度 1st quarter					
毛绒产品	Hair and down products	120.24	103.99	92.44	107.56	100.00	106.02
山羊毛	Goat's wool	419.69	67.95	100.00	111.45		110.79
绵羊毛	Sheep's wool		96.00	108.21	101.38	74.96	101.16
山羊绒	Cashmere	82.81	108.49	91.50	106.62	100.00	104.86
牦牛毛	Yak hair		63.63	160.00	100.00		100.00
骆驼绒	Camel hair cloth		103.33		113.51		
其他毛绒产品	Other Hair and down products			107.75	136.97	100.85	103.77
其他牲畜产品	Other animal products			111.76	103.22		
2. 猪的饲养	2. Hog raising	97.67		119.96	111.91	98.56	118.00
活猪(毛重)	Hog (gross weight)	97.67	96.51	119.96	111.91	98.55	118.00
猪 肉	Pork		99.99	120.07	112.07	99.51	118.01
猪 鬃	Bristles			96.51	107.95	88.42	100.75
3. 家禽	3. Poultry	127.93	99.20	106.02	111.14	95.93	112.29
肉禽(毛重)	Poultry (gross weight)	127.93		105.53	110.51	95.95	112.67
鸡	Chicken	127.96	99.20	105.53	110.5	95.82	112.83
鸭	Duck	105.74	97.57	106.41	110.43	97.14	112.72
鹅	Goose	100.00	106.01	104.54	111.15	95.62	106.25
鹌 鹑	Furs			100.00	109.09	116.67	114.20
其他家禽	Other poultry			103.95	109.3	101.07	118.48
禽 蛋	Eggs	108.18	98.24	106.72	111.98	95.91	111.77
鸡 蛋	Chicken's eggs	108.09	98.21	106.68	112.19	95.63	112.11
鸭 蛋	Duck 's eggs	111.78	99.33	108.15	109.37	99.04	105.00
鹅 蛋	Goose' s eggs	60.59	89.15	102.87	107.00	103.16	106.49
其他蛋	Other eggs			98.92	127.44	98.32	105.37
鸭 绒	Duck 's down			113.33	104.29	102.91	108.49
其他羽绒	Other down			99.78	109.34	101.80	98.72
4. 狩猎和捕捉动物	4. Hunting and catching animals						
兽 皮	Furs		96.72	107.21	103.26	72.55	106.03
未列明的动物皮张	Furs not identified			115.25	108.51	102.61	111.65
5. 其他畜牧业	5. Other animal husbandry						
鸽 子	Pigeon		109.23	105.40	103.91	110.01	108.32
兔	Rabbit		110.72	99.89	110.73	101.50	109.00
狗	Dog		100.69	94.61	102.81	101.13	104.35
猫	Cat			96.72	115.42	104.17	100.00
兔 毛	Rabbit hair		96.05	119.07	133.05	100.98	86.50
其他家养动物	Other domestic animals			97.81	105.73	100.00	158.31
蛇	Snake		97.28		90.74	103.90	
蚕 茧	Silkworm cocoon	75.41	86.82	114.14	100.85	126.90	110.09
蜂 蜜	Honey	115.91	128.72	89.25	101.27	100.69	108.09
动物皮张	Animals' furs		99.99	120.94	105.20	92.17	109.19
四、渔业	IV. Fishery	106.00	96.88	106.95	105.80	102.26	101.51
1. 海水水产品	1. Seawater aquatic products	114.64	96.32	106.72	100.88	105.20	101.74

1—7 续表 8 continued 8

农产品名称 Categories of agricultural products		2002	2003	2004	2005	2006	2007
		第一季度 1st quarter					
鱼类	Seawater fish	148.51	99.83	105.47	100.17	106.96	102.67
大黄鱼	Large yellow croaker	110.68	72.42	120.01	97.05	105.63	106.26
小黄鱼	Small yellow croaker	98.03	111.81	102.88	97.89	103.20	103.17
带 鱼	Hairtail	122.27	90.11	107.93	104.91	112.28	99.76
鲈 鱼	Perch			101.81	103.86	108.39	103.36
沙丁鱼	Sardine		100.00	101.31	105.42	105.03	103.88
鳕 鱼	Cod	164.65		93.92	100.00		
石斑鱼	Grouper	100.00	91.98	108.99	105.29	102.37	103.95
醍 鱼	Anchovy		100.24	105.81	129.28	105.84	99.29
梭 鱼	Mullet		100.00	105.40	112.22	109.50	111.49
鲳 鱼	Silvery pomfret		106.16	121.69	96.83	102.24	106.13
海 鳗	Conger pike		94.77	99.63	101.26	105.95	107.15
鲅 鱼	Spanish mackerel		103.93	103.62	115.05	98.39	106.28
鲐 鱼	Chub mackerel		100.37	103.34	100.90		100.00
马面鱼	Black scraper		94.88	108.56	100.33	96.35	103.79
鳓 鱼	Chinese herring			103.45	95.24		
马 鲛	Japanese Spanish mackerel		87.94	125.25	108.35	104.14	108.95
梅童鱼	Baby croaker		95.59	99.79	106.37	96.69	
鲷 鱼	Porgy			101.70	96.96	89.22	108.67
蓝 圆	Blue scad		101.38	103.39			
其他海水鱼类	Other seawater fish			103.29	101.23	103.65	106.48
海水虾蟹类	Seawater shrimp and crab	276.24	100.00	113.85	95.64	104.03	111.28
对 虾	Prawn		99.88	116.78	88.10	104.73	114.54
毛 虾	Shrimp		93.42	105.04	106.36	101.54	99.79
爬 虾	Hypplyte		96.01		100.11	103.25	107.14
鹰爪虾	Trachypemaeus curvirostris		124.49	103.45			
梭子蟹	Swimming crab		106.54	118.74	107.22	106.13	114.29
其他海水虾蟹类	Other seawater shrimps and crabs			104.53	98.91	107.18	107.08
海水贝类	Seawater shellfish	59.02	90.40	106.52	105.05	100.98	96.10
扇 贝	Scallop	100.00	100.00	103.45	94.83	105.08	85.71
牡 蛎	Oyster	156.00	79.50	102.71	84.20	99.93	103.07
鲍 鱼	Abalone	35.29	113.31	110.37	104.20	84.03	107.15
蛤	Clam	58.96	90.49	106.55	107.81	105.79	94.46
蚶	Blood clam	93.05	160.05	94.58			100.38
海 螺	Conch		85.95	106.67	103.99	98.33	156.53
蛏	Razor clam		90.77	102.54	100.95	101.32	107.47
其他海水贝类	Other seawater shellfish			84.53	97.31	108.42	115.47
藻类	Seaweeds	114.41	100.00	100.24	83.79	95.60	113.46
海 带	Kelp	76.87	100.00	81.63		94.54	
紫 菜	Laver	121.44	100.00	103.73	83.79	99.11	113.46
其他藻类	Other seaweeds			101.91	162.37	111.11	178.92
墨 鱼	Inkfish		114.97	115.92	98.54	107.96	107.37

1—7 续表 9　　continued 9

农产品名称	Categories of agricultural products	2002	2003	2004	2005	2006	2007
		第一季度 1st quarter					
鱿　鱼	Squid		100.00	108.01	107.73	103.80	94.44
章　鱼	Octopus		114.51	64.49	90.76	104.54	108.32
海　蜇	Jellyfish		131.67		102.22	100.00	
未列明的其他海水产品	Other seawater products			105.51	101.31	100.62	102.72
2. 内陆水域水产品	2. Aquatic products in inland water areas	93.62	97.34	107.15	110.36	99.54	101.29
淡水鱼类	Freshwater fish	93.62	97.34	105.41	110.00	99.39	100.79
青　鱼	Black carp	69.60	98.66	108.12	108.61	106.28	111.71
草　鱼	Grass carp	94.33	95.15	108.40	112.24	100.13	100.99
鲤　鱼	Carp	101.84	99.63	103.85	107.61	97.11	100.19
鲢　鱼	Silver carp	101.03	96.63	105.28	110.92	99.78	99.12
鲫　鱼	Crucian carp	79.73	97.29	104.71	112.40	98.60	99.85
罗非鱼	Tilapia	68.20	99.46	100.27	104.92	102.26	98.50
虹鳟鱼	Rainbow trout	83.89		100.00	102.57	101.43	101.04
白　鱼	Whitefish		86.36	96.19	116.51	98.35	102.79
鳜　鱼	Mandarin fish		110.41	82.93	104.80	88.22	112.72
白昌鱼	Round spadefish		80.76	95.47	109.75		
黑　鱼	Snakeheaded fish		105.48	110.00	100.46	102.79	97.94
鲶　鱼	Oriental sheatfish		97.94	103.73	102.82	99.22	104.54
武昌鱼	Blunt-snout bream		96.36	89.37	113.35	96.21	98.64
鳙　鱼	Variegated carp		100.36	109.34	110.21	101.83	100.20
鲮　鱼	Dace		93.45	109.96	100.34	101.13	97.92
鳊	Bream		92.56	102.20	100.43	103.50	99.34
黄颡鱼	Yellowcat fish			106.67	82.92	91.60	89.00
银　鱼	Whitebait		90.91	66.67			
淡水鲈	Freshwater perch		85.36	104.17	103.57	95.62	82.59
其他淡水鱼类	Other freshwater fish			93.11	101.48	103.06	103.17
淡水虾蟹类	Freshwater shrimps and crabs	89.48	100.00	120.96	116.78	102.18	110.18
龙　虾	Lobster		111.80	107.24	117.33	100.79	108.57
罗氏沼虾	M. rosenbergii		100.00	106.38	117.62	89.34	183.57
青　虾	Black shrimps		97.90	131.96	116.51	104.26	110.59
基围虾	Exopalaemom carinicauda			103.45	98.16		
红螯螯虾	Shrimps with red chelas		100.00	128.24	100.00	133.33	
大闸蟹	Dazha crab		88.50	99.67	99.66	100.46	84.19
其他淡水虾蟹类	Other freshwater shrimp and crab			106.05	108.42	102.63	106.45
淡水珍珠	Freshwater pearl			5.67	86.19	107.58	101.19
螺　丝	Spiral shell		97.33	98.23	118.93	54.38	116.47
其他淡水贝类	Other freshwater shellfish			116.03	104.45	102.74	109.92
牛　蛙	Bullfrog		104.11		116.77	87.42	
甲　鱼	Soft-shelled turtle		98.56	102.54	89.62	99.65	89.24
黄　鳝	Ricefield eel		104.51	112.17	115.90	103.71	104.60
泥　鳅	Loach		103.87	103.88	111.81	96.80	112.85
蛙	Frog		93.75			88.89	156.25
未列明的其他淡水产品	Other freshwater products			90.54		108.33	115.47

1－8 全国农产品生产价格指数(第二季度)

National Indices of Producer Prices of Agricultural Products

(上年同期＝100)　　(2nd quarter)　　(the same period of the preceding year＝100)

农产品名称	Categories of agricultural products	2002	2003	2004	2005	2006	2007
		第二季度 2nd quarter					
合　计	**Gross Index**	**98.90**	**102.65**	**110.89**	**101.75**	**97.90**	**110.18**
一、农业产品	I. Crop products	99.70	106.73	117.37	100.59	105.09	105.98
1.谷物及其他作物	1. Cereal and other crops			126.63	98.07	101.56	108.50
＃粮食	Grain	94.60	103.89	128.55	99.46	99.76	107.63
谷物(原粮)	Cereal (unprocessed food grains)	95.60	101.51	129.98	99.74	99.77	108.00
小 麦	Wheat	93.20	103.20	138.13	99.07	96.15	104.79
硬粒小麦	Hard-grained wheat	90.20	104.22	137.97	98.62	94.91	104.13
软粒小麦	Soft-grained wheat	81.30	103.40	142.73	99.73	99.33	103.53
混合小麦	Mixed wheat	100.60	100.76	138.39	100.42	94.91	107.31
其他小麦	Other wheat			139.14	98.88	97.46	106.42
稻 谷	Paddy	101.20	97.29	141.42	101.41	101.02	104.48
早籼稻	Early long grained nonglutinous rice	101.60	98.04	135.86	99.13	102.01	109.91
晚籼稻	Late long grained nonglutinous rice	103.50	101.26	140.71	99.94	97.89	108.71
粳 稻	Round-grained rice	98.20	93.23	144.72	102.94	101.50	100.60
其他稻谷	Other paddy			132.91	102.21	99.50	106.32
玉 米	Maize (corn)	93.30	103.44	118.97	97.64	101.19	114.43
黄玉米	Yellow maize	93.10	103.45	118.96	97.55	101.32	114.54
白玉米	White maize	115.50	99.63	120.55	103.79	96.42	107.88
混合玉米	Mixed maize	165.00	102.26	120.81	100.08	97.03	111.09
其他玉米	Other maize		94.15	112.21	100.21	100.53	110.98
杂 粮	Coarse cereals		120.92		108.20	104.49	104.81
谷 子	Millet		121.54	122.12	114.39	107.62	101.69
高 粱	Chinese sorghum		95.74	133.14	100.52	100.72	110.79
大 麦	Barley		98.48	116.95	105.85	101.26	106.83
荞 麦	Buckwheat		125.83	121.55	126.74	112.92	99.00
元 麦	poulard wheat		124.75			102.50	
青 稞	Highland barley		126.29	119.55		108.14	101.82
莜 麦	Naked oats		113.88	102.10	107.99	109.04	101.18
燕 麦	Oats		131.67	66.67		100.00	102.50
其他杂粮	Other coarse cereals			107.86	105.63	104.87	106.21
小麦秸	Wheat straw		99.26	127.46	110.47	104.75	104.84
稻 草	Rice straw		93.12	125.17	121.71	96.49	107.25
玉米秆	Corn stover		132.80	108.47	98.38	93.39	109.55
大麦秸	Barley straw			101.10	99.02	100.00	
谷子秆	Millet stalk		162.54	107.74	114.89	105.62	112.46
高粱秆	Chinese sorghum stalk		100.00	122.79	107.19	108.01	

1—8 续表 1 continued 1

农产品名称 Categories of agricultural products		2002	2003	2004	2005	2006	2007
		第二季度 2nd quarter					
薯 类	Potato	88.30	94.88	101.94	106.47	113.44	99.37
红 薯	Sweet potato	139.00	97.87	112.87	102.78	103.69	106.73
马铃薯	White Potato	76.00	94.15	99.27	108.27	118.21	95.78
其他薯类	Other potatoes			110.59	102.83	101.54	102.33
薯 藤	Potato vines		103.20	122.17	124.78	96.83	102.20
油 料	Oil-bearing Crops	103.20	125.83	121.61	88.70	99.28	128.47
花 生	Peanut	104.70	124.75	120.45	97.19	99.93	113.80
油菜籽	Rapeseeds	102.80	126.29	121.80	83.37	99.09	137.44
芝 麻	Sesame	88.20	113.88	129.58	101.59	100.05	101.64
向日葵	Sunflower		93.83	114.70	106.85	96.28	105.02
胡麻籽	Flaxseeds	112.50	112.70	106.54	110.47	104.77	102.06
苏 籽	Perillaseeds		114.76	99.01	96.00	93.54	112.50
其他油料作物	Other oil-bearing crops			101.14	105.76	113.88	106.16
花生蔓	Peanut vine		103.08	125.00	98.13	100.00	
豆 类	Beans	90.20	120.92	127.09	95.41	95.03	108.26
大 豆	Soybeans	90.40	121.54	127.48	94.02	94.29	108.35
绿 豆	Mung beans	77.10	95.74	110.61	104.98	103.36	108.78
红小豆	Red beans	117.20	98.48	117.48	108.40	94.71	104.66
蚕 豆	Broad beans		112.03	140.84	98.10	94.39	103.60
豌 豆	Peas		108.47	112.75	106.88	97.75	99.95
芸 豆	Kidney beans		108.47	123.52	102.73	98.32	118.71
其他杂豆	Other beans			114.62	100.34	98.98	103.11
豆 秸	Beanstalk		101.03	79.06	109.51	117.78	
棉花(籽棉)	Cotton (unginned cotton)	88.00	131.67	122.61	87.05	113.35	99.10
细绒棉	Thin-staple cotton	88.00	131.67	122.61	86.74	113.27	99.24
长绒棉	Long-staple cotton	100.00	125.04	141.71	93.75	115.16	96.05
棉 籽	Cottonseeds		97.56	121.00	97.29	106.82	101.63
麻 类	Fiber crops	85.20	90.68	135.33	104.84	97.37	89.56
黄红麻	Jute and blueish dogbane	95.70	78.56	115.39	113.96	104.16	92.88
亚 麻	Flax		108.75	98.71	73.03	76.90	105.39
苎 麻	Ramie	77.90	99.14	149.25	107.62	98.37	81.44
剑 麻	Steel hemp		74.47			152.17	
麻 杆	Stalks of fiber crops			104.43		99.96	72.06
糖 料	Sugar crops	105.20	87.14	104.59	104.16	130.25	98.84
甘 蔗	Sugarcane	105.20	87.09	104.59	104.16	134.25	98.84
甜 菜	Beet	96.10	120.00		100.00	135.89	

1—8 续表 2 continued 2

农产品名称	Categories of agricultural products	2002	2003	2004	2005	2006	2007
		第二季度 2nd quarter					
其他糖料	Other sugar crops			104.94	111.11		
烟 草	Tobacco	183.30	105.99	107.00	106.58	93.06	101.85
烤烟叶	Flue-cured tobacco	263.90	100.29	103.41	106.63	92.84	101.77
晒烟叶	Sun-cured tobacco	97.80	112.03	110.80	104.67	101.51	104.70
其他烟叶	Other tobacco			104.64	103.43	102.95	102.71
青饲料	Greenfeed		110.68	102.60	103.20	108.05	94.00
牧 草	Herbage		113.13	105.00	96.24	103.18	107.42
绿 肥	Green manure		106.16	81.65	133.33	100.00	120.00
桑 叶	Mulberry leaves		97.70	111.80		92.74	
席 草	Stems or leaves of cattail		102.34	113.89		103.20	129.17
蓖麻籽	Castor beans		96.45	119.69	121.57	96.16	115.15
薄荷油	Peppermint oil		98.01		114.29	120.00	
野生植物的采集	Gathering of wild plants			175.51	111.20	102.41	99.95
未列明的其他农作物	Other agricultural crops			115.94	106.20	106.79	101.29
2.蔬菜、园艺作物	2. Vegetable and Horticulture		108.47	102.56	105.65	111.16	100.24
蔬 菜	Vegetable	95.90	108.47	102.56	105.65	111.16	100.24
叶菜类	Leaf vegetable	86.80	110.54	100.34	107.59	108.79	104.07
菠 菜	Spinach	94.10	109.35	103.13	104.78	105.55	101.83
芹 菜	Celery	78.60	114.03	101.01	103.36	112.24	105.95
大白菜	Chinese cabbage	50.70	120.44	101.08	105.94	116.92	100.03
元白菜	Cabbage	73.90	102.59	102.30	114.55	102.62	106.57
甘 蓝	Wild cabbage	38.70	93.83	99.41	108.75	107.78	87.79
花椰菜	Cauliflower	72.10	112.70	94.97	94.47	103.18	91.36
莴 笋	Asparagus lattuce	105.80	114.76	97.94	110.33	106.32	103.50
油 菜	Rape	107.30	111.19	98.64	109.62	108.03	107.54
其他叶菜	Other leaf vegetable			101.89	107.04	105.13	105.18
瓜菜类	Gourd vegetable	86.80	107.80	100.47	103.25	108.75	105.45
黄 瓜	Cucumber	86.90	100.16	108.94	103.45	109.47	106.61
冬 瓜	White gourd	63.60	125.04	73.55	100.95	107.89	98.64
西葫芦	Summer squash	99.90	96.55	102.06	98.49	109.17	106.79
苦 瓜	Balsam pear		120.04	110.64	109.52	107.77	109.26
丝 瓜	Towed gourd		108.75	111.39	108.31	101.38	111.76
南 瓜	Pumpkin		93.35	109.93	106.25	107.98	97.11
打 瓜	Seeded watermelon		96.87	100.00	122.69		
瓠 子	Bottle gourd		96.87	109.17	114.35	96.28	107.91
其他瓜菜	Other gourd vegetable			109.00	103.52	105.99	115.22

1—8 续表 3 continued 3

农产品名称 Categories of agricultural products		2002	2003	2004	2005	2006	2007
		第二季度 2nd quarter					
块根、块茎菜类	Root and tuber vegetable	82.30	104.98	103.68	102.92	114.31	102.54
萝卜	Radish	81.40	108.16	99.07	105.43	115.70	101.21
胡萝卜	Carrot	144.50	100.94	110.33	98.53	112.90	105.96
生姜	Ginger	92.90	74.47	133.12	88.58	77.01	79.26
芋头	Taro		117.29	95.05	106.40	103.17	88.69
苔干	Dried bryophyte		117.29	113.01	106.67	97.69	
百合(根)	Lily (root)		78.37	89.57	99.90	106.58	
芋艿	Taro		78.37	114.34	109.54	96.86	99.58
山药	Chinese yam		76.76	104.03	117.20	108.09	100.30
其他块根、块茎菜	Other root and tuber vegetable			102.92	107.87	99.80	99.87
茄果菜类	Eggplant, tomato and chili, etc.	108.80	107.64	102.80	100.80	110.59	104.11
茄子	Eggplant	123.70	112.51	112.44	102.62	105.90	106.85
西红柿	Tomato	105.50	108.75	98.41	99.69	113.39	101.57
辣椒	Chili	87.50	115.41	113.30	92.17	111.77	108.48
青椒	Sweetbell	106.60	98.31	100.20	106.96	108.14	103.93
其他茄果菜类	Others			109.15	106.02	107.50	104.06
葱蒜类	Onion and Garlic	60.90	114.85	110.87	109.93	119.04	77.72
大葱	Scallion	250.10	109.17	109.05	96.09	110.88	91.57
蒜苔	Garlic stalk	81.40	118.58	110.14	107.09	110.55	81.06
蒜头	Garlic head	50.30	99.20	114.08	117.00	125.18	70.50
洋葱	Onion		94.17	90.55	97.18	106.52	94.03
蒜苗	Garlic bolt		94.19	103.70	104.82	111.65	91.66
小葱	Shallot		83.86	99.11	104.04	105.56	104.39
韭菜	Fragrant-flowered garlic		98.74	106.87	98.18	106.69	106.35
其他葱蒜类	Others			97.59	109.77	107.03	101.63
菜用豆类	Garden beans	111.40	107.15	110.19	110.9	107.56	102.28
四季豆	Kidney beans	97.60	101.55	110.87	107.66	107.01	106.31
豇豆	Cowpeas	136.90	112.51	109.55	113.23	107.95	99.37
其他菜用豆	Other garden beans			102.57	106.26	107.08	101.40
水生菜类	Water vegetable	105.10	110.68	105.07	152.99	95.33	98.14
莲藕	Lotus root	98.60	113.13	114.07	105.81	104.90	109.19
茭白	Wild ruice stem	115.30	106.16	88.51	190.74	87.68	89.30
荸荠	Water chestnut	100.00	94.62	121.04	101.71	107.47	100.51
其他水生菜	Other water vegetable			110.22	106.45	105.99	53.57
食用菌(干鲜混合)	Mushroom		97.70	101.73	95.58	113.51	112.55
香菇(干品)	Mushroom (dried)		102.34	99.70	90.91	140.36	96.05

1—8 续表 4 continued 4

农产品名称	Categories of agricultural products	2002	2003	2004	2005	2006	2007
		第二季度 2nd quarter					
蘑菇(鲜品)	Mushroom (fresh)		96.45	100.05	96.94	111.62	114.60
黑木耳(干品)	Black edible fungus (dried)		103.74	124.89	82.80	107.26	104.53
白木耳(干品)	Tremella (dried)		112.20	87.43	111.12	97.69	99.13
金针菇(鲜品)	Golden mushroom		89.64	108.47	99.58	95.41	104.08
猴头菌(干品)	Bearded tooth(dried)		100.67		91.15	91.75	110.27
平菇(鲜品)	Oyster mushroom		105.42	104.08	102.72	103.94	113.20
花菇(干品)	Black forest mushroom		89.59	81.47			
其他食用菌	Other edible mushrooms			112.29	95.74	100.52	109.93
椿 芽	Chinese cedrela sprouts		98.23	107.42	104.75	95.40	103.16
未列明的其他蔬菜	Other vegetable			103.20	109.15	98.37	108.46
百合花	Lily		98.55	100.29	106.35	108.17	92.59
康乃馨	Carnation		94.56	125.36	130.22	124.83	101.43
满天星	June snow (serissa)		99.75	89.37	114.13	135.30	63.00
勿忘我	Forgetmenot		87.43	92.64	109.39	116.67	173.21
非洲菊	Flameray Gerbera		100.00	86.58	68.60	97.11	94.06
玫 瑰	Rugosa rose		113.18	74.49	114.97	128.76	87.78
郁金香	Tulip			83.33	101.00	109.89	105.71
情人草	Evans begonia		59.54	71.21	100.00	118.32	66.67
其他鲜切花	Other fresh flowers			106.84	111.81	123.38	95.57
草坪草皮	Sod for lawn		90.72	97.49	100.48	106.07	101.05
3.水果、坚果、饮料和香料	3. Fruits, beverages and perfume		98.01	106.93	107.34	116.51	100.50
水果、坚果	Fruits and nuts			101.09	107.27	117.95	95.15
园林水果	Garden fruits	117.90	98.69	98.16	106.99	118.64	95.53
苹 果	Apple	100.50	100.74	111.25	95.46	129.30	99.72
红富士苹果	Hongfushi apple	93.10	103.47	108.83	96.88	130.99	96.67
国光苹果	Guoguang apple	117.30	78.56	109.29	104.26	112.50	113.33
秦冠苹果	Qinguan apple	107.30	99.50	115.42	78.25	148.20	88.81
香蕉苹果	Banana apple	100.00	103.36		113.64	121.11	
元帅苹果	Yuanshuai (Marshal) apple		100.00	175.28	94.57	108.81	96.00
新红星苹果	New Hongxing apple		93.94		115.16	109.15	
梨	Pear	95.60	107.84	93.38	116.18	118.69	89.11
雪花梨	Snowflake pear	99.90	114.22	82.53	125.25	119.13	90.00
鸭 梨	Ya-pear	102.00	100.00	99.99	84.64	117.52	86.46
酥 梨	Soft-pear	69.60	104.34	102.08	99.77	114.36	82.63
其他梨	Other pears			101.00	99.68	104.90	111.50
柑 桔	Citrus	96.20	96.96	81.05	103.72	112.27	101.96

1—8 续表 5 continued 5

农产品名称 Categories of agricultural products		2002	2003	2004	2005	2006	2007
		第二季度 2nd quarter					
柑	Mandarin orange	94.30	95.72	83.81	102.51	109.85	104.52
桔	Tangerine	101.00	100.05	78.63	111.22	127.01	90.98
橙	Orange	100.00	103.74	93.99	103.49	112.71	84.91
柚	Shaddock	100.00	75.00	107.78	56.11	111.53	78.51
其他水果	Other fruits			96.20	101.89	105.10	103.42
香蕉	Banana	186.10	104.79	122.34	91.27	118.91	67.26
菠萝	Pineapple		74.48	105.72	107.67	110.19	112.81
荔枝	Litchi	26.10	138.03	74.52	113.50	106.80	96.16
芒果	Mango		71.56	118.37	96.30	112.58	112.71
木瓜	Papaya		98.04	107.17	100.00	144.22	110.78
橄榄	Chinese olive		80.00		91.29	80.79	150.00
桃	Peach	161.80	93.35	95.31	100.92	104.54	109.87
杏	Apricot	90.60	99.15	103.29	88.26	102.93	110.97
杨梅	Red bayberry	133.40	91.01	120.27	84.55	95.83	116.90
猕猴桃	Yangtao	100.00	87.50		104.50		
葡萄	Grape	196.70	113.52	97.47	109.26	87.05	108.07
红枣	Chinese date	100.90	78.72	108.81	102.17	103.42	102.03
柿子	Persimmon	100.00	100.00	73.68		104.87	114.16
其他园林水果	Other garden fruits			93.35	91.12	110.28	99.01
瓜果类	Melon	44.00	93.61	104.04	110.33	110.57	90.98
西瓜	Watermelon	38.40	93.62	102.73	110.68	111.95	90.08
甜瓜	Muskmelon	140.60	93.36	111.73	110.37	89.95	106.06
香瓜	Musk melon		116.82	111.05	108.67	124.26	85.00
伊利沙白瓜	Elizabeth melon		98.52	120.00			
草莓	Strawberry	77.70	104.81	107.14	99.77	104.61	91.53
其他瓜果	Others			109.23	101.40	109.21	104.91
坚果类	Nuts				101.06	98.76	111.81
椰子	Coconut			106.25	102.12	96.94	111.81
槟榔	Areca			113.24	121.88	128.90	158.15
其他坚果	Other nuts			125.00	77.08	101.14	125.90
茶及其他饮料(干品)	Tea and other beverages			116.86	107.79	107.28	135.21
茶	Tea	144.40		116.86	107.50	107.28	135.21
红毛茶	Black tea	135.30	91.14	106.34	113.13	106.91	106.15
绿毛茶	Green tea	145.30	97.19	117.38	109.04	107.26	139.56
乌龙茶	Oolong tea	109.00	90.31	110.16	90.39	107.62	101.51
其他茶	Others			104.41	99.87	110.66	172.09

1—8 续表 6 continued 6

农产品名称	Categories of agricultural products	2002	2003	2004	2005	2006	2007
		第二季度 2nd quarter					
可可和咖啡	Cocoa and Coffee				116.04	104.35	
咖啡豆	Coffee bean	88.00	99.68	86.57	116.04	104.35	
茴香	Fennel			100.95			
4.中药材	4. Chinese medicinal materials						
茯苓	Fuling (poris cocos)		104.39	121.82	83.51	90.91	114.03
党参	Tangshen (pilose asiabell)		311.35	88.04	96.69	104.45	152.21
当归	Chinese angelica		164.20	81.55	71.43	112.25	156.13
黄芪	Root of membranous milk vetch		113.21	105.64	96.75	96.63	111.60
金银花	Honeysuckle		120.02	85.56	103.83	113.88	98.53
甘草	Licorice root		98.55	85.00	87.15	109.96	143.17
贝母	Bulb of fritillary		186.21	90.91	89.22	111.04	120.04
红花	Safflower		95.35	109.54			90.00
元胡	Amur corydalis		100.00	83.08	88.46	100.00	
枸杞	Fruit of Chinese wolfberry		100.00	83.77	100.91	108.57	
菊花	Chrysanthemum		104.20	139.48	104.00	124.54	98.93
白术	Largehead atractyldes		92.31	89.82	98.91	101.49	
半夏	Tuber of pinelia		117.08	106.90	107.28	107.35	
麦冬	Tuber of dwarf lilyturf			90.91	101.08	96.44	103.97
三七	Pseudo-ginseng			111.11	107.83	65.77	92.06
玄参	Root of Zhejiang figwort			87.50	99.80	101.71	103.10
生地	Dried rhizome of rehmannia		100.00	86.07	100.78	104.30	120.33
厚朴	Bark of official magnolia			130.00	100.00	95.24	
杜仲	Bark of eucommia		99.41	100.36	89.79	113.63	114.76
田七	Notoginseng			80.00		19.38	
板蓝根	Root of common baphicacanthus		137.92	72.13	90.96	110.65	106.84
苦丁茶	Kudin crotoxylum (bitter tea tree)		54.70	103.84			
霍香	Wrinkled giant hyssop			90.00	118.12	107.83	118.63
天麻	Tuber of elevated gastrodia		107.92	99.69	100.39	120.64	
穿心莲	Creat		98.33	127.44		190.00	103.58
桔梗	Rampion		137.07	102.58	101.23	104.35	113.88
干姜	Dried ginger			111.11	112.59	116.63	
丹参	Root of red-rooted salvia		99.75	84.81	84.02	119.78	109.15
大青叶	Common conehead		100.00	50.00	116.67	125.00	
虫草	Chinese caterpillar fungus			112.19	103.61	112.69	135.93
其他药材	Other medicinal materials			109.96	99.12	100.90	105.92
二、林业产品	II. Forest products	88.40	101.24	108.91	102.45	112.14	103.37

1—8 续表 7 continued 7

农产品名称 Categories of agricultural products		2002	2003	2004	2005	2006	2007
		第二季度 2nd quarter					
1. 竹木采运	1. Bamboo and wood				104.47	105.60	109.58
木材采运	Felling and transport of wood	104.50			104.54	104.50	109.53
原 木	Log	104.40			104.54	105.50	109.53
红 松	Korean pine		105.93	103.28	112.32	108.99	104.22
落叶松	Larch		89.69	97.94	101.77	103.38	113.73
马尾松	Masson pine		102.32	100.70	103.77	106.97	109.11
杉 木	China fir		101.82	102.22	100.71	103.42	109.81
云南松	Yunnan pine		101.43	104.98	102.82	98.98	104.13
薪 材	Firewood	165.20	98.41	105.57	101.69	102.37	151.59
竹材采运	Felling and transport of bamboo	149.90			100.57	109.97	112.80
水 竹	Water bamboo		64.03	118.89	104.08	111.35	108.56
斑 竹	Mottled bamboo		100.00	99.02	100.00	101.05	
毛竹(楠竹)	Mao bamboo		99.02	101.50	100.57	111.97	112.80
蒿 竹	Hao bamboo。		89.63	97.93	104.88	104.23	101.13
淡 竹	Henon bamboo		113.14	183.40	108.67	96.50	104.88
其他竹材	Other bamboo		91.00	112.16	101.94	128.01	100.00
3. 林产品的采集	3. Gathering of forest products	83.30	101.24	108.91	101.50	115.25	100.43
天然和人工林的果实	Products of natural and artificial forest			108.91	101.50	115.25	100.43
橡 胶	Rubber	92.00	117.29	123.43	104.54	132.30	90.61
油桐籽	Seeds of tung oil tree	100.00	214.46	98.17	136.28	92.84	104.64
油茶籽	Seeds of tea-oil tree	100.00	118.48	129.73	112.30	97.96	113.68
棕 片	Palm fibre		104.99	93.45	99.36	106.89	117.16
松 脂	Rosin		105.39	110.32	97.85	191.16	72.96
核 桃	Walnut	184.60	78.37	103.19	101.98	108.78	118.23
板 栗	Chinese chestnut		81.23		88.89	91.86	
花 椒	Chinese prickly ash	72.60	93.73	98.30	100.20	102.95	108.09
八 角	Anise	57.70	77.76	73.64	94.92	93.45	106.13
桂 皮	Cassia bark	90.60	67.35	111.73	103.34	103.93	102.29
胡 椒	Pepper		112.23	110.13	103.40	102.39	127.73
其他果实	Other products			99.78	108.01	101.45	110.42
柳 条	Willow twigs		100.27	133.33			
藤 条	Rattan		100.00	83.33		95.17	
竹笋干	Dried bamboo shoots		94.36	109.70	105.48	105.61	102.74
桉树叶	Eucalyptus leaves			81.89	101.21	84.06	116.67
黄 柏	Chinese weeping cypress			104.65	98.66	100.00	100.00
三、牧业(畜产品)	III. Livestock products	99.80	99.08	103.87	102.52	84.83	117.76

1—8 续表 8 continued 8

农产品名称 Categories of agricultural products		2002	2003	2004	2005	2006	2007
		第二季度 2nd quarter					
1. 牲畜的饲养	1. Livestock raising			105.80	102.10	101.56	108.23
牛的饲养	Cattle raising			103.77	101.38	99.79	109.00
活牛(毛重)	Live cattle (gross weight)	78.70	103.49	103.77	101.37	99.32	109.12
牛肉	Beef		113.47	91.91	101.71	98.48	103.94
羊的饲养	Sheep raising			104.30	102.21	101.09	110.27
活羊(毛重)	Live sheep		100.29	104.30	102.21	101.09	110.27
羊肉	Mutton		127.38	110.11	108.18	103.11	120.45
马	Horse		101.20	104.99	103.10	99.98	105.27
驴	Donkey		96.75	103.12	93.11	111.05	98.01
骡	Mule		106.70	100.00	102.46	97.61	103.64
奶产品	Milk products	98.50	99.97	102.13	99.32	103.99	101.64
牛奶	Cow milk	98.50	99.97	102.12	99.32	103.99	101.63
羊奶	Sheep milk	60.50	102.21	104.41	102.19	105.47	106.84
其他奶类	Other milk			100.08	95.09	101.48	100.11
毛绒产品	Hair and down products	80.70	92.92	112.29	106.47	108.15	105.30
山羊毛	Goat's wool	139.90	77.49	104.29	100.50	103.57	110.52
绵羊毛	Sheep's wool		94.71	108.46	104.15	94.97	113.06
山羊绒	Cashmere	74.20	94.62	113.17	107.93	109.28	104.03
绵羊绒	Sheep's down		100.00	106.93	101.86	119.07	103.74
骆驼绒	Camel hair cloth		103.67	160.00	89.78		108.91
2. 猪的饲养	2. Hog raising			100.76	100.62	76.62	125.74
活猪(毛重)	Hog (gross weight)	97.50	99.88	100.76	100.60	76.57	125.74
猪肉	Pork		100.62	122.46	103.07	81.53	102.81
猪鬃	Bristles			109.54	99.24	90.67	117.54
3. 家禽	3. Poultry	107.90	94.17	110.62	107.34	87.93	115.60
肉禽(毛重)	Poultry (gross weight)			109.76	107.23	88.36	114.89
鸡	Chicken	107.90	94.19	109.74	107.02	87.13	115.15
鸭	Duck	103.50	83.86	116.63	109.04	97.26	113.10
鹅	Goose	100.00	90.70	114.43	106.99	95.77	112.91
其他家禽	Other poultry			111.77	100.84	95.69	110.49
禽蛋	Eggs	104.80	98.74	111.77	107.48	87.37	116.54
鸡蛋	Chicken's eggs	104.50		111.73	107.53	86.70	116.79
鸭蛋	Duck 's eggs	119.90		113.48	107.58	96.91	113.26
鹅蛋	Goose' s eggs	98.10		109.12	105.63	102.15	110.85
鹌鹑蛋	Quail 's eggs			98.89		106.54	124.79
其他蛋	Other eggs			93.99	101.69	94.53	117.00

1—8 续表 9 continued 9

农产品名称	Categories of agricultural products	2002	2003	2004	2005	2006	2007
		第二季度 2nd quarter					
鸭 绒	Duck 's down			107.08	105.84	103.76	103.07
其他羽绒	Other down			105.69	94.47	106.77	
兽 皮	Furs		100.00	108.57	100.18	77.22	106.25
未列明的动物皮张	Furs not identified			112.47	105.86	105.07	97.88
鸽 子	Pigeon		112.75	101.62	102.39	106.65	109.80
其他鸟类	Other birds			118.18	103.30	96.82	
兔	Rabbit		112.22	111.30	105.72	103.10	106.50
狗	Dog		90.86	105.62	99.88	100.66	102.42
猫	Cat			104.05	98.58	104.17	
兔 毛	Rabbit hair		99.06	139.95	116.37	99.64	80.76
蛇	Snake		101.25	109.21	99.38	109.10	124.15
其他虫类	Other Worms			109.16	99.20	95.25	97.02
蚕 茧	Silkworm cocoon	65.90	98.39	149.73	110.54	125.75	81.34
蜂 蜜	Honey	223.80	104.29	107.54	103.09	104.39	110.02
鹿 茸	Pilose antler			70.18	141.30	91.59	111.80
其他活的家畜产品	Other livestock products			118.71	101.24	71.04	119.41
动物皮张	Animals' furs		99.35	117.36	79.34	90.28	114.78
四、渔业	IV. Fishery	93.40	98.99	111.91	103.95	104.01	106.10
1. 海水水产品	1. Seawater aquatic products	98.60	99.29	111.44	103.63	107.75	108.41
鱼类	Seawater fish	94.50	108.65	113.27	104.51	107.41	109.11
大黄鱼	Large yellow croaker	61.10	105.63	103.88	102.39	105.74	103.82
小黄鱼	Small yellow croaker	63.00	88.16	119.53	100.01	101.64	106.11
带 鱼	Hairtail	59.30	112.20	112.24	101.36	109.67	116.06
鲈 鱼	Perch			106.14	104.78	105.06	118.28
沙丁鱼	Sardine		100.00	105.72	102.01	104.26	104.91
石斑鱼	Grouper	100.00	66.28	98.36	105.24	103.00	98.62
鳀 鱼	Anchovy		105.86	109.72	102.34	101.85	103.68
梭 鱼	Mullet		99.98	105.94	113.54	111.85	106.17
鲳 鱼	Silvery pomfret		93.51	114.91	103.86	103.54	107.72
海 鳗	Conger pike		103.71	96.77	107.02	107.11	107.22
鲅 鱼	Spanish mackerel		114.38	106.98	123.29	116.60	99.04
鲐 鱼	Chub mackerel		149.69	113.07	129.88		100.00
马面鱼	Black scraper		75.81	126.75	91.78	99.65	99.42
马 鲛	Japanese Spanish mackerel		92.91	115.95	105.32	103.09	106.03
梅童鱼	Baby croaker		151.72		99.63	96.69	100.00
鲷 鱼	Porgy			115.22	103.08	95.01	102.90

1—8 续表 10　　　　continued 10

农产品名称	Categories of agricultural products	2002	2003	2004	2005	2006	2007
		第二季度　2nd quarter					
蓝 圆	Blue scad		113.09	98.85			
鲆 鲽	Left-eyed flounder		109.59	116.95	99.14	101.22	
舌 鳎	Tonguefish			123.08	126.84	100.00	
其他海水鱼类	Other seawater fish			105.75	102.44	104.06	112.38
海水虾蟹类	Seawater shrimp and crab	164.50	100.00		106.82	105.21	104.57
对 虾	Prawn		103.22	97.50	108.31	105.05	106.01
毛 虾	Shrimp		125.25	108.71	118.37	105.25	103.15
爬 虾	Hypplyte		87.82	121.11	109.82	105.08	103.25
脊尾白虾	Exopataemom carimicauda		100.00	104.17	109.96	101.72	100.61
鹰爪虾	Trachypemaeus curvirostris		151.32	113.13	98.57	102.43	
梭子蟹	Swimming crab		91.65	108.93	99.77	112.83	102.23
其他海水虾蟹类	Other seawater shrimps and crabs			115.63	100.38	109.20	106.26
海水贝类	Seawater shellfish	111.30	89.64	108.49	100.94	115.56	106.72
贻 贝	Mussel	87.50	100.67	104.66		100.00	100.00
扇 贝	Scallop	101.40	100.00	111.11		103.81	
牡 蛎	Oyster	97.10	105.42	104.92	98.95	101.49	112.33
鲍 鱼	Abalone	51.80	102.76	124.95	95.46	85.03	90.51
蛤	Clam	111.60	89.59	108.50	102.80	128.96	112.29
蚶	Blood clam	100.00	116.82	101.03	100.00	99.86	100.40
海 螺	Conch		107.56	114.13	114.23	90.20	111.92
蛏	Razor clam		86.00	106.45	92.76	100.93	100.54
其他海水贝类	Other seawater shellfish			107.29	101.96	105.41	109.35
藻类	Seaweeds	144.80	101.04	129.88	90.34	95.74	123.51
海 带	Kelp	144.80	100.00	129.88	90.17	94.72	123.51
紫 菜	Laver	144.50	100.00		90.91	99.11	
其他藻类	Other seaweeds			96.38	100.97	96.85	89.58
墨 鱼	Inkfish		70.64	132.21	109.31	121.62	105.46
鱿 鱼	Squid		100.00	125.24	102.73	108.51	105.77
章 鱼	Octopus		115.52	104.42	104.27	104.47	108.83
未列明的其他海水产品	Other seawater products			178.05	109.64	107.33	119.62
2. 内陆水域水产品	2. Aquatic products in inland water areas	85.90	98.23	113.10	104.25	100.55	103.96
淡水鱼类	Freshwater fish	85.90	97.71	112.57	103.96	99.90	103.91
青 鱼	Black carp	61.60	96.18	99.37	106.7	106.95	103.78
草 鱼	Grass carp	88.40	97.55	117.92	105.09	99.50	104.73

1—8 续表 11 continued 11

农产品名称 Categories of agricultural products		2002	2003	2004	2005	2006	2007
		第二季度 2nd quarter					
鲤 鱼	Carp	82.60	98.55	114.44	100.76	98.17	104.46
鲢 鱼	Silver carp	75.70	94.56	110.30	105.06	100.02	103.51
鲫 鱼	Crucian carp	91.50	99.75	109.55	105.10	100.29	102.96
罗非鱼	Tilapia	66.90	87.43	105.30	106.70	101.03	102.68
虹鳟鱼	Rainbow trout	115.40		100.00	100.01	101.17	99.19
白 鱼	Whitefish		97.59	115.94	111.15	97.47	89.06
鳜 鱼	Mandarin fish		100.00	106.77	99.02	107.49	93.57
黑 鱼	Snakeheaded fish		100.08	98.14	102.84	101.15	109.13
鲶 鱼	Oriental sheatfish		101.82	110.51	102.57	97.57	101.33
武昌鱼	Blunt-snout bream		95.39	126.75	109.86	102.83	109.59
鳙 鱼	Variegated carp		102.04	116.55	102.18	100.70	107.13
鲮 鱼	Dace		83.91	128.02	99.79	100.51	107.36
鳊	Bream		88.92	97.12	102.12	101.31	102.76
黄颡鱼	Yellowcat fish			101.83	100.00	93.96	106.95
淡水鲈	Freshwater perch		79.55	87.87	110.98	96.91	95.28
其他淡水鱼类	Other freshwater fish			106.84	110.01	102.93	104.79
淡水虾蟹类	Freshwater shrimps and crabs	99.90	113.18	128.35	109.31	112.12	104.88
龙 虾	Lobster		113.18	128.35	118.11	115.62	102.25
罗氏沼虾	M. rosenbergii		99.24	99.72	102.06	104.85	106.43
青 虾	Black shrimps		103.28	104.79	98.54	108.00	108.07
红螯螯虾	Shrimps with red chelas		179.64	123.87	108.43	141.17	102.04
大闸蟹	Dazha crab		81.44	113.71	96.81	101.43	112.72
其他淡水虾蟹类	Other freshwater shrimp and crab			107.67	116.13	97.42	104.39
螺 丝	Spiral shell		105.51	108.08	110.70	92.95	115.80
河 蚌	Freshwater mussel		68.04	104.17		105.41	109.17
其他淡水贝类	Other freshwater shellfish			84.58	103.44	100.97	142.88
河 鳗	River eel			111.11	91.89		
牛 蛙	Bullfrog		215.38	104.46	113.60	77.22	108.67
甲 鱼	Soft-shelled turtle		111.57	93.63	104.62	101.59	107.64
黄 鳝	Ricefield eel		102.88	107.94	106.44	106.55	110.47
泥 鳅	Loach		102.41	123.87	105.91	99.83	114.39
蛙	Frog		92.78	107.16	61.56	95.88	168.75
未列明的其他淡水产品	Other freshwater products			94.35	100.00	102.70	100.75

1－9 全国农产品生产价格指数(第三季度)

National Indices of Producer Prices of Agricultural Products

(上年同期＝100) (3rd quarter) (the same period of the preceding year＝100)

农产品名称	Categories of agricultural products	2002	2003	2004	2005	2006	2007
		第三季度 3rd quarter					
合　计	**Gross Index**	**98.10**	**102.05**	**114.71**	**99.72**	**100.84**	**120.72**
一、农业产品	I. Crop products	98.10	102.91	122.26	100.6	103.41	108.58
1.谷物及其他作物	1. Cereal and other crops			129.07	96.75	103.67	108.55
＃粮食	Grain	95.30	101.47	135.09	96.78	103.14	107.99
谷物(原粮)	Cereal (unprocessed food grains)	93.00	100.15	137.26	97.11	103.59	107.52
小 麦	Wheat	98.00	100.69	137.74	95.81	100.96	105.12
硬粒小麦	Hard-grained wheat	97.90	100.81	136.48	96.00	100.77	104.77
软粒小麦	Soft-grained wheat	82.30	103.99	134.38	93.59	102.84	105.54
混合小麦	Mixed wheat	100.20	99.86	143.52	95.72	101.10	106.20
其他小麦	Other wheat			136.36	95.71	101.96	105.53
稻 谷	Paddy	93.10	97.81	143.12	98.35	101.92	104.03
早籼稻	Early long grained nonglutinous rice	95.10	102.73	140.82	94.85	101.87	106.68
晚籼稻	Late long grained nonglutinous rice	97.80	102.99	139.68	94.62	101.94	108.11
粳 稻	Round-grained rice	90.60	93.10	145.47	101.17	101.93	101.51
其他稻谷	Other paddy			134.27	99.72	100.65	104.09
玉 米	Maize (corn)	79.40	103.27	124.49	95.67	107.53	112.85
黄玉米	Yellow maize	78.20	103.06	124.57	95.87	107.47	112.95
白玉米	White maize	91.10	104.10	117.90	99.48	119.86	105.05
混合玉米	Mixed maize	92.40	105.60	124.25	87.30	107.98	110.24
其他玉米	Other maize		103.99	112.63	96.46	106.16	111.46
杂 粮	Coarse cereals				108.52	100.72	110.06
谷 子	Millet		105.98	119.90	114.04	99.67	105.54
高 粱	Chinese sorghum		106.17	131.30	115.13	100.42	110.60
大 麦	Barley		101.33	132.26	90.19	89.16	126.61
荞 麦	Buckwheat		95.31	110.87	123.15	109.48	99.51
青 稞	Highland barley		102.55	108.20	100.29	113.86	97.58
莜 麦	Naked oats		101.36	110.08	98.8	99.07	109.51
燕 麦	Oats		92.61	151.05			120.00
其他杂粮	Other coarse cereals			111.32	103.12	102.72	112.77
小麦秸	Wheat straw			115.87	98.63	103.45	113.30
稻 草	Rice straw			114.65	113.2	100.85	109.57
玉米杆	Corn stover			107.68	83.69	105.94	115.45
高粱杆	Chinese sorghum stalk			111.11	120.00		114.29
薯 类	Potato	118.70	84.92	111.10	102.92	104.61	109.50
红 薯	Sweet potato	223.20	91.29	110.71	99.00	105.93	110.52
马铃薯	White Potato	79.30	82.52	111.24	104.84	103.96	109.00
其他薯类	Other potatoes			120.18	93.27	105.84	106.64
薯 藤	Potato vines			139.27	110.07	101.87	108.10

1—9 续表 1 continued 1

农产品名称	Categories of agricultural products	2002	2003	2004	2005	2006	2007
		第三季度 3rd quarter					
油 料	Oil-bearing Crops	102.10	120.55	115.20	89.02	105.71	123.65
花 生	Peanut	110.90	115.13	116.91	95.62	106.76	115.19
油菜籽	Rapeseeds	97.90	123.27	114.50	84.74	105.54	128.55
芝 麻	Sesame	89.20	110.12	111.07	101.41	99.61	110.42
向日葵	Sunflower		99.65	110.30	104.41	103.38	114.16
胡麻籽	Flaxseeds	112.10	110.16	125.67	105.03	99.98	106.06
其他油料作物	Other oil-bearing crops			102.05	97.46	100.72	131.16
油菜籽秆	Rapeseed stalk			115.39	149.48		
豆 类	Beans	109.50	114.80	121.86	92.74	99.95	110.24
大 豆	Soybeans	110.60	116.77	122.66	90.89	99.00	110.54
绿 豆	Mung beans	99.10	95.18	113.72	107.75	111.10	109.41
红小豆	Red beans	62.40	86.94	120.20	109.77	99.65	105.69
蚕 豆	Broad beans		105.58	126.59	91.49	100.12	109.16
豌 豆	Peas		99.99	115.68	102.51	104.13	107.27
芸 豆	Kidney beans		100.42	94.57	102.11	99.60	105.59
其他杂豆	Other beans			108.47	97.91	107.64	108.19
豆 秸	Beanstalk			109.71	105.53	104.28	99.81
棉花(籽棉)	Cotton (unginned cotton)	110.10	127.91	95.55	106.00	105.47	104.90
细绒棉	Thin-staple cotton	110.80	128.83	95.14	104.91	105.47	105.89
长绒棉	Long-staple cotton	89.00	100.00	107.95	129.73		83.33
麻 类	Fiber crops	92.50	120.28	136.75	108.09	93.57	84.11
黄红麻	Jute and blueish dogbane	90.50	140.33	123.38	115.33	100.71	79.81
亚 麻	Flax		92.93	137.53	101.17	88.46	
苎 麻	Ramie	92.70	115.89	139.68	104.18	89.15	87.80
其他麻类	Other fiber crops			101.01		92.34	106.16
糖 料	Sugar crops	70.90	87.56	103.20	94.93	108.73	94.27
甘 蔗	Sugarcane	73.20	87.56	103.20	94.93	108.74	94.27
甜 菜	Beet	100.00	104.00		99.67	93.48	97.43
烟 草	Tobacco	111.40	92.26	112.91	100.80	102.03	103.01
烤烟叶	Flue-cured tobacco	111.60	92.08	112.96	100.71	101.73	102.97
晒烟叶	Sun-cured tobacco	80.30	117.43	105.13	104.37	113.17	104.64
其他烟叶	Other tobacco			104.10	104.00	101.76	104.12
青饲料	Greenfeed		104.45	102.31	91.29	96.72	108.81
牧 草	Herbage		94.65	129.82	94.76	106.46	100.77
绿 肥	Green manure		100.00	105.41		110.00	107.32
席 草	Stems or leaves of cattail		75.69	111.07	95.50		
薄荷油	Peppermint oil		108.11		109.09		
野生植物的采集	Gathering of wild plants			141.54	110.78	101.08	97.38

1—9 续表 2 continued 2

农产品名称	Categories of agricultural products	2002	2003	2004	2005	2006	2007
		第三季度 3rd quarter					
未列明的其他农作物	Other agricultural crops			104.24	101.65	116.78	102.32
2.蔬菜、园艺作物	2. Vegetable and Horticulture		99.22	116.33	109.41	102.33	110.21
蔬 菜	Vegetable	84.70	99.22	116.33	109.41	102.33	110.21
叶菜类	Leaf vegetable	77.20	100.19	115.60	108.94	101.47	114.11
菠 菜	Spinach	87.20	94.08	107.15	101.62	103.67	107.10
芹 菜	Celery	89.50	130.12	112.07	106.25	97.49	124.02
大白菜	Chinese cabbage	42.20	101.80	112.23	111.33	103.85	110.28
元白菜	Cabbage	84.20	91.36	120.19	108.46	99.73	112.97
甘 蓝	Wild cabbage	52.50	60.80	106.21	107.66	93.42	115.49
花椰菜	Cauliflower	61.60	110.32	114.44	97.20	101.26	105.73
莴 笋	Asparagus lattuce	118.50	75.84	125.35	115.76	96.28	110.40
油 菜	Rape	105.30	101.61	116.55	113.33	107.16	112.95
其他叶菜	Other leaf vegetable			109.55	108.56	105.90	110.44
瓜菜类	Gourd vegetable	102.90	102.03	111.30	106.11	101.92	111.49
黄 瓜	Cucumber	99.60	102.72	111.84	105.96	102.71	114.23
冬 瓜	White gourd	122.20	97.34	112.86	105.58	99.12	105.20
西葫芦	Summer squash	283.30	105.09	104.42	101.82	89.33	119.12
苦 瓜	Balsam pear		106.57	103.26	110.83	112.16	97.99
丝 瓜	Towed gourd		94.98	103.70	110.06	104.43	106.24
南 瓜	Pumpkin		99.52	106.26	105.62	101.67	107.61
打 瓜	Seeded watermelon		104.90	96.25	101.24	107.69	94.17
瓠 子	Bottle gourd		86.78	119.39	113.10	109.22	119.87
其他瓜菜	Other gourd vegetable			109.40	101.07	101.83	107.10
块根、块茎菜类	Root and tuber vegetable	60.40	122.40	106.54	108.74	99.73	112.91
萝 卜	Radish	60.70	116.21	109.76	110.01	102.77	109.59
胡萝卜	Carrot	54.90	136.40	98.25	106.83	94.45	120.10
生 姜	Ginger	49.90	104.68	160.91	92.37	80.73	92.40
芋 头	Taro		107.43	115.49	101.67	114.79	103.84
苔 干	Dried bryophyte		100.00	133.34	138.71		
百合(根)	Lily (root)		115.31	116.83	89.08	111.15	333.33
芋 艿	Taro		146.66	124.67	137.14	104.91	93.99
山 药	Chinese yam		113.87	112.13	105.46	97.50	88.61
其他块根、块茎菜	Other root and tuber vegetable			107.79	105.09	104.38	110.23
茄果菜类	Eggplant, tomato and chili, etc.	82.10	99.11	110.15	107.44	100.36	117.92
茄 子	Eggplant	97.00	106.79	113.52	105.82	98.28	120.47
西红柿	Tomato	67.40	89.70	112.06	107.15	99.37	119.75
辣 椒	Chili	74.80	106.93	100.82	109.77	106.68	114.17
青 椒	Sweetbell	133.10	104.31	108.65	107.63	99.60	115.23

1—9 续表 3 continued 3

农产品名称 Categories of agricultural products		2002	2003	2004	2005	2006	2007
		第三季度 3rd quarter					
其他茄果菜类	Others			108.91	105.4	100.45	112.40
葱蒜类	Onion and Garlic	84.70	89.35	127.40	118.41	107.73	89.52
大 葱	Scallion	182.70	106.61	106.79	115.41	100.75	112.44
蒜 苔	Garlic stalk	54.30	106.00	136.38	112.84	112.92	97.50
蒜 头	Garlic head	55.60	83.32	133.18	121.37	109.38	76.87
洋 葱	Onion		106.02	117.30	94.71	116.92	83.69
蒜 苗	Garlic bolt		145.57	102.88	107.06	100.06	111.54
小 葱	Shallot		90.94	96.44	110.26	102.97	102.46
韭 菜	Fragrant-flowered garlic		107.00	109.39	108.29	103.15	104.98
菜用豆类	Garden beans	105.90	98.49	112.12	108.39	106.20	109.80
四季豆	Kidney beans	124.90	95.82	114.58	105.93	103.33	114.09
豇 豆	Cowpeas	95.20	99.40	111.28	110.16	108.27	106.71
水生菜类	Water vegetable	129.70	109.45	131.62	103.49	104.35	97.37
莲 藕	Lotus root	153.90	106.13	108.84	105.74	107.18	105.17
茭 白	Wild ruice stem	128.80	109.57	132.45	101.69	102.09	91.13
荸 荠	Water chestnut	100.00	99.73		93.33		112.39
其他水生菜	Other water vegetable			99.52	86.59	101.45	127.31
食用菌(干鲜混合)	Mushroom		98.00	105.24	100.91	101.00	104.45
香菇(干品)	Mushroom (dried)		87.17	111.82	100.48	109.40	105.07
蘑菇(鲜品)	Mushroom (fresh)		97.76	104.33	101.27	99.50	103.79
黑木耳(干品)	Black edible fungus (dried)		114.20	125.29	96.53	111.19	112.65
白木耳(干品)	Tremella (dried)		89.09	103.33	110.40	89.82	119.07
金针菇(鲜品)	Golden mushroom		113.04	134.62	108.02	101.29	100.13
猴头菌(干品)	Bearded tooth(dried)		100.00		97.34	83.82	93.58
平菇(鲜品)	Oyster mushroom		105.69	109.61	103.11	101.42	108.33
花菇(干品)	Black forest mushroom		99.98	94.86			
其他食用菌	Other edible mushrooms			110.09	108.14	99.83	105.50
椿 芽	Chinese cedrela sprouts		106.07	115.47	101.71	124.55	103.94
百合花	Lily		62.43	94.28	96.26	94.25	92.86
康乃馨	Carnation		296.79	59.77	103.13	98.15	120.55
满天星	June snow (serissa)		128.51	87.05	106.06	127.46	133.49
勿忘我	Forgetmenot		100.00	78.36	100.00	70.00	130.38
非洲菊	Flameray Gerbera		109.99	121.12	73.41	147.23	83.58
玫 瑰	Rugosa rose		92.81	84.74	100.01	127.82	136.73
郁金香	Tulip			42.82	90.00	96.95	97.87
情人草	Evans begonia		57.15	40.00	125.00	120.00	143.36
其他鲜切花	Other fresh flowers			91.49	105.26	92.19	103.50
草坪草皮	Sod for lawn		91.84	93.38	91.19	104.42	108.33

1—9 续表 4 continued 4

农产品名称	Categories of agricultural products	2002	2003	2004	2005	2006	2007
		第三季度 3rd quarter					
其他园艺作物	Other horticulture			133.63	101.21	112.21	136.56
3.水果、坚果、饮料和香料	3. Fruits, beverages and perfume			98.16	108.87	103.82	105.65
水果、坚果	Fruits and nuts			97.18	108.87	103.53	103.39
园林水果	Garden fruits	103.00	104.91	96.47	108.11	104.83	103.14
苹 果	Apple	124.40	107.19	104.18	112.89	104.72	107.60
红富士苹果	Hongfushi apple	181.40	107.25	104.40	108.84	97.84	105.65
国光苹果	Guoguang apple	60.00	107.15	97.47	107.31	115.90	105.63
秦冠苹果	Qinguan apple	73.70	106.83	110.10	125.19	102.38	111.13
香蕉苹果	Banana apple	60.80	124.57	102.31	114.55	105.54	114.18
金冠苹果	Jinguan apple			108.46	121.99	85.33	133.59
元帅苹果	Yuanshuai (Marshal) apple		104.73	103.34	94.33	105.30	102.33
新红星苹果	New Hongxing apple		116.12	98.11	105.31	113.16	129.22
其他苹果	Other apples			88.06	112.06	107.00	125.91
梨	Pear	123.40	95.79	95.42	104.67	108.62	99.72
雪花梨	Snowflake pear	125.50	95.29	94.90	104.04	109.93	97.68
鸭 梨	Ya-pear	103.50	118.26	96.81	107.13	105.02	107.21
酥 梨	Soft-pear	43.30	108.75	111.38	104.06	96.61	98.57
香 梨	Bergamot pear	181.90	142.19	108.04	85.16	101.26	125.99
苹果梨	Apple pear		99.79	103.01	83.33	100.00	105.22
其他梨	Other pears			105.68	99.59	102.45	105.23
柑 桔	Citrus	91.70	99.37	96.48	106.19	101.19	104.34
柑	Mandarin orange	90.40	98.62	95.16	105.81	99.98	103.15
桔	Tangerine	120.10	109.85	97.07	110.29	108.63	112.92
橙	Orange	100.00	100.00	119.19	100.00		100.00
柚	Shaddock	83.50	108.00	100.77	102.33	112.45	100.00
其他柑桔	Others			108.79	98.96	125.09	
其他水果	Other fruits			89.46	110.32	96.71	104.78
香 蕉	Banana	47.10	113.74	105.71	109.27	96.05	70.66
菠 萝	Pineapple		116.67	109.12	126.22	103.44	111.61
荔 枝	Litchi	104.60	170.40	42.08	120.30	109.92	95.05
龙 眼	Longan	33.90	138.64	75.69	91.80	103.58	102.75
芒 果	Mango		115.81	106.38	102.11	103.93	101.78
橄 榄	Chinese olive		96.17	90.50	100.00	112.47	86.21
桃	Peach	88.30	94.75	94.39	110.76	94.20	110.63
杏	Apricot	103.70	97.02	93.34	89.68	97.82	116.85
杨 梅	Red bayberry	100.00	69.53	93.26	106.15	92.17	100.57
猕猴桃	Yangtao	101.50	91.37	125.00	101.28	98.56	121.42
葡 萄	Grape	96.20	93.52	98.57	113.12	103.21	107.59

1—9 续表 5 continued 5

农产品名称	Categories of agricultural products	2002	2003	2004	2005	2006	2007
		第三季度 3rd quarter					
红 枣	Chinese date	101.20	84.02	115.21	88.15	90.39	101.21
柿 子	Persimmon	70.60	103.91	91.54	105.44	118.41	106.36
其他园林水果	Other garden fruits			101.97	107.88	100.01	108.94
瓜果类	Melon	135.40	105.01	106.38	117.15	89.41	106.18
西 瓜	Watermelon	138.00	104.47	106.84	118.88	88.35	105.81
甜 瓜	Muskmelon	88.20	115.16	97.92	102.75	101.05	112.03
哈蜜瓜	Hami melon	135.20				96.97	100.00
香 瓜	Musk melon		100.06	110.67	105.34	105.50	100.10
草 莓	Strawberry			97.77	97.91	97.93	107.40
其他瓜果	Others			107.49	98.71	111.66	94.42
坚果类	Nuts				99.14	104.63	97.93
椰 子	Coconut			107.00	96.59	116.87	97.93
杏 仁	Apricot kerne			117.47	90.18	97.29	102.68
其他坚果	Other nuts			136.84	106.43	105.61	101.80
茶及其他饮料(干品)	Tea and other beverages			108.14	108.87	105.70	120.31
茶	Tea	255.20		108.14	108.87	105.70	121.03
红毛茶	Black tea	119.80	83.83	112.52	106.34	102.37	144.89
绿毛茶	Green tea	320.00	103.61	105.70	110.93	107.31	122.62
乌龙茶	Oolong tea	70.70	75.66	115.12	89.16	90.73	97.34
紧压茶原料	Raw material for pressed tea	81.00			92.63		
其他茶	Others			102.60	99.67	101.62	137.44
咖啡豆	Coffee bean		215.48	102.86			100.00
茴 香	Fennel			150.36	93.57	107.10	106.81
留兰香	Spearmint			76.87	98.67	141.21	103.99
4. 中药材	4. Chinese medicinal materials						
茯 苓	Fuling (poris cocos)		107.99	126.49	98.23	93.43	109.06
当 归	Chinese angelica		200.00	93.66		100.00	
黄 芪	Root of membranous milk vetch		104.66	105.98	104.80	110.00	100.00
金银花	Honeysuckle		148.85	99.41	107.48	128.42	119.59
人 参	Ginseng			83.69		90.78	
黄 连	Rhizome of Chinese goldthread		100.90	124.24			
贝 母	Bulb of fritillary		141.28	50.71	48.78	104.33	113.63
红 花	Safflower		164.10	98.01	144.75	121.12	79.86
元 胡	Amur corydalis		100.30	104.03	82.70	116.16	107.69
枸 杞	Fruit of Chinese wolfberry		133.59	106.91	98.87	116.49	136.33
砂 仁	Villous amomum			101.38	90.83	151.70	141.90
菊 花	Chrysanthemum		100.00		97.23	103.57	110.34
白 术	Largehead atractyldes		100.00	107.21	100.00		

1—9 续表 6 continued 6

农产品名称	Categories of agricultural products	2002	2003	2004	2005	2006	2007
		第三季度 3rd quarter					
半夏	Tuber of pinelia		116.46	122.77	106.62	85.80	115.39
三七	Pseudo-ginseng			108.29		61.88	119.20
生地	Dried rhizome of rehmannia		103.07		100.00	97.07	122.91
杜仲	Bark of eucommia		105.39	72.94	104.82	104.66	109.54
枳壳	Trifoliate-orange			100.07	103.04	100.00	93.11
板蓝根	Root of common baphicacanthus		111.11	87.71	91.83	104.35	125.00
苦丁茶	Kudin crotoxylum (bitter tea tree)		39.80	113.36			
天麻	Tuber of elevated gastrodia		157.89	120.59	109.54	100.00	
灵芝	Glossy ganoderma			121.97	135.44	109.87	119.19
白芍	Root of herbaceous peony			108.83	102.71	154.98	97.27
虫草	Chinese caterpillar fungus			121.96	104.39	110.23	174.02
其他药材	Other medicinal materials			104.56	94.11	95.58	105.82
二、林业产品	II. Forest products	106.90	112.79	103.84	104.42	117.49	101.54
1.竹木采运	1. Bamboo and wood			102.91	105.06	107.43	107.22
木材采运	Felling and transport of wood	95.60		102.90	105.06	107.22	107.19
原木	Log	95.50		102.90	105.06	107.22	107.19
红松	Korean pine		98.35		114.28	101.46	102.61
落叶松	Larch		100.17	100.00	106.17	111.47	109.40
马尾松	Masson pine		96.96	105.49	96.91	106.77	108.62
杉木	China fir		101.21	102.91	102.31	107.52	108.30
云南松	Yunnan pine		101.72	104.71			94.43
薪材	Firewood		100.69	107.43	102.71	97.46	106.88
竹材采运	Felling and transport of bamboo			106.06	105.14	120.41	108.66
水竹	Water bamboo		175.28	91.01	100.84	96.35	100.96
斑竹	Mottled bamboo		100.00	113.76		106.70	129.10
毛竹(楠竹)	Mao bamboo		93.24	106.06	105.14	120.41	108.66
蒿竹	Hao bamboo。		82.33	112.34	98.44	104.19	143.70
淡竹	Henon bamboo		93.75	116.71	100.00	100.00	105.72
其他竹材	Other bamboo		98.74	96.61	107.73	100.00	86.75
2.林产品的采集	2. Gathering of forest products		112.79	104.02	104.11	122.26	98.84
天然和人工林的果实	Products of natural and artificial forest			104.02	104.11	122.26	98.84
橡胶	Rubber	116.30	124.41	113.92	113.47	131.90	91.13
山苍籽	Seeds of mountain spicy tree			117.63	109.11	69.45	112.68
五倍籽	Chinese gall (gall nut)		137.32	108.01	102.35	107.14	
油茶籽	Seeds of tea-oil tree	100.00	124.61	103.46	99.38	106.79	130.12
棕片	Palm fibre		77.20	113.54	102.96	105.51	112.63
松脂	Rosin		101.80	112.25	123.53	126.30	78.90
核桃	Walnut	179.00	78.37	98.60	104.62	103.12	112.81

1—9 续表 7 continued 7

农产品名称	Categories of agricultural products	2002	2003	2004	2005	2006	2007
		第三季度 3rd quarter					
板 栗	Chinese chestnut		81.23	87.03	107.24	94.18	101.74
白 果	Ginkgo		100.00	81.29	89.22	90.95	106.86
花 椒	Chinese prickly ash	84.30	93.73	93.82	97.81	117.58	102.12
八 角	Anise	139.90	91.37	80.17	68.58	122.24	95.48
桂 皮	Cassia bark	66.40	88.00	102.15	101.68		106.87
胡 椒	Pepper		109.88	94.71	101.25	119.76	157.54
其他果实	Other products			96.02	82.89	108.66	114.45
柳 条	Willow twigs		110.06		100.64		
竹笋干	Dried bamboo shoots		96.50	104.32	108.94	100.58	143.38
三、牧业(畜产品)	III. Livestock products	98.80	101.49	107.05	96.78	94.94	142.61
1. 牲畜的饲养	1. Livestock raising	99.50		105.21	101.64	101.24	115.44
牛的饲养	Cattle raising			106.10	101.47	100.97	117.61
活牛(毛重)	Live cattle (gross weight)	96.80	98.92	106.10	101.6	100.91	117.40
牛 肉	Beef		103.05	106.61	95.89	103.51	126.71
羊的饲养	Sheep raising			105.74	100.08	100.20	119.08
活羊(毛重)	Live sheep		94.01	105.74	100.08	100.20	119.08
羊 肉	Mutton		89.76	99.22	96.93	99.87	131.07
马	Horse		103.19	123.88	108.21	103.01	114.91
驴	Donkey		90.07	102.89	99.58	107.12	108.94
骡	Mule		100.00	101.19	73.83		100.00
奶产品	Milk products	99.20	104.69	103.87	99.06	101.16	104.74
牛 奶	Cow milk	99.30	104.69	103.88	99.05	101.15	104.74
羊 奶	Sheep milk	58.20	107.27	101.01	103.09	106.44	105.60
其他奶类	Other milk			100.19	100.41	103.25	106.65
毛绒产品	Hair and down products	62.30	98.13	103.99	106.72	104.26	106.40
山羊毛	Goat's wool	86.80	97.45	87.99	102.19	97.21	110.25
绵羊毛	Sheep's wool		114.62	107.49	103.30	99.42	121.80
山羊绒	Cashmere	55.40	98.33	108.50	107.83	105.98	105.46
绵羊绒	Sheep's down		101.02	102.17	118.17	95.64	100.45
牦牛毛	Yak hair		100.00	125.17	100.00	100.48	105.96
骆驼绒	Camel hair cloth		100.00	107.95	90.02	119.37	104.74
其他毛绒产品	Other Hair and down products			88.37	95.52	92.55	110.15
其他牲畜产品	Other animal products			117.33	102.70		
2. 猪的饲养	2. Hog raising			104.28	90.96	90.40	164.70
活猪(毛重)	Hog (gross weight)	97.20	102.09	104.28	90.88	90.37	164.78
猪 肉	Pork		103.51	128.08	98.37	93.25	133.86
猪 鬃	Bristles			114.25	100.99	73.46	132.71
3. 家禽	3. Poultry			116.81	105.68	99.46	117.25

1—9 续表 8 continued 8

农产品名称	Categories of agricultural products	2002	2003	2004	2005	2006	2007
		第三季度 3rd quarter					
肉禽(毛重)	Poultry (gross weight)	93.90	104.59	115.97	105.61	100.74	118.16
鸡	Chicken	93.30	104.67	115.88	105.75	100.47	118.33
鸭	Duck	97.10	98.41	123.86	104.63	103.25	115.86
鹅	Goose	115.10	101.42	119.10	104.51	99.91	121.88
其他家禽	Other poultry			116.26	106.38	84.38	114.78
禽 蛋	Eggs	98.60	102.27	118.07	105.77	97.76	116.05
鸡 蛋	Chicken's eggs	98.50	102.34	118.04	105.79	97.66	116.22
鸭 蛋	Duck 's eggs	102.70	99.94	118.93	105.89	99.64	112.44
鹅 蛋	Goose' s eggs	100.00	96.79	107.99	105.01	99.32	113.45
其他蛋	Other eggs			103.09	106.07	94.94	114.95
鸭 绒	Duck 's down			109.40	104.26	108.36	106.29
其他羽绒	Other down			109.35	106.68	106.67	110.28
4.狩猎和捕捉动物	4. Hunting and catching animals						
兽 皮	Furs			92.77	72.03	100.00	104.88
未列明的动物皮张	Furs not identified			102.93	92.96	92.07	122.43
5.其他畜牧业	5. Other animal husbandry						
鸽 子	Pigeon		112.53	98.66	106.96	94.86	111.51
山 鸡	Pheasant			103.28	125	103.31	
兔	Rabbit		94.06	114.59	103.03	105.47	113.34
狗	Dog		91.44	104.70	94.8	97.57	105.19
猫	Cat			98.25	102.7	87.72	100.00
兔 毛	Rabbit hair			167.40	102.43	96.36	81.47
鹿	Deer			79.29		77.93	110.71
水 貂	Marten			128.42	100.11	102.74	74.08
蛇	Snake		72.07	117.62	91.13	95.19	100.92
蚯 蚓	Earthworm			122.75	100.00	48.89	100.00
蝎 子	Scorpion			88.95	88.92	97.87	100.49
其他虫类	Other Worms			134.16	104.95	100.32	113.26
蚕 茧	Silkworm cocoon	69.30	94.87	135.42	107.63	121.22	84.27
蜂 蜜	Honey	152.70	93.59	98.45	100.31	114.68	110.51
鹿 茸	Pilose antler			76.66	116.45	45.47	115.17
其他活的家畜产品	Other domestic animal			134.46	85.45	70.78	139.22
动物皮张	Animals' furs		100.61	98.95	71.8	89.28	129.64
四、渔业	IV. Fishery	93.30	99.37	112.08	103.76	101.85	108.73
1.海水水产品	1. Seawater aquatic products	92.30	99.37	109.57	104.58	103.18	111.34
鱼类	Seawater fish	93.10	97.28	109.91	105.88	102.52	111.06
大黄鱼	Large yellow croaker	80.60	85.18	109.19	93.97	96.17	115.82
小黄鱼	Small yellow croaker	120.40	88.09	115.20	103.37	101.97	111.02

1—9 续表 9　　　　continued 9

农产品名称	Categories of agricultural products	2002	2003	2004	2005	2006	2007
		第三季度　3rd quarter					
带 鱼	Hairtail	93.50	98.53	100.48	116.58	107.12	108.18
沙丁鱼	Sardine		100.98	121.61	93.45	104.62	102.99
石斑鱼	Grouper	110.60	94.46	138.19	104.01	104.44	109.14
醍 鱼	Anchovy		117.59	110.85	104.62	94.35	113.14
梭 鱼	Mullet		100.00	116.18	94.41	107.20	101.92
鲳 鱼	Silvery pomfret		86.56	106.60	122.1	111.10	121.92
海 鳗	Conger pike		89.33	101.36	106.47	113.54	115.00
鲅 鱼	Spanish mackerel		118.89	112.84		101.96	105.22
马面鱼	Black scraper		102.12	113.26	97.52	100.36	107.34
马 鲛	Japanese Spanish mackerel		88.18	108.38	106.67	105.10	107.06
鲷 鱼	Porgy			106.67	106.25	90.00	126.28
鲆 鲽	Left-eyed flounder		112.27	94.71			99.44
舌 鳎	Tonguefish			123.06	105.26		
其他海水鱼类	Other seawater fish			105.25	106.22	101.68	104.52
海水虾蟹类	Seawater shrimp and crab	276.24	110.19	95.83	102.73	105.36	102.98
对 虾	Prawn		110.15	95.44	103.52	105.92	100.88
毛 虾	Shrimp		111.81	105.10	109.78	103.90	111.93
爬 虾	Hypplyte		108.67	106.01	102.85	107.06	111.62
脊尾白虾	Exopataemom carimicauda		100.29	102.72	91.56	106.50	94.72
鹰爪虾	Trachypemaeus curvirostris		69.93	162.87			
梭子蟹	Swimming crab		135.34	92.55	102.23	102.24	109.66
其他海水虾蟹类	Other shrimps and crabs			98.55	104.96	111.98	101.17
海水贝类	Seawater shellfish		108.99	122.73	101.35	104.29	112.69
贻 贝	Mussel		84.43	201.86	104.62	115.40	108.15
扇 贝	Scallop		103.66	176.49	100.00	112.00	
牡 蛎	Oyster		102.90	94.13	94.05	128.79	96.65
鲍 鱼	Abalone		101.55	120.12	97.12	73.30	113.79
蛤	Clam		112.81	111.61	103.05	112.40	112.64
蚶	Blood clam		100.00	90.00	126.36	111.20	96.01
海 螺	Conch		112.90	112.00	102.74	104.97	100.88
蛏	Razor clam		106.94	98.35	105.91	101.06	121.68
其他海水贝类	Other seawater shellfish			117.36	109.43	100.64	103.37
藻类	Seaweeds		100.00	131.91	105.46	107.62	147.59
海 带	Kelp		100.00	131.91	105.46	107.62	147.59
其他藻类	Other seaweeds			125.65	98.05	115.33	103.49
墨 鱼	Inkfish		106.16	92.16	98.6	121.30	115.63
鱿 鱼	Squid		108.60	137.64	99.82	102.06	104.79
章 鱼	Octopus		107.60	110.28	104.41	103.79	107.12

1—9 续表 10 continued 10

农产品名称 Categories of agricultural products		2002	2003	2004	2005	2006	2007
		第三季度 3rd quarter					
海 蜇	Jellyfish		105.25	100.39	98.88	106.92	111.65
2. 内陆水域水产品	2. Aquatic products in inland water areas	95.10	99.60	116.46	103.00	100.61	106.31
淡水鱼类	Freshwater fish	95.10	99.37	115.82	102.33	99.76	106.19
青 鱼	Black carp	60.90	99.25	107.66	103.51	102.05	105.32
草 鱼	Grass carp	89.80	95.42	120.06	102.42	99.85	105.15
鲤 鱼	Carp	94.70	105.45	117.91	100.07	99.47	108.31
鲢 鱼	Silver carp	88.00	96.62	120.99	104.94	98.44	102.71
鲫 鱼	Crucian carp	90.80	96.95	109.59	101.98	100.38	106.93
罗非鱼	Tilapia	122.00	99.19	113.27	107.00	99.42	107.03
虹鳟鱼	Rainbow trout	125.10		100.00	105.20	99.47	97.32
白 鱼	Whitefish		101.26	117.74	113.53	101.67	103.49
鳜 鱼	Mandarin fish		100.00	108.94	106.25	100.05	100.50
白昌鱼	Round spadefish		97.51	131.64	77.17	101.90	122.47
黑 鱼	Snakeheaded fish		104.49	108.56	101.30	96.63	107.44
鲶 鱼	Oriental sheatfish		91.30	112.43	96.39	98.55	109.71
武昌鱼	Blunt-snout bream		99.23	114.91	112.31		107.95
鳙 鱼	Variegated carp		106.26	114.99	100.25	100.05	108.16
鲮 鱼	Dace		100.85	128.19	83.64	105.39	120.02
鳊	Bream		108.80	115.47	101.91	100.67	107.62
银 鱼	Whitebait		93.25	111.11			
淡水鲈	Freshwater perch		94.59	106.73	95.25	101.86	108.75
其他淡水鱼类	Other freshwater fish			104.08	107.64	99.92	104.19
淡水虾蟹类	Freshwater shrimps and crabs	91.30	103.47	126.76	114.88	115.56	108.47
龙 虾	Lobster		103.47	130.33	120.66	121.45	114.59
罗氏沼虾	M. rosenbergii		94.27	96.93	94.95	100.02	104.61
青 虾	Black shrimps		98.80	113.60	108.42	109.11	101.27
红螯螯虾	Shrimps with red chelas		110.76	127.99	117.09	130.45	78.22
大闸蟹	Dazha crab		86.43	98.15	107.96	98.97	96.03
其他淡水虾蟹类	Other freshwater shrimp and crab			90.74	101.76	97.68	112.32
淡水珍珠	Freshwater pearl			97.48	140.42	105.56	
螺 丝	Spiral shell		97.62	109.57	103.74	116.59	128.89
甲 鱼	Soft-shelled turtle		100.37	104.62	99.04	110.59	114.84
黄 鳝	Ricefield eel		105.77	112.74	101.05	113.92	108.99
泥 鳅	Loach		102.46	112.26	102.77	104.23	101.79
龟	Tortoise			86.44	72.46	107.56	
蛙	Frog		129.23	134.27	103.63	103.35	
未列明的其他淡水产品	Other freshwater products			88.68	100.63		

1—10 全国农产品生产价格指数(第四季度)

National Indices of Producer Prices of Agricultural Products

(上年同期=100) (4th quarter) (the same period of the preceding year=100)

农产品名称	Categories of agricultural products	2002	2003	2004	2005	2006	2007
		第四季度 4th quarter					
合　计	**Gross Index**	**102.29**	**111.64**	**113.02**	**98.81**	**105.54**	**122.22**
一、农业产品	I. Crop products	107.25	115.03	108.98	101.99	104.32	113.57
1. 谷物及其他作物	1. Cereal and other crops			112.77	99.11	104.23	114.46
#粮食	Grain	98.60	114.21	120.50	97.75	104.15	113.30
谷物(原粮)	Cereal (unprocessed food grains)	96.43	111.79	124.01	97.81	104.29	110.59
小　麦	Wheat	97.56	114.21	124.43	95.18	102.09	109.05
硬粒小麦	Hard-grained wheat	98.03	111.79	124.22	95.06	101.35	109.36
软粒小麦	Soft-grained wheat	89.67	114.21	129.42	95.13	101.99	108.60
混合小麦	Mixed wheat	93.20	111.79	126.21	95.58	104.63	108.14
其他小麦	Other wheat			131.80	95.62	101.39	107.17
稻　谷	Paddy	96.17	110.35	131.09	100.13	102.82	106.11
早籼稻	Early long grained nonglutinous rice	98.15	106.87	132.88	94.46	105.41	110.03
晚籼稻	Late long grained nonglutinous rice	100.54	110.64	129.98	96.25	104.07	110.44
粳　稻	Round-grained rice	93.40	113.04	129.87	104.02	101.20	102.91
其他稻谷	Other paddy			125.04	97.68	104.00	110.88
玉　米	Maize (corn)	96.11	114.12	111.35	96.30	107.50	116.28
黄玉米	Yellow maize	96.53	114.36	111.17	96.37	107.54	116.23
白玉米	White maize	93.31	105.43	117.66	101.50	106.56	111.49
混合玉米	Mixed maize	91.35	112.24	112.76	92.98	106.26	118.84
其他玉米	Other maize		111.58	108.87	98.84	105.45	114.36
杂　粮	Coarse cereals		100.00		106.84	103.70	114.90
谷　子	Millet		105.41	126.30	104.73	103.30	114.39
高　粱	Chinese sorghum		106.22	128.62	102.38	102.18	118.39
大　麦	Barley		106.72	117.54	101.76	101.28	119.17
荞　麦	Buckwheat		109.39	108.30	147.75	100.50	115.21
元　麦	poulard wheat		100.00				
青　稞	Highland barley		105.35	102.47	103.11	102.22	92.36
莜　麦	Naked oats		101.88	104.03	104.83	113.11	123.63
燕　麦	Oats		100.00	100.00	113.44	105.49	
其他杂粮	Other coarse cereals			117.78	101.90	102.34	108.93
小麦秸	Wheat straw			122.69	107.40	91.32	112.56
稻　草	Rice straw			103.04	97.13	110.50	113.10
玉米杆	Corn stover			107.63	105.02	97.83	108.72
谷子杆	Millet stalk			177.80	98.28	122.47	120.51
高粱杆	Chinese sorghum stalk			100.00	102.37	91.48	
薯　类	Potato	76.97	102.25	109.31	109.13	106.57	113.84
红　薯	Sweet potato	88.97	96.73	111.44	105.17	104.54	112.57
马铃薯	White Potato	72.45	104.33	108.51	111.07	107.56	114.46

1—10 续表 1 continued 1

农产品名称 Categories of agricultural products		2002	2003	2004	2005	2006	2007
		第四季度 4th quarter					
其他薯类	Other potatoes			108.02	101.32	103.29	111.41
薯藤	Potato vines			100.00	102.41	109.54	100.00
油料	Oil-bearing Crops	105.47	122.22	109.25	91.07	111.24	133.90
花生	Peanut	114.21	127.54	110.46	96.95	108.80	126.69
油菜籽	Rapeseeds	101.75	119.31	108.96	87.55	113.37	138.69
芝麻	Sesame	84.58	187.81	100.04	101.73	96.63	123.39
向日葵	Sunflower		105.66	119.35	99.12	101.27	112.70
胡麻籽	Flaxseeds	96.12	118.73	118.33	102.64	98.09	132.88
苏籽	Perillaseeds		123.26	108.81	99.30	101.76	175.72
其他油料作物	Other oil-bearing crops			107.41	105.26	109.51	110.83
花生蔓	Peanut vine			79.95	76.59	100.00	
豆类	Beans	109.90	125.17	109.07	93.49	102.46	129.19
大豆	Soybeans	111.65	126.33	106.63	92.14	102.13	131.06
绿豆	Mung beans	92.22	113.41	133.69	103.41	105.28	114.17
红小豆	Red beans	109.68	126.18	124.58	99.55	102.66	117.43
蚕豆	Broad beans		115.13	125.23	101.37	103.89	128.60
豌豆	Peas		99.90	120.00	102.41	103.95	115.35
芸豆	Kidney beans		105.58	103.48	103.60	105.87	118.01
其他杂豆	Other beans			117.08	101.04	106.38	114.29
豆秸	Beanstalk			99.55	156.88	97.78	115.14
棉花(籽棉)	Cotton (unginned cotton)	138.13	150.90	76.09	113.73	96.00	111.06
细绒棉	Thin-staple cotton	139.27	151.57	75.61	113.96	95.76	111.11
长绒棉	Long-staple cotton	120.46	140.45	83.47	108.71	101.15	109.92
棉籽	Cottonseeds			85.15	112.05	98.57	110.11
麻类	Fiber crops	90.95	138.03	109.85	101.97	92.95	84.61
黄红麻	Jute and blueish dogbane	85.27	117.89	113.40	107.56	93.18	90.66
亚麻	Flax		100.00	121.77	101.59	111.11	
苎麻	Ramie	91.64	140.50	106.50	97.31	86.70	79.42
剑麻	Steel hemp		112.42	110.49	150.00	77.78	107.14
麻杆	Stalks of fiber crops			208.16	96.75	102.22	
糖料	Sugar crops	86.51	98.93	109.89	117.66	109.07	101.74
甘蔗	Sugarcane	86.51	98.93	109.89	117.67	109.07	101.74
甜菜	Beet	100.00	102.55	125.30	102.61	105.18	103.15
烟草	Tobacco	86.51	95.51	112.56	104.46	98.59	108.49
烤烟叶	Flue-cured tobacco	86.51	95.42	112.57	104.36	98.26	108.28
晒烟叶	Sun-cured tobacco	100.00	107.44	111.44	108.32	111.13	116.52
白肋烟	Whiteerib tobacco		109.62	98.95	101.63	97.10	125.00
其他烟叶	Other tobacco			105.60	103.59	105.73	111.13

1—10 续表 2　　　　continued 2

农产品名称 Categories of agricultural products		2002	2003	2004	2005	2006	2007
		第四季度　4th quarter					
青饲料	Greenfeed		101.33	113.31	90.54	92.29	97.78
牧草	Herbage		102.96	112.59	98.36	109.53	107.48
席草	Stems or leaves of cattail		69.46	86.52		113.39	96.34
蓖麻籽	Castor beans		111.11	106.58	80.13	106.22	109.46
野生植物的采集	Gathering of wild plants			107.93	121.72	107.43	107.20
未列明的其他农作物	Other agricultural crops			77.33	101.73	111.83	110.95
2. 蔬菜、园艺作物	2. Vegetable and Horticulture		107.20	103.05	108.23	102.56	113.35
蔬菜	Vegetable	122.21	107.20	103.05	108.23	102.56	113.35
叶菜类	Leaf vegetable	151.35	110.95	95.36	110.32	101.02	118.17
菠菜	Spinach	65.66	109.35	94.52	110.22	102.00	117.29
芹菜	Celery	90.29	112.12	89.79	118.25	99.49	115.16
大白菜	Chinese cabbage	179.29	116.29	86.84	110.05	102.43	123.51
元白菜	Cabbage	139.64	103.49	102.94	107.83	99.27	119.90
甘蓝	Wild cabbage	472.05	112.81	100.34	101.64	101.63	120.94
花椰菜	Cauliflower	137.90	113.00	106.90	106.73	95.34	123.92
莴笋	Asparagus lattuce	132.01	114.01	103.38	107.29	107.15	115.27
油菜	Rape	321.62	105.99	99.89	106.79	102.13	115.37
其他叶菜	Other leaf vegetable			102.25	108.77	102.59	115.58
瓜菜类	Gourd vegetable	116.64	104.23	98.53	104.48	102.93	115.67
黄瓜	Cucumber	114.62	103.20	99.50	104.07	103.64	113.65
冬瓜	White gourd	131.46	110.09	92.49	108.47	98.88	116.96
西葫芦	Summer squash	133.52	120.64	99.19	105.75	104.53	135.55
苦瓜	Balsam pear		89.64	111.64	96.47	105.75	115.99
丝瓜	Towed gourd		103.95	103.75	102.64	103.94	113.92
南瓜	Pumpkin		107.08	108.91	108.15	101.11	111.09
打瓜	Seeded watermelon		104.28	113.51	100.41	96.09	127.39
瓠子	Bottle gourd		105.80	100.33	115.04	98.88	110.81
其他瓜菜	Other gourd vegetable			97.39	110.36	106.84	114.55
块根、块茎菜类	Root and tuber vegetable	125.50	113.77	96.45	109.23	99.85	120.09
萝卜	Radish	127.59	111.42	98.02	111.49	101.77	117.65
胡萝卜	Carrot	62.79	117.95	93.07	105.49	96.71	125.50
生姜	Ginger	73.31	122.94	135.59	89.72	82.41	101.59
芋头	Taro		101.54	106.04	108.56	104.59	104.01
苔干	Dried bryophyte		119.29	77.36			
百合(根)	Lily (root)		113.49	94.45	110.06	109.32	117.95
芋艿	Taro		122.03	112.76	118.31	106.31	108.83
山药	Chinese yam		112.17	119.19	106.19	102.07	114.64
其他块根、块茎菜	Other root and tuber vegetable			104.43	106.77	103.02	111.99

1—10续表 3　　　　continued 3

农产品名称 Categories of agricultural products		2002	2003	2004	2005	2006	2007
		第四季度 4th quarter					
茄果菜类	Eggplant, tomato and chili, etc.	94.88	98.71	101.79	105.4	103.88	116.45
茄子	Eggplant	106.62	99.94	101.19	105.22	100.50	118.94
西红柿	Tomato	87.35	99.94	102.35	106.03	105.58	114.10
辣椒	Chili	129.96	105.20	100.00	103.86	107.07	120.53
青椒	Sweetbell	109.55	95.43	101.90	105.36	101.20	116.33
其他茄果菜类	Others			110.96	107.98	107.30	116.56
葱蒜类	Onion and Garlic	104.59	108.08	115.11	111.48	104.42	94.07
大葱	Scallion	89.26	117.67	105.50	107.03	97.65	119.11
蒜苔	Garlic stalk	125.74	115.76	102.64	100.10	105.63	112.22
蒜头	Garlic head	115.92	100.70	122.57	116.79	107.12	77.51
洋葱	Onion		98.11	98.36	89.95	103.71	99.38
蒜苗	Garlic bolt		114.95	106.37	112.29	99.12	106.75
小葱	Shallot		108.83	97.25	111.10	94.34	113.61
韭菜	Fragrant-flowered garlic		101.46	107.01	108.12	99.75	112.63
其他葱蒜类	Others			99.61	105.47	106.58	116.29
菜用豆类	Garden beans	137.59	109.55	101.62	106.24	103.38	116.17
四季豆	Kidney beans	124.18	113.07	105.61	106.35	102.21	118.31
豇豆	Cowpeas	145.18	107.88	99.72	106.16	104.22	114.62
其他菜用豆	Other garden beans			104.52	108.64	99.50	114.63
水生菜类	Water vegetable	183.24	98.80	106.14	105.51	92.38	136.70
莲藕	Lotus root	98.13	108.12	101.16	104.20	106.10	106.57
茭白	Wild ruice stem	185.99	98.50	106.30	106.56	81.40	160.80
荸荠	Water chestnut	100.00	104.58	124.73	98.14	96.50	111.76
其他水生菜	Other water vegetable			111.92	99.78	97.01	108.12
食用菌(干鲜混合)	Mushroom		104.15	94.76	104.34	108.18	94.97
香菇(干品)	Mushroom (dried)		89.19	91.17	99.88	115.99	95.90
蘑菇(鲜品)	Mushroom (fresh)		102.54	93.51	104.99	107.60	93.07
黑木耳(干品)	Black edible fungus (dried)		123.33	105.46	100.85	106.83	119.32
白木耳(干品)	Tremella (dried)		102.50	91.34	107.25	99.55	119.64
金针菇(鲜品)	Golden mushroom		99.07	100.00	104.83	102.46	106.79
猴头菌(干品)	Bearded tooth(dried)		100.00		104.09	93.34	103.19
平菇(鲜品)	Oyster mushroom		110.90	94.83	99.99	108.80	92.49
其他食用菌	Other edible mushrooms			106.33	106.65	94.32	103.22
未列明的其他蔬菜	Other vegetable			104.41	108.73	97.42	110.67
百合花	Lily		87.89	115.95	88.65	106.88	109.96
康乃馨	Carnation		210.94	166.42	64.78	150.55	125.89
满天星	June snow (serissa)		388.07	81.76	102.71	103.81	142.01
勿忘我	Forgetmenot		135.23	143.98	96.82	140.00	183.23

1—10 续表 4 continued 4

农产品名称	Categories of agricultural products	2002	2003	2004	2005	2006	2007
		第四季度 4th quarter					
非洲菊	Flameray Gerbera		100.00	78.81	97.00	120.68	93.77
玫 瑰	Rugosa rose		108.57	94.11	74.55	145.96	133.42
情人草	Evans begonia		100.00	90.33	111.11	120.00	120.00
其他鲜切花	Other fresh flowers			101.08	97.69	108.87	115.76
草坪草皮	Sod for lawn		85.94	91.72	92.11	111.00	113.65
3. 水果、坚果、饮料和香料	3. Fruits, beverages and perfume			92.14	108.84	108.29	108.14
水果、坚果	Fruits and nuts			91.44	108.1	108.25	108.36
园林水果	Garden fruits	93.65	101.70	90.37	108.01	109.51	108.11
苹 果	Apple	59.71	94.83	98.15	118.51	107.30	127.61
红富士苹果	Hongfushi apple	65.11	93.60	100.94	115.35	101.74	125.05
国光苹果	Guoguang apple	89.38	96.39	87.00	106.29	130.22	111.70
秦冠苹果	Qinguan apple	58.90	100.10	107.24	139.05	87.73	153.91
香蕉苹果	Banana apple	37.52	118.78	99.18	112.68	114.30	112.78
元帅苹果	Yuanshuai (Marshal) apple		95.58	104.11	106.04	108.63	131.31
新红星苹果	New Hongxing apple		107.36	110.03	109.13	106.98	100.10
其他苹果	Other apples			96.94	110.66	100.91	121.84
梨	Pear	125.84	109.76	85.10	102.55	114.88	97.27
雪花梨	Snowflake pear	125.71	109.67	85.15	101.43	114.22	94.66
鸭 梨	Ya-pear	102.32	97.75	88.89	106.55	117.30	106.09
酥 梨	Soft-pear	139.24	118.05	81.40	104.08	114.68	104.16
香 梨	Bergamot pear	111.11	100.00		100.02	118.62	105.15
苹果梨	Apple pear		108.09	105.08	80.84	108.78	120.09
其他梨	Other pears			100.21	105.81	100.05	103.50
柑 桔	Citrus	134.56	103.71	99.01	104.77	105.24	103.30
柑	Mandarin orange	162.88	103.99	99.26	101.35	106.60	104.67
桔	Tangerine	118.07	97.07	101.79	126.34	98.14	97.99
橙	Orange	98.68	105.25	96.60	103.02	100.82	92.15
柚	Shaddock	70.70	96.98	92.88	119.63	110.87	105.88
其他柑桔	Others			108.50	101.83	105.69	93.68
其他水果	Other fruits			95.00	107.41	100.69	108.30
香 蕉	Banana	74.57	123.20	103.18	102.49	103.02	100.70
菠 萝	Pineapple		100.00	114.82	98.00	105.94	114.65
荔 枝	Litchi	100.00	66.67	77.69			
龙 眼	Longan	15.04	91.55	83.53	95.83	105.95	98.46
木 瓜	Papaya		92.02	119.35	100.00	105.83	100.00
橄 榄	Chinese olive		101.56	126.07	77.97	112.81	102.18
桃	Peach	103.72	80.14	98.38	109.02	99.47	110.43
杏	Apricot	80.65	100.00	102.20	101.98	111.20	165.45

1—10续表5 continued 5

农产品名称	Categories of agricultural products	2002	2003	2004	2005	2006	2007
		第四季度 4th quarter					
猕猴桃	Yangtao	105.88	72.23	112.93	116.56	91.36	151.61
葡萄	Grape	62.50	113.87	95.43	108.56	105.07	103.31
红枣	Chinese date	90.54	105.85	99.71	97.43	99.86	110.27
柿子	Persimmon	130.97	100.17	98.27	104.19	103.02	94.20
其他园林水果	Other garden fruits			98.82	82.18	103.49	120.47
瓜果类	Melon	72.64	102.96	108.91	109.10	94.65	111.01
西瓜	Watermelon	74.30	102.79	109.28	109.22	94.97	109.46
甜瓜	Muskmelon	34.96	106.33	101.83	111.34	88.64	116.25
香瓜	Musk melon		108.89			47.04	
草莓	Strawberry			110.34	101.31	100.19	148.68
其他瓜果	Others			103.13	110.45	106.72	108.22
坚果类	Nuts			108.36	105.61	120.09	106.07
椰子	Coconut			108.36	105.61	120.09	106.07
杏仁	Apricot kerne			446.43	95.00	132.72	93.06
槟榔	Areca			120.04	123.19	156.33	46.39
其他坚果	Other nuts			117.93	105.56	73.03	165.80
茶及其他饮料(干品)	Tea and other beverages			107.85	113.60	108.55	106.74
茶	Tea	140.89		107.85	113.86	108.61	105.74
红毛茶	Black tea	60.84	83.86	116.41	112.67	104.24	140.00
绿毛茶	Green tea	143.11	98.23	106.84	114.91	109.03	104.91
乌龙茶	Oolong tea	139.09	108.80	110.38	103.78	105.86	102.79
其他茶	Others			99.01	111.25	87.23	95.23
可可和咖啡	Cocoa and Coffee				106.33	106.78	135.00
咖啡豆	Coffee bean		106.46	110.38	106.33	106.78	135.00
茴香	Fennel			138.82		123.81	109.09
留兰香	Spearmint			97.78		223.13	
其他	Others			90.82	74.41	106.25	108.56
4. 中药材	4. Chinese medicinal materials						
茯苓	Fuling (poris cocos)		112.28	123.37	119.78	102.54	118.96
党参	Tangshen (pilose asiabell)		107.97	94.62	91.27	109.32	117.94
当归	Chinese angelica		100.00	103.52		130.00	
黄芪	Root of membranous milk vetch		113.03	88.08	116.73	104.37	107.20
金银花	Honeysuckle		103.04	79.73	109.73	106.41	129.93
黄连	Rhizome of Chinese goldthread		91.64		93.93	97.70	108.04
贝母	Bulb of fritillary		153.54	104.76	109.53	104.62	91.97
红花	Safflower		100.17	104.00	100.00	102.31	86.40
元胡	Amur corydalis		111.87		110.92	104.50	98.48
枸杞	Fruit of Chinese wolfberry		107.19	89.00	100.33	110.20	163.73

1—10 续表 6 continued 6

农产品名称	Categories of agricultural products	2002	2003	2004	2005	2006	2007
		第四季度 4th quarter					
菊 花	Chrysanthemum		201.98	31.07	103.06	116.71	101.29
白 术	Largehead atractyldes		137.56	84.86	101.28	109.54	117.48
半 夏	Tuber of pinelia		100.00	99.82	102.60	164.12	113.09
生 地	Dried rhizome of rehmannia		105.80	121.55	98.32	89.10	74.50
杜 仲	Bark of eucommia		101.35	96.00	100.00	89.58	100.00
板蓝根	Root of common baphicacanthus		101.85	90.38	97.89	103.28	148.24
苦丁茶	Kudin crotoxylum (bitter tea tree)		68.66	130.98			
天 麻	Tuber of elevated gastrodia		94.21	93.46	89.70	99.67	94.30
穿心莲	Creat		181.29	101.78	168.15	90.89	100.42
桔 梗	Rampion		118.27	100.26	101.65	121.50	88.02
其他药材	Other medicinal materials			93.00	99.45	106.99	131.45
二、林业产品	II. Forest products	111.49	105.36	98.69	107.2	112.98	106.67
1. 竹木采运	1. Bamboo and wood			102.74	101.64	109.36	108.01
木材采运	Felling and transport of wood	105.26		102.71	101.64	109.26	107.85
原 木	Log	105.54		102.71	101.64	109.26	107.85
红 松	Korean pine		100.90		98.04	107.65	105.96
落叶松	Larch		101.69	93.95	105.08	113.06	102.98
马尾松	Masson pine		103.32	103.74	99.46	107.71	110.37
杉 木	China fir		101.73	108.40	103.55	107.73	114.17
云南松	Yunnan pine		93.63	111.11	95.74	95.87	125.00
薪 材	Firewood		99.49	99.72	99.24	106.69	112.93
竹材采运	Felling and transport of bamboo			107.69	102.09	115.70	117.80
水 竹	Water bamboo		101.63	106.27	86.73	109.06	123.98
斑 竹	Mottled bamboo		101.29		100.00	88.00	106.67
毛竹(楠竹)	Mao bamboo		104.05	107.69	102.09	115.70	117.80
蒿 竹	Hao bamboo。		97.44	117.66	104.28	108.31	105.99
淡 竹	Henon bamboo		104.48	107.28	172.72	123.83	100.00
其他竹材	Other bamboo		113.63	106.32	107.70	101.77	111.31
2. 林产品的采集	2. Gathering of forest products		105.36	97.93	109.83	114.69	106.03
天然和人工林的果实	Products of natural and artificial forest			97.93	109.83	114.69	106.03
橡 胶	Rubber	157.52	116.94	104.62	120.41	107.73	107.67
生 漆	Raw lacquer			99.80	106.62	103.63	122.93
油桐籽	Seeds of tung oil tree	100.00	163.07	131.79	104.58	98.75	119.12
乌桕籽	Seeds of Chinese tallow tree		183.15	101.39			
五倍籽	Chinese gall (gall nut)		177.86	105.27	100.49	97.93	121.43
油茶籽	Seeds of tea-oil tree	100.00	109.41	108.66	98.34	102.85	135.13
棕 片	Palm fibre		97.24	99.26	97.59	106.92	111.10
松 脂	Rosin		106.94	114.19	130.73	103.23	80.98

1—10 续表 7　　continued 7

农产品名称 Categories of agricultural products		2002	2003	2004	2005	2006	2007
		第四季度　4th quarter					
核 桃	Walnut	83.02	98.46	113.53	113.70	115.07	108.31
板 栗	Chinese chestnut		97.77	98.72	97.57	96.34	105.03
白 果	Ginkgo		76.75	83.73	102.04	94.80	91.23
松 子	Pine nut		113.27	127.72	100.00	108.74	96.86
花 椒	Chinese prickly ash	49.58	100.47	95.82	101.34	125.44	104.22
八 角	Anise	80.28	67.15	84.46	88.77	132.51	95.48
桂 皮	Cassia bark	87.27	120.86	73.04	101.31	109.74	99.18
胡 椒	Pepper		106.70	79.61	111.18	118.36	139.04
其他果实	Other products			106.20	100.07	111.44	106.75
竹笋干	Dried bamboo shoots		97.71	112.70	115.48	102.93	99.17
桉树叶	Eucalyptus leaves			96.00	140.00	100.00	83.33
三、牧业(畜产品)	III. Livestock products	98.59	109.25	118.92	92.1	106.11	140.39
1. 牲畜的饲养	1. Livestock raising	102.03		103.57	100.63	103.20	123.88
牛的饲养	Cattle raising			103.96	100.49	102.75	125.11
活牛(毛重)	Live cattle (gross weight)	98.04	103.92	103.96	100.48	102.75	125.11
牛 肉	Beef		102.73	99.11	100.82	102.66	125.11
羊的饲养	Sheep raising			103.61	99.32	103.51	129.69
活羊(毛重)	Live sheep		98.11	103.61	99.32	103.51	129.69
羊 肉	Mutton		106.06	106.02	101.24	99.94	146.89
马	Horse		105.27	105.31	104.67	104.34	132.14
驴	Donkey		108.50	94.22	104.67	101.02	111.58
骆 驼	Camel		130.01		96.91	104.44	129.20
其他未列牲畜的饲养	Other livestock raising			100.08	97.27	104.11	
奶产品	Milk products	104.09	111.06	101.29	99.25	101.64	117.14
牛 奶	Cow milk	104.16	111.06	101.28	99.25	101.64	117.16
羊 奶	Sheep milk	54.49	113.28	104.25	97.63	103.10	105.63
毛绒产品	Hair and down products	57.25	113.89	103.67	104.43	105.40	112.31
山羊毛	Goat's wool	55.39	100.00	103.67	109.36	116.74	118.65
绵羊毛	Sheep's wool		98.16	97.72	101.85	102.94	104.21
山羊绒	Cashmere	57.83	118.24	105.66	103.24	102.65	110.78
绵羊绒	Sheep's down		146.25		100.20		
其他毛绒产品	Other Hair and down products			113.03	99.38	98.11	100.00
2. 猪的饲养	2. Hog raising			126.36	85.56	107.13	156.15
活猪(毛重)	Hog (gross weight)	99.46	112.97	126.36	85.47	107.12	156.23
猪 肉	Pork		109.54	117.34	94.66	107.68	148.69
猪 鬃	Bristles			121.27	67.87	112.80	134.94
3. 家禽	3. Poultry			113.74	99.13	106.52	119.56
肉禽(毛重)	Poultry (gross weight)	94.59	106.03	113.73	97.38	107.30	120.61

1—10 续表 8 continued 8

农产品名称	Categories of agricultural products	2002	2003	2004	2005	2006	2007
		第四季度 4th quarter					
鸡	Chicken	94.58	106.03	113.72	97.24	106.99	120.38
鸭	Duck	96.36	103.40	118.39	98.14	109.75	120.54
鹅	Goose	100.00	109.18	115.80	99.19	108.01	130.02
其他家禽	Other poultry			115.38	99.76	101.53	99.74
禽蛋	Eggs	99.57	104.99	113.75	101.48	105.50	118.17
鸡蛋	Chicken's eggs	99.27	105.09	113.70	101.51	105.44	118.27
鸭蛋	Duck 's eggs	108.56	101.65	115.24	102.97	105.97	117.97
鹅蛋	Goose' s eggs	100.00	102.79	103.83	98.51	107.16	114.44
其他蛋	Other eggs			90.61	86.18	103.70	123.09
鸭绒	Duck 's down			117.84	111.13	127.42	99.35
其他羽绒	Other down			115.54	107.12	104.25	100.00
4.狩猎和捕捉动物	4. Hunting and catching animals						
兽皮	Furs			96.89	104.66	100.00	111.80
未列明的动物皮张	Furs not identified			108.06	96.54	105.53	135.52
5.其他畜牧业	5. Other animal husbandry						
鸽子	Pigeon		104.36	122.04	101.11	107.00	120.18
兔	Rabbit		95.10	112.25	102.88	107.82	116.58
狗	Dog		100.91	103.93	98.14	102.57	108.76
猫	Cat			102.61	90.98		
兔毛	Rabbit hair			163.91	102.65	83.38	89.59
其他家养动物	Other domestic animals			120.00	100.32	100.35	120.02
水貂	Marten			76.65	100.00	103.80	56.48
蛇	Snake		100.33	95.64	101.82	100.41	100.00
蚕茧	Silkworm cocoon	46.95	145.09	100.76	118.38	128.15	66.56
蜂蜜	Honey	58.30	100.90	101.03	103.34	109.57	129.96
鹿茸	Pilose antler			15.50	97.64	102.09	134.06
其他活的家畜产品	Other domestic animal products			128.38	62.77	99.55	96.54
动物皮张	Animals' furs		105.93	97.02	75.92	95.83	122.04
四、渔业	IV. Fishery	90.87	106.12	109.82	103.73	105.53	105.64
1.海水水产品	1. Seawater aquatic products	86.81	109.53	108.30	105.27	110.12	101.17
鱼类	Seawater fish	83.38	110.15	107.99	104.92	112.58	98.17
大黄鱼	Large yellow croaker	54.21	112.79	101.55	106.91	120.74	117.77
小黄鱼	Small yellow croaker	84.82	102.64	104.51	105.75	110.69	78.68
带鱼	Hairtail	104.61	110.15	108.49	102.40	109.66	108.34
鲈鱼	Perch			92.01	135.96	121.95	100.24
沙丁鱼	Sardine		107.49	111.88	100.89	107.55	110.60
石斑鱼	Grouper	100.00	100.00	119.55	103.84	102.82	103.95
鳀鱼	Anchovy		106.62	111.74	116.00	95.55	106.14

1—10 续表 9 continued 9

农产品名称	Categories of agricultural products	2002	2003	2004	2005	2006	2007
		第四季度 4th quarter					
梭鱼	Mullet		89.29	117.01	106.29	97.88	109.48
鲳鱼	Silvery pomfret		101.56	111.31	106.13	106.63	111.80
海鳗	Conger pike		95.49	107.65	108.74	104.51	114.19
鲅鱼	Spanish mackerel		91.51	115.60	102.58	102.35	118.43
鲐鱼	Chub mackerel		102.12	113.99	100.00		
马面鱼	Black scraper		87.50	100.77	70.82	102.16	105.06
马鲛	Japanese Spanish mackerel		108.72	105.19	106.61	102.54	110.58
梅童鱼	Baby croaker		104.85		100.85	108.70	
鲷鱼	Porgy			105.62	102.04	102.13	107.26
蓝圆	Blue scad		111.29	166.67			
鲆鲽	Left-eyed flounder		116.14		104.16	104.84	95.89
舌鳎	Tonguefish			145.20	116.58	107.14	
其他海水鱼类	Other seawater fish			112.23	101.67	105.26	106.82
海水虾蟹类	Seawater shrimp and crab	88.76	100.00	116.72	105.00	106.63	106.00
对虾	Prawn		94.47	103.56	104.69	106.99	102.35
毛虾	Shrimp		109.89	103.77	110.62	112.60	101.53
爬虾	Hypplyte		98.87	133.30	108.47	101.72	130.43
脊尾白虾	Exopataemom carimicauda		100.00	104.88	94.07	99.43	98.55
鹰爪虾	Trachypemaeus curvirostris		129.70		107.13	106.48	111.77
梭子蟹	Swimming crab		105.16	114.24	106.3	108.07	115.02
其他海水虾蟹类	Other seawater shrimps and crabs			97.22	106.11	102.91	106.46
海水贝类	Seawater shellfish		102.17	98.93	106.17	104.01	106.63
贻贝	Mussel		113.79		132.55	77.40	80.00
扇贝	Scallop		101.17	145.22	108.16	86.58	115.04
牡蛎	Oyster		98.81	107.79	106.38	114.36	124.90
鲍鱼	Abalone		126.87	112.81	89.03	86.24	97.92
蛤	Clam		100.52	98.73	110.74	114.41	108.27
蚶	Blood clam		137.23	91.60	107.93	100.00	98.60
海螺	Conch		117.14	115.57	104.23	110.10	119.22
蛏	Razor clam		109.44	106.13	107.57	111.29	89.38
其他海水贝类	Other seawater shellfish			80.12	58.05	97.93	108.35
藻类	Seaweeds		106.93		108.53	111.91	139.14
海带	Kelp		106.93		108.01	113.64	
紫菜	Laver		106.38	87.46	110.24	106.19	139.14
墨鱼	Inkfish		107.22	94.39	123.16	109.18	107.64
鱿鱼	Squid		133.65	136.84	103.69	100.14	105.73
章鱼	Octopus		103.01	84.22	109.18	106.75	109.28
海蜇	Jellyfish		110.68	43.78	107.97	103.12	97.08

1—10 续表 10 continued 10

农产品名称	Categories of agricultural products	2002	2003	2004	2005	2006	2007
		第四季度 4th quarter					
未列明的其他海水产品	Other seawater products			98.53	105.70	103.57	113.67
2. 内陆水域水产品	2. Aquatic products in inland water areas	97.64	100.16	112.49	102.31	101.27	109.78
淡水鱼类	Freshwater fish	97.64	100.18	112.29	101.81	100.67	109.90
青 鱼	Black carp	47.77	103.04	111.47	102.10	100.27	118.07
草 鱼	Grass carp	91.35	101.20	115.51	104.66	100.46	107.77
鲤 鱼	Carp	96.56	100.63	112.04	101.99	100.48	111.88
鲢 鱼	Silver carp	91.39	101.30	116.61	101.41	100.77	111.56
鲫 鱼	Crucian carp	78.25	98.25	113.50	100.80	99.79	106.64
罗非鱼	Tilapia	161.80	100.20	100.67	91.46	104.06	109.49
虹鳟鱼	Rainbow trout	111.09		103.34	117.17	107.67	98.43
白 鱼	Whitefish		90.72	104.34	110.68	96.56	101.49
鳜 鱼	Mandarin fish		107.73	102.29	101.29	100.86	104.48
白昌鱼	Round spadefish		104.36	118.51			108.50
黑 鱼	Snakeheaded fish		99.69	99.97	98.91	99.84	108.81
鲶 鱼	Oriental sheatfish		101.01	107.82	87.41	99.10	113.57
武昌鱼	Blunt-snout bream		106.77	107.24	99.28	115.31	94.77
鳙 鱼	Variegated carp		103.43	110.21	97.29	101.29	111.62
鲮 鱼	Dace		96.50	112.92	99.98	110.59	116.01
鳊	Bream		93.15	107.41	102.02	94.80	106.15
黄颡鱼	Yellowcat fish			110.00	114.91	102.39	109.00
淡水鲈	Freshwater perch		110.64	123.53	89.21	93.91	109.83
其他淡水鱼类	Other freshwater fish			103.91	101.29	107.54	105.26
淡水虾蟹类	Freshwater shrimps and crabs	86.23	99.87	115.82	111.08	111.80	107.57
龙 虾	Lobster		99.87	128.76	117.15	116.10	110.03
罗氏沼虾	M. rosenbergii		93.82	100.72	104.63	101.55	106.16
青 虾	Black shrimps		98.74	103.43	103.82	106.90	104.52
基围虾	Exopalaemom carinicauda			102.33	102.60	98.20	108.12
红螯螯虾	Shrimps with red chelas		113.96	145.61	106.67	100.00	100.00
大闸蟹	Dazha crab		91.20	101.69	101.98	107.66	104.45
其他淡水虾蟹类	Other freshwater shrimp and crab			103.84	104.84	111.44	91.93
螺 丝	Spiral shell		114.07		100.61	96.10	187.50
其他淡水贝类	Other freshwater shellfish			104.76	103.57	103.78	104.74
河 鳗	River eel		94.57	114.29	111.11		107.47
牛 蛙	Bullfrog		120.00	107.77		89.30	
甲 鱼	Soft-shelled turtle		101.95	85.76	97.26	114.96	109.18
黄 鳝	Ricefield eel		104.10	105.30	102.60	115.04	108.05
泥 鳅	Loach		109.18	117.56	93.88	100.44	115.75
龟	Tortoise			86.52	80.86	95.13	
蛙	Frog		104.17		100.77	119.30	114.29

1—11 各地区农产品生产价格总指数
Gross Indices of Producer Prices of Agricultural Products by Region

（上年＝100） (the preceding year＝100)

地 区 Region	2002	2003	2004	2005	2006	2007
全 国 National Total	**99.65**	**104.37**	**113.09**	**101.39**	**101.20**	**118.49**
北 京 Beijing	104.10	102.46	105.76	103.53	99.13	114.38
天 津 Tianjin	104.17	104.44	108.06	103.38	103.41	107.79
河 北 Hebei	97.70	107.48	110.09	102.45	100.22	116.15
山 西 Shanxi	94.74	103.94	110.61	103.50	100.18	112.95
内蒙古 Inner Mongolia	99.34	106.45	112.00	103.17	103.55	114.90
辽 宁 Liaoning	99.41	103.33	120.41	101.50	105.84	116.61
吉 林 Jilin	98.60	136.86	118.11	100.29	104.64	114.01
黑龙江 Heilongjiang	102.39	110.23	117.27	101.01	99.97	119.90
上 海 Shanghai	100.00	102.15	110.84	105.71	101.86	110.24
江 苏 Jiangsu	97.28	107.21	122.68	100.32	99.92	112.55
浙 江 Zhejiang	101.22	101.88	116.77	105.88	102.70	108.59
安 徽 Anhui	99.85	106.42	117.78	98.71	99.33	114.13
福 建 Fujian	99.10	101.72	106.80	103.90	102.70	112.60
江 西 Jiangxi	100.00	105.09	119.48	100.45	101.40	114.98
山 东 Shandong	102.15	108.55	112.31	102.93	103.35	113.98
河 南 Henan	99.70	111.84	121.95	100.74	100.85	117.70
湖 北 Hubei	100.90	106.94	121.66	100.30	99.47	116.98
湖 南 Hunan	99.91	111.69	127.31	99.54	100.74	130.59
广 东 Guangdong	98.45	101.30	110.70	103.47	102.56	109.69
广 西 Guangxi	100.00	104.51	118.93	100.02	106.76	121.49
海 南 Hainan	100.00	104.26	106.36	102.20	105.59	104.70
重 庆 Chongqing	101.10	103.80	125.53	100.03	93.58	121.77
四 川 Sichuan	101.82	103.54	120.38	103.18	102.73	120.79
贵 州 Guizhou	103.89	101.93	111.14	101.82	101.35	113.03
云 南 Yunnan	108.12	100.33	112.91	103.99	106.64	117.51
西 藏① Tibet①						
陕 西 Shaanxi	101.12	105.48	111.66	104.85	103.23	115.40
甘 肃 Gansu	97.81	103.36	113.06	103.06	102.63	111.42
青 海 Qinghai	101.16	105.75	108.75	103.28	104.54	118.95
宁 夏 Ningxia	93.40	104.40	114.23	103.26	101.20	114.95
新 疆 Xinjiang	100.91	126.16	100.80	108.29	98.43	114.67

注①：西藏价格调查数据暂未公布。

Note①：Tibet's Indices of Producer Prices have not been released.

1-12 各地区种植业产品生产价格指数
Indices of Producers' Prices of Crop Products by Region

(上年=100) (the preceding year=100)

地 区 Region	种植业产品 Crop products				
	2003	2004	2005	2006	2007
全 国 National Total	**107.42**	**115.86**	**101.55**	**104.50**	**109.82**
北 京 Beijing	101.92	103.21	107.15	100.57	106.11
天 津 Tianjin	110.75	103.11	103.49	104.67	105.74
河 北 Hebei	111.76	107.10	103.85	102.27	110.99
山 西 Shanxi	105.49	109.14	104.24	100.97	112.81
内蒙古 Inner Mongolia	107.23	112.26	103.11	105.39	114.82
辽 宁 Liaoning	105.61	117.73	100.30	110.24	112.06
吉 林 Jilin	148.11	119.78	100.75	105.99	112.27
黑龙江 Heilongjiang	116.36	117.14	100.46	100.84	116.69
上 海 Shanghai	113.75	108.12	108.17	104.07	106.19
江 苏 Jiangsu	110.79	124.96	100.33	102.67	103.77
浙 江 Zhejiang	97.66	116.98	109.64	101.10	102.72
安 徽 Anhui	108.40	117.73	97.30	100.94	109.88
福 建 Fujian	101.30	104.70	105.10	105.50	107.60
江 西 Jiangxi	106.23	122.60	98.87	103.92	109.50
山 东 Shandong	110.23	111.40	103.40	103.18	111.29
河 南 Henan	116.30	118.43	99.81	104.10	110.41
湖 北 Hubei	109.71	119.58	97.92	103.60	112.30
湖 南 Hunan	113.16	118.13	103.44	101.91	111.77
广 东 Guangdong	103.15	108.88	104.46	106.12	104.67
广 西 Guangxi	106.08	104.11	107.36	116.10	100.35
海 南 Hainan	107.04	105.70	101.03	107.90	98.34
重 庆 Chongqing	105.54	120.26	102.16	100.39	108.61
四 川 Sichuan	105.14	121.03	103.89	104.39	110.72
贵 州 Guizhou	100.33	110.72	102.49	103.39	107.99
云 南 Yunnan	98.96	110.68	103.93	108.42	113.33
西 藏 Tibet					
陕 西 Shaanxi	109.00	110.28	108.49	104.77	114.17
甘 肃 Gansu	105.76	112.98	103.31	104.02	109.94
青 海 Qinghai	110.05	111.51	102.24	108.32	121.57
宁 夏 Ningxia	108.80	120.21	103.00	103.23	111.89
新 疆 Xinjiang	137.38	96.76	118.40	98.75	113.92

1—13 各地区林业产品生产价格指数
Indices of Producers' Prices of Forest Products by Region

（上年=100） (the preceding year=100)

地　区 Region	林业产品 Forest products				
	2003	2004	2005	2006	2007
全　国 National Total	**107.01**	**104.62**	**104.79**	**112.78**	**104.37**
北　京 Beijing	100.85	111.40	108.26	122.63	128.49
天　津 Tianjin	98.75	98.80	101.95	102.63	99.15
河　北 Hebei	95.00	112.34	100.58	118.77	105.09
山　西 Shanxi	98.63	106.33	102.18	102.02	103.77
内蒙古 Inner Mongolia	97.21	98.97	103.18	107.71	107.67
辽　宁 Liaoning	104.90	95.05	101.67	101.77	109.72
吉　林 Jilin	100.00	250.55	106.06		107.76
黑龙江 Heilongjiang	100.00	83.75	99.64		
上　海 Shanghai	100.00				
江　苏 Jiangsu	101.40	99.36	104.82	103.83	102.71
浙　江 Zhejiang	116.57	98.75	101.28	118.50	108.63
安　徽 Anhui	97.65	102.78	107.39	107.85	109.04
福　建 Fujian	101.50	102.30	104.00	103.80	107.50
江　西 Jiangxi	103.35	109.06	108.14	106.01	108.90
山　东 Shandong	90.09	110.24	101.01	104.27	115.84
河　南 Henan	103.52	103.81	104.94	104.40	107.19
湖　北 Hubei	141.73	100.09	104.77	108.85	106.06
湖　南 Hunan	107.55	111.10	99.84	104.20	115.57
广　东 Guangdong	100.66	108.26	103.93	109.85	104.26
广　西 Guangxi	88.54	105.29	98.41	102.24	105.26
海　南 Hainan	108.34	106.26	106.79	117.00	113.24
重　庆 Chongqing	100.00		100.60	106.38	110.69
四　川 Sichuan	111.85	104.37	102.04	99.05	105.62
贵　州 Guizhou	115.72	106.00	102.79	103.61	106.22
云　南 Yunnan	110.96	115.79	115.34	123.30	97.73
西　藏 Tibet					
陕　西 Shaanxi	87.35	95.09	96.93	124.91	103.67
甘　肃 Gansu	86.28	100.01	99.68	113.51	100.10
青　海 Qinghai	100.00				
宁　夏 Ningxia	100.00				
新　疆 Xinjiang	89.98	98.77	87.29	100.46	109.40

1—14 各地区畜牧业产品生产价格指数
Indices of Producers' Prices of Livestock Products by Region

（上年=100） (the preceding year=100)

地　区 Region	畜牧业产品 Livestock products				
	2003	2004	2005	2006	2007
全　国 National Total	**101.76**	**111.08**	**100.52**	**94.33**	**131.36**
北　京 Beijing	102.37	107.42	101.22	97.48	122.00
天　津 Tianjin	103.29	113.65	103.22	99.39	114.76
河　北 Hebei	102.97	112.06	100.40	97.05	123.36
山　西 Shanxi	102.48	113.86	102.59	98.72	114.60
内蒙古 Inner Mongolia	105.60	112.48	103.47	101.13	116.56
辽　宁 Liaoning	102.13	124.93	103.31	97.60	126.36
吉　林 Jilin	124.51	111.81	98.89	99.03	122.97
黑龙江 Heilongjiang	100.41	119.57	102.01	96.23	133.72
上　海 Shanghai	99.70	107.81	102.07	94.35	128.76
江　苏 Jiangsu	107.06	127.44	98.47	93.98	131.44
浙　江 Zhejiang	117.64	131.17	103.24	100.54	124.83
安　徽 Anhui	105.11	120.18	99.71	94.34	123.88
福　建 Fujian	103.60	113.90	100.90	98.50	132.17
江　西 Jiangxi	108.92	125.45	98.44	96.52	129.43
山　东 Shandong	107.79	115.13	102.77	99.69	122.42
河　南 Henan	105.22	129.27	101.98	95.11	130.69
湖　北 Hubei	105.93	128.15	100.48	92.35	131.40
湖　南 Hunan	111.57	134.80	96.54	99.89	143.92
广　东 Guangdong	101.04	118.08	100.81	99.15	123.52
广　西 Guangxi	104.12	132.33	94.49	100.13	140.42
海　南 Hainan	104.43	115.20	98.83	96.74	118.57
重　庆 Chongqing	103.18	128.83	98.76	89.79	128.77
四　川 Sichuan	101.17	121.50	102.26	101.15	128.34
贵　州 Guizhou	102.55	111.69	100.97	98.73	119.40
云　南 Yunnan	100.72	116.84	100.87	99.99	128.61
西　藏 Tibet					
陕　西 Shaanxi	100.89	115.89	96.48	98.43	118.96
甘　肃 Gansu	99.58	113.66	102.70	99.55	114.72
青　海 Qinghai	102.10	106.67	104.07	101.68	116.97
宁　夏 Ningxia	101.00	109.22	103.47	99.11	118.36
新　疆 Xinjiang	95.96	102.95	92.70	96.89	115.57

1—15 各地区渔业产品生产价格指数
Indices of Producers' Prices of Fishery Products by Region

(上年=100) (the preceding year=100)

地区 Region	渔业产品 Fishery products				
	2003	2004	2005	2006	2007
全国 National Total	**100.34**	**110.19**	**104.67**	**103.93**	**108.05**
北京 Beijing	109.99	106.46	98.44	100.48	107.11
天津 Tianjin	92.66	104.41	103.21	102.68	99.25
河北 Hebei	106.14	126.99	107.08	97.73	111.98
山西 Shanxi	98.60	102.79	102.34	96.38	116.53
内蒙古 Inner Mongolia	109.23	112.35	100.23	102.49	101.84
辽宁 Liaoning	99.17	117.77	107.33	104.06	105.52
吉林 Jilin	90.52	87.34	100.15	99.27	102.20
黑龙江 Heilongjiang	119.36	104.84	100.99	101.18	112.78
上海 Shanghai	92.95	114.74	104.94	107.47	102.60
江苏 Jiangsu	97.74	111.85	102.58	103.60	102.51
浙江 Zhejiang	95.75	110.30	104.89	103.08	103.09
安徽 Anhui	103.11	110.10	105.56	108.41	104.46
福建 Fujian	101.00	107.00	103.75	103.30	108.75
江西 Jiangxi	97.46	110.61	104.98	101.45	102.02
山东 Shandong	105.84	110.05	103.29	111.62	105.99
河南 Henan	103.39	109.30	103.01	104.65	109.26
湖北 Hubei	93.49	113.67	109.12	102.44	103.53
湖南 Hunan	101.79	111.76	105.40	100.92	107.10
广东 Guangdong	98.21	106.09	104.57	98.66	104.17
广西 Guangxi	96.15	109.86	97.90	101.12	107.90
海南 Hainan	97.39	101.46	104.96	103.33	103.49
重庆 Chongqing	100.86	107.83	105.72	101.73	105.87
四川 Sichuan	102.30	109.37	106.53	102.06	106.69
贵州 Guizhou	95.88	106.20	102.69	110.16	114.29
云南 Yunnan	98.30	111.63	111.34	93.95	113.02
西藏 Tibet					
陕西 Shaanxi	115.76	110.25	95.38	90.67	123.46
甘肃 Gansu	98.94	100.00	101.35	101.23	104.94
青海 Qinghai	100.00				
宁夏 Ningxia	103.20	132.87	106.33	96.64	111.65
新疆 Xinjiang	120.12	122.90	96.06	101.22	105.09

1—16 各地区种植业产品生产价格指数(2007)
Indices of Producer Prices of Crop Products by Region (2007)

(上年=100) (the preceding year=100)

地区 Region	种植业产品 Crop products		种植业产品 Crop products 谷物(原粮) Cereal (unprocessed food grains)	
	2006	2007	2006	2007
全国 National Total	**104.50**	**109.82**	**102.14**	**108.95**
北京 Beijing	100.57	106.11	100.56	116.89
天津 Tianjin	104.67	105.74	102.50	111.09
河北 Hebei	102.27	110.99	101.58	112.24
山西 Shanxi	100.97	112.81	101.61	112.41
内蒙古 Inner Mongolia	105.39	114.82	106.91	115.66
辽宁 Liaoning	110.24	112.06	110.83	110.93
吉林 Jilin	105.99	112.27	107.42	109.94
黑龙江 Heilongjiang	100.84	116.69	105.60	105.76
上海 Shanghai	104.07	106.19	104.67	102.75
江苏 Jiangsu	102.67	103.77	99.89	105.82
浙江 Zhejiang	101.10	102.72	99.43	104.43
安徽 Anhui	100.94	109.88	100.08	107.85
福建 Fujian	105.50	107.60	103.45	108.55
江西 Jiangxi	103.92	109.50	102.53	111.73
山东 Shandong	103.18	111.29	100.04	112.87
河南 Henan	104.10	110.41	101.10	109.89
湖北 Hubei	103.60	112.30	104.47	106.49
湖南 Hunan	101.91	111.77	101.57	111.14
广东 Guangdong	106.12	104.67	102.94	106.43
广西 Guangxi	116.10	100.35	105.24	115.32
海南 Hainan	107.90	98.34	97.02	106.65
重庆 Chongqing	100.39	108.61	97.29	108.19
四川 Sichuan	104.39	110.72	101.27	109.56
贵州 Guizhou	103.39	107.99	101.08	108.05
云南 Yunnan	108.42	113.33	99.13	107.57
西藏 Tibet				
陕西 Shaanxi	104.77	114.17	100.53	112.37
甘肃 Gansu	104.02	109.94	103.64	107.94
青海 Qinghai	108.32	121.57	103.89	101.63
宁夏 Ningxia	103.23	111.89	103.63	108.11
新疆 Xinjiang	98.75	113.92	99.01	110.79

1—16 续表 1 continued 1

地区 Region	种植业产品 Crop products			
	蔬菜与园艺作物 Vegetable and Horticulture		水果、饮料和香料作物 Fruits, beverages and perfume	
	2006	2007	2006	2007
全国 National Total	**109.20**	**106.16**	**111.16**	**105.14**
北京 Beijing	100.58	106.62	97.98	100.18
天津 Tianjin	104.87	105.60	102.93	100.02
河北 Hebei	103.86	113.96	106.43	105.61
山西 Shanxi	100.18	117.73	100.52	110.08
内蒙古 Inner Mongolia	109.91	112.17	65.56	117.93
辽宁 Liaoning	108.34	113.93	113.06	108.97
吉林 Jilin	103.64	115.15	110.16	120.74
黑龙江 Heilongjiang	95.55	110.49	125.35	116.09
上海 Shanghai	105.12	105.98	100.58	109.25
江苏 Jiangsu	105.62	101.94	99.76	104.92
浙江 Zhejiang	100.17	99.26	102.00	104.56
安徽 Anhui	105.42	104.01	101.59	105.78
福建 Fujian	106.26	108.55	112.24	104.69
江西 Jiangxi	106.39	103.75	106.38	107.61
山东 Shandong	104.76	108.87	103.89	110.56
河南 Henan	115.06	101.65	121.31	
湖北 Hubei	106.20	107.30	100.30	106.35
湖南 Hunan	107.68	111.31	101.45	102.75
广东 Guangdong	103.54	105.25	105.36	102.18
广西 Guangxi	105.25	107.29	108.62	96.01
海南 Hainan	111.02	99.51	108.99	90.82
重庆 Chongqing	102.47	109.80	101.26	104.49
四川 Sichuan	109.14	111.70	102.22	108.78
贵州 Guizhou	106.64	107.45	101.58	105.21
云南 Yunnan	114.49	106.10	104.88	156.44
西藏 Tibet				
陕西 Shaanxi	111.37	114.79	105.81	115.57
甘肃 Gansu	104.63	111.34	104.76	106.92
青海 Qinghai	111.35	114.11		
宁夏 Ningxia	103.77	112.05	85.67	119.00
新疆 Xinjiang	113.76	120.09	107.21	116.43

1—16 续表 2　　　　continued 2

地　区 Region	种植业产品 Crop products					
	薯类 Potato		豆类 Beans		油料 Oil-bearing Crops	
	2006	2007	2006	2007	2006	2007
全　国 National Total	**109.72**	**109.04**	**99.29**	**122.62**	**104.83**	**133.44**
北　京 Beijing	131.72	105.49	106.67	109.49	100.40	104.56
天　津 Tianjin			97.79	102.86	120.00	103.68
河　北 Hebei	105.59	105.91	98.23	116.02	102.24	119.48
山　西 Shanxi	106.17	113.31	100.32	115.69	106.12	112.96
内蒙古 Inner Mongolia	119.56	102.51	99.19	122.28	102.35	113.00
辽　宁 Liaoning	110.67	116.48	104.52	113.60	110.62	129.92
吉　林 Jilin	98.31	113.99	100.76	121.51	101.78	120.17
黑龙江 Heilongjiang	110.70	118.03	96.02	129.15	105.84	115.71
上　海 Shanghai	100.00		118.11			
江　苏 Jiangsu	113.65	114.75	99.20	118.52	106.41	123.06
浙　江 Zhejiang	103.12	98.93	97.92	105.79	98.05	117.04
安　徽 Anhui	102.75	107.00	95.98	119.13	103.57	127.13
福　建 Fujian	106.52	102.46	103.04	110.24	106.17	108.52
江　西 Jiangxi	106.39	98.64	104.76	111.68	106.94	117.28
山　东 Shandong	106.98	115.39	91.48	105.73	103.83	121.01
河　南 Henan	94.27	114.53	97.74	119.25	100.06	129.82
湖　北 Hubei	104.54	116.99	104.92	114.67	104.78	134.62
湖　南 Hunan	107.47	110.94	104.17	112.78	103.07	142.53
广　东 Guangdong	97.91	103.54	101.65	108.44	106.85	116.19
广　西 Guangxi	100.43	111.00	100.54	110.97	113.39	119.99
海　南 Hainan	101.51	100.17	103.74	101.73	109.15	112.26
重　庆 Chongqing	101.06	104.24	101.02	106.54	102.77	120.09
四　川 Sichuan	112.38	107.86	97.21	113.05	105.58	128.93
贵　州 Guizhou	105.00	106.30	100.19	106.53	102.48	114.46
云　南 Yunnan	110.90	107.04	98.01	112.68	92.95	144.03
西　藏 Tibet						
陕　西 Shaanxi	112.88	105.05	98.64	114.28	103.71	132.90
甘　肃 Gansu	108.97	103.54	101.97	113.25	100.22	115.17
青　海 Qinghai	133.39	105.44	103.80	121.40	105.65	141.86
宁　夏 Ningxia	118.70	100.55	97.57	118.06	109.54	119.54
新　疆 Xinjiang	104.94	108.28	100.51	115.04	100.93	144.91

1—16 续表 3 continued 3

地　　区 Region	种植业产品 Crop products			
	棉花(籽棉) Cotton (un-ginned cotton)		麻类 Fiber crops	
	2006	2007	2006	2007
全　　国 National Total	**97.06**	**109.60**	**94.55**	**85.62**
北　　京 Beijing		100.00		
天　　津 Tianjin	102.59	106.15		
河　　北 Hebei	98.05	110.05		
山　　西 Shanxi	97.52	105.33		
内 蒙 古 Inner Mongolia				
辽　　宁 Liaoning				
吉　　林 Jilin				
黑 龙 江 Heilongjiang				
上　　海 Shanghai				
江　　苏 Jiangsu	93.17	114.08	100.00	100.00
浙　　江 Zhejiang	99.74	101.67		
安　　徽 Anhui	100.94	109.91		
福　　建 Fujian				
江　　西 Jiangxi	101.93	105.32		
山　　东 Shandong	101.98	108.29	92.28	
河　　南 Henan	105.18	105.07		
湖　　北 Hubei	99.18	112.14	101.66	116.29
湖　　南 Hunan	98.91	105.89	88.32	85.53
广　　东 Guangdong			100.00	
广　　西 Guangxi			79.05	88.12
海　　南 Hainan				
重　　庆 Chongqing			96.60	97.34
四　　川 Sichuan	104.18	105.04	96.41	81.29
贵　　州 Guizhou				
云　　南 Yunnan			79.17	105.44
西　　藏 Tibet				
陕　　西 Shaanxi	93.42	106.43		
甘　　肃 Gansu	100.73	103.80		
青　　海 Qinghai				
宁　　夏 Ningxia				
新　　疆 Xinjiang	95.74	106.50		

1－16 续表 4 continued 4

地　区 Region	种植业产品 Crop products			
	糖料 Sugar crops		烟叶 Tobacco	
	2006	2007	2006	2007
全　国 National Total	**121.13**	**100.00**	**99.67**	**106.26**
北　京 Beijing				
天　津 Tianjin				
河　北 Hebei				
山　西 Shanxi	98.54	104.88	100.00	100.00
内蒙古 Inner Mongolia	110.87	105.98	117.65	115.78
辽　宁 Liaoning			75.56	117.82
吉　林 Jilin		103.00	114.31	117.48
黑龙江 Heilongjiang	103.19	100.47	98.73	102.67
上　海 Shanghai				
江　苏 Jiangsu	100.00	100.00	100.00	100.00
浙　江 Zhejiang				
安　徽 Anhui	100.52	112.89		
福　建 Fujian	126.68	90.79	106.45	109.48
江　西 Jiangxi	115.58	108.96	100.55	103.78
山　东 Shandong			104.23	126.88
河　南 Henan			104.85	108.60
湖　北 Hubei	102.77	104.28	103.54	109.00
湖　南 Hunan	93.73	110.08	95.10	114.86
广　东 Guangdong	129.86	96.70	107.64	102.11
广　西 Guangxi	120.17	99.36	107.29	124.21
海　南 Hainan	120.18	105.64		
重　庆 Chongqing			101.82	106.75
四　川 Sichuan	100.08	101.01	106.08	105.54
贵　州 Guizhou		108.04	103.41	106.72
云　南 Yunnan	144.25	98.42	100.78	106.99
西　藏 Tibet				
陕　西 Shaanxi			99.17	107.35
甘　肃 Gansu			79.63	107.86
青　海 Qinghai				
宁　夏 Ningxia				
新　疆 Xinjiang	106.80	103.63		

1—16 续表 5 continued 5

地　区 Region	种植业产品 Crop products			
	小麦 Wheat		稻谷 Paddy	
	2006	2007	2006	2007
全　国 National Total	**100.07**	**105.50**	**102.02**	**105.43**
北　京 Beijing	97.49	104.41		
天　津 Tianjin	99.72	107.12		
河　北 Hebei	98.77	106.72	104.59	104.35
山　西 Shanxi	99.52	103.44		
内蒙古 Inner Mongolia	101.27	100.96	106.64	104.21
辽　宁 Liaoning			106.47	101.35
吉　林 Jilin			103.34	101.34
黑龙江 Heilongjiang	90.61	129.15	102.02	96.32
上　海 Shanghai	100.59	104.47	105.05	101.75
江　苏 Jiangsu	101.08	104.24	97.44	104.47
浙　江 Zhejiang	103.85	112.32	99.31	104.36
安　徽 Anhui	101.04	105.04	98.96	108.62
福　建 Fujian			103.11	109.37
江　西 Jiangxi			102.53	111.73
山　东 Shandong	99.02	109.58	103.69	104.57
河　南 Henan	99.65	106.09	106.79	105.28
湖　北 Hubei	108.80	104.55	102.40	106.94
湖　南 Hunan			101.60	111.33
广　东 Guangdong			103.66	106.48
广　西 Guangxi			102.94	108.88
海　南 Hainan			96.54	106.85
重　庆 Chongqing	95.14	103.86	97.79	108.15
四　川 Sichuan	98.31	109.05	102.09	108.79
贵　州 Guizhou	99.33	106.38	101.33	108.30
云　南 Yunnan	92.29	111.71	101.51	105.73
西　藏 Tibet				
陕　西 Shaanxi	99.42	105.64	102.82	112.28
甘　肃 Gansu	104.21	103.83		
青　海 Qinghai	103.75	104.76		
宁　夏 Ningxia	99.43	101.60	103.66	104.05
新　疆 Xinjiang	99.10	105.26	102.04	102.86

1—16 续表 6 continued 6

地 区 Region	种植业产品 Crop products			
	玉米 Maize (corn)		杂粮 Coarse cereals	
	2006	2007	2006	2007
全 国 National Total	**103.02**	**115.04**	**103.71**	**109.53**
北 京 Beijing	102.41	123.26		
天 津 Tianjin	104.43	113.84		
河 北 Hebei	103.43	116.68		
山 西 Shanxi	102.23	114.98	103.30	112.40
内蒙古 Inner Mongolia	107.96	118.59	104.85	108.63
辽 宁 Liaoning	112.53	113.87	97.71	119.14
吉 林 Jilin	108.85	112.45	102.06	110.36
黑龙江 Heilongjiang	109.32	113.52	97.44	114.03
上 海 Shanghai				
江 苏 Jiangsu	101.12	121.43		
浙 江 Zhejiang	104.08	100.12	111.45	99.98
安 徽 Anhui	100.20	115.39	99.90	
福 建 Fujian	115.87		104.74	89.16
江 西 Jiangxi				
山 东 Shandong	100.14	117.53		
河 南 Henan	102.09	119.04		
湖 北 Hubei	97.00	111.78		
湖 南 Hunan	100.51	105.59		
广 东 Guangdong	111.53	104.85		
广 西 Guangxi	105.86	117.04		
海 南 Hainan	106.42	102.73		
重 庆 Chongqing	94.86	108.99		
四 川 Sichuan	101.14	112.29	108.33	112.64
贵 州 Guizhou	101.01	107.95		
云 南 Yunnan	96.05	109.16		108.06
西 藏 Tibet				
陕 西 Shaanxi	101.24	118.87	110.30	112.17
甘 肃 Gansu	104.18	110.60	104.25	118.92
青 海 Qinghai			104.17	96.54
宁 夏 Ningxia	107.99	118.93		
新 疆 Xinjiang	100.69	113.33	84.91	153.64

1—16 续表 7 continued 7

地 区 Region	种植业产品 Crop products			
	红薯 Sweet potato		马铃薯 White Potato	
	2006	2007	2006	2007
全 国 National Total	**104.41**	**109.16**	**112.57**	**108.75**
北 京 Beijing	131.72	105.49		112.00
天 津 Tianjin				
河 北 Hebei	98.85	104.04	108.79	106.80
山 西 Shanxi	104.04	116.08	106.64	112.70
内蒙古 Inner Mongolia		104.20	119.56	102.51
辽 宁 Liaoning	104.26	119.12	145.64	102.06
吉 林 Jilin	99.29	111.45	98.31	114.63
黑龙江 Heilongjiang	86.50		110.70	118.03
上 海 Shanghai				
江 苏 Jiangsu				
浙 江 Zhejiang	111.57	87.53	93.44	107.03
安 徽 Anhui	103.27	108.42	100.38	100.51
福 建 Fujian	106.55	104.02	107.72	97.85
江 西 Jiangxi	106.39	98.64	132.17	91.93
山 东 Shandong	108.32	116.75	96.99	105.30
河 南 Henan	94.27	114.53	66.67	
湖 北 Hubei	100.24	112.20	106.74	119.08
湖 南 Hunan	106.14	104.89	111.03	105.57
广 东 Guangdong	98.55	104.81	95.43	99.73
广 西 Guangxi	98.98	113.68	104.28	103.84
海 南 Hainan	100.58	101.84		
重 庆 Chongqing	101.68	105.71	100.81	103.65
四 川 Sichuan	116.58	108.47	100.63	106.16
贵 州 Guizhou	99.59	104.86	105.32	106.39
云 南 Yunnan	97.01	107.30	112.00	106.69
西 藏 Tibet				
陕 西 Shaanxi	108.54	106.26	114.15	104.70
甘 肃 Gansu			108.97	103.54
青 海 Qinghai			133.39	105.44
宁 夏 Ningxia			118.70	100.55
新 疆 Xinjiang	105.27	112.92	106.71	108.28

1—16 续表 8 continued 8

地 区 Region	种植业产品 Crop products					
	大豆 Soybeans		绿豆 Mung beans		红小豆 Red beans	
	2006	2007	2006	2007	2006	2007
全 国 National Total	**99.17**	**124.17**	**103.08**	**112.03**	**97.34**	**111.99**
北 京 Beijing	107.39	109.94	100.00		100.00	100.00
天 津 Tianjin	97.79	102.86				
河 北 Hebei	98.16	116.38	98.61	96.91	102.55	107.96
山 西 Shanxi	98.02	116.70	107.61	112.59	102.88	114.32
内蒙古 Inner Mongolia	97.32	125.30	103.56	116.12	85.27	116.19
辽 宁 Liaoning	104.52	113.60	103.34	98.36	97.62	105.87
吉 林 Jilin	97.81	128.50	103.64	111.78	102.39	106.24
黑龙江 Heilongjiang	96.02	129.15	100.00		103.77	105.97
上 海 Shanghai	118.11					
江 苏 Jiangsu	100.97	124.05	109.09	100.00	99.98	128.16
浙 江 Zhejiang	100.06	108.47		100.00	100.04	123.11
安 徽 Anhui	95.62	120.24	98.18	112.23	97.90	
福 建 Fujian	103.73	111.86	105.31	101.30		
江 西 Jiangxi	101.33	111.32	116.77	112.92		
山 东 Shandong	91.48	105.73	105.82	101.50		
河 南 Henan	97.74	121.52	109.65	106.26	82.82	114.47
湖 北 Hubei	104.91	115.15	100.12	108.35		
湖 南 Hunan	101.48	113.01	213.83	82.12	98.21	
广 东 Guangdong	104.74	111.51	100.00	109.46	102.27	104.38
广 西 Guangxi	100.52	110.99	99.85	96.15		
海 南 Hainan	97.71	106.55	94.47			100.00
重 庆 Chongqing	100.00	107.86	104.34	103.52	100.00	111.11
四 川 Sichuan	94.76	112.15	102.50	112.77		
贵 州 Guizhou	100.19	106.51	100.28	106.02	100.46	114.29
云 南 Yunnan	99.16	112.00	121.33	105.58	104.00	
西 藏 Tibet						
陕 西 Shaanxi	97.40	112.96	101.70	117.22	99.35	120.62
甘 肃 Gansu	101.78	112.70	108.82	105.95	100.00	111.00
青 海 Qinghai	99.82	104.31				
宁 夏 Ningxia	97.57	118.06				
新 疆 Xinjiang	100.57	119.75				

1—16 续表 9 continued 9

地区 Region	种植业产品 Crop products					
	蚕豆 Broad beans		豌豆 Peas		芸豆 Kidney beans	
	2006	2007	2006	2007	2006	2007
全国 National Total	**97.75**	**123.15**	**102.65**	**110.25**	**101.82**	**117.00**
北京 Beijing						
天津 Tianjin						
河北 Hebei						
山西 Shanxi	102.39	103.53	112.19	116.71	95.34	117.62
内蒙古 Inner Mongolia	108.00		104.29	110.41	103.48	125.24
辽宁 Liaoning					116.00	
吉林 Jilin					101.81	118.60
黑龙江 Heilongjiang				105.00	106.04	110.90
上海 Shanghai						
江苏 Jiangsu						
浙江 Zhejiang	82.07	94.10	99.89	107.06		
安徽 Anhui	107.69	103.37	103.28	98.23		
福建 Fujian	99.71	124.21				
江西 Jiangxi	100.00	109.09				
山东 Shandong			105.59	102.35	108.87	118.16
河南 Henan			87.92	104.85		
湖北 Hubei	108.56	106.53	108.20	95.94		
湖南 Hunan	96.83		62.17			
广东 Guangdong	83.33		113.02	100.00		
广西 Guangxi		105.26	106.72	111.07		
海南 Hainan						
重庆 Chongqing	102.79	104.25				
四川 Sichuan	98.08	117.70	101.63	111.31		
贵州 Guizhou	101.56	107.42	104.53	104.75	92.36	102.30
云南 Yunnan	90.50	110.17	104.06	107.91	108.62	113.87
西藏 Tibet						
陕西 Shaanxi	102.52	106.67	100.68	109.40	82.29	102.07
甘肃 Gansu	104.91	122.72	103.04	109.41	90.46	120.23
青海 Qinghai	103.72	136.05	103.86	109.20		
宁夏 Ningxia		125.77	101.75	109.00		
新疆 Xinjiang	103.19	96.34	105.03			112.08

1—16 续表 10 continued 10

地区 Region	种植业产品 Crop products					
	花生 Peanut		油菜籽 Rapeseeds		芝麻 Sesame	
	2006	2007	2006	2007	2006	2007
全国 National Total	**103.94**	**121.09**	**102.84**	**138.53**	**97.58**	**116.09**
北京 Beijing	100.40	104.56				
天津 Tianjin		97.50				
河北 Hebei	103.18	120.20	96.84		99.43	103.89
山西 Shanxi	104.57	103.33	108.74	120.00	98.53	107.13
内蒙古 Inner Mongolia	113.10	141.49	102.33	147.69	101.50	104.12
辽宁 Liaoning	110.62	129.92				
吉林 Jilin	101.84	140.20			100.16	100.30
黑龙江 Heilongjiang		100.00				
上海 Shanghai						
江苏 Jiangsu	115.75	139.00	97.83	110.14		
浙江 Zhejiang	98.57	109.67	101.16	124.40	102.78	110.20
安徽 Anhui	106.79	118.15	101.48	140.60	96.89	113.64
福建 Fujian	106.53	108.50	101.48			114.29
江西 Jiangxi	106.94	117.28	99.46	111.46	101.94	112.30
山东 Shandong	103.83	121.01	107.14			
河南 Henan	101.39	129.82	92.72	112.24	92.94	114.74
湖北 Hubei	103.72	120.47	105.28	139.14	99.49	120.40
湖南 Hunan	106.78	120.98	106.15	149.82	102.12	110.57
广东 Guangdong	106.89	116.06			98.19	121.94
广西 Guangxi	113.47	119.95	97.29	131.11	103.00	121.34
海南 Hainan	109.60	112.26			97.47	
重庆 Chongqing	100.55	109.36	104.02	123.68	101.30	119.36
四川 Sichuan	104.84	112.09	106.00	138.35	100.92	116.43
贵州 Guizhou	103.61	106.84	102.32	115.52	100.00	96.77
云南 Yunnan	105.10	115.91	91.01	149.69		
西藏 Tibet						
陕西 Shaanxi	102.87	128.94	103.85	133.55	94.17	116.54
甘肃 Gansu			100.44	128.70		
青海 Qinghai			105.65	141.86		
宁夏 Ningxia						
新疆 Xinjiang	93.98		104.60	125.77	165.20	

1—16 续表 11　　continued 11

地　区 Region	种植业产品 Crop products			
	黄红麻 Jute and blueish dogbane		苎麻 Ramie	
	2006	2007	2006	2007
全　国 National Total	**94.58**	**89.43**	**91.85**	**85.36**
北　京 Beijing				
天　津 Tianjin				
河　北 Hebei				
山　西 Shanxi				
内蒙古 Inner Mongolia				
辽　宁 Liaoning				
吉　林 Jilin				
黑龙江 Heilongjiang				
上　海 Shanghai				
江　苏 Jiangsu	100.00	100.00	100.00	100.00
浙　江 Zhejiang				
安　徽 Anhui	94.97	93.86	95.51	107.69
福　建 Fujian				
江　西 Jiangxi				
山　东 Shandong	92.28			
河　南 Henan	88.03	93.08		
湖　北 Hubei			101.66	116.29
湖　南 Hunan			88.32	85.53
广　东 Guangdong	100.00			
广　西 Guangxi	103.64	83.66		
海　南 Hainan	96.07	107.52		
重　庆 Chongqing		101.90	96.60	97.34
四　川 Sichuan			96.41	81.29
贵　州 Guizhou				
云　南 Yunnan				
西　藏 Tibet				
陕　西 Shaanxi			106.71	
甘　肃 Gansu				
青　海 Qinghai				
宁　夏 Ningxia				
新　疆 Xinjiang				

1—16 续表 12 continued 12

地　区 Region	种植业产品 Crop products			
	甘蔗 Sugarcane		甜菜 Beet	
	2006	2007	2006	2007
全　国 National Total	**122.46**	**99.83**	**105.60**	**103.39**
北　京 Beijing				
天　津 Tianjin				
河　北 Hebei				
山　西 Shanxi			98.54	104.88
内蒙古 Inner Mongolia			110.87	105.98
辽　宁 Liaoning			106.87	97.06
吉　林 Jilin			93.94	103.00
黑龙江 Heilongjiang			103.19	100.47
上　海 Shanghai				
江　苏 Jiangsu	100.00	100.00	100.00	100.00
浙　江 Zhejiang	66.78	95.03		
安　徽 Anhui	100.52	112.89		
福　建 Fujian	126.68	90.79		
江　西 Jiangxi	115.58	108.96	96.55	99.07
山　东 Shandong				
河　南 Henan				
湖　北 Hubei	102.77	104.28		
湖　南 Hunan	93.73	110.08	133.33	
广　东 Guangdong	129.86	96.70		
广　西 Guangxi	120.17	99.36		
海　南 Hainan	120.18	105.64		
重　庆 Chongqing				
四　川 Sichuan	100.08	101.01		
贵　州 Guizhou		108.04		
云　南 Yunnan	144.25	98.42		
西　藏 Tibet				
陕　西 Shaanxi				
甘　肃 Gansu				
青　海 Qinghai				
宁　夏 Ningxia				
新　疆 Xinjiang			106.80	103.63

1—16 续表 13 continued 13

地区 Region	种植业产品 Crop products			
	烤烟叶 Flue-cured tobacco		晒烟叶 Sun-cured tobacco	
	2006	2007	2006	2007
全国 National Total	**99.43**	**106.16**	**110.30**	**112.43**
北京 Beijing				
天津 Tianjin				
河北 Hebei				
山西 Shanxi	100.06	98.75	100.00	100.00
内蒙古 Inner Mongolia	124.29	115.78	102.16	
辽宁 Liaoning	75.56	117.82	109.21	96.95
吉林 Jilin	100.00	103.17	114.31	125.43
黑龙江 Heilongjiang	98.73	102.67	78.34	115.07
上海 Shanghai				
江苏 Jiangsu			100.00	100.00
浙江 Zhejiang				
安徽 Anhui				
福建 Fujian	106.45	109.48		
江西 Jiangxi	100.55	103.78		
山东 Shandong	104.23	126.88	102.33	
河南 Henan	104.85	108.60		
湖北 Hubei	102.35	107.38	108.99	123.65
湖南 Hunan	95.10	114.86		
广东 Guangdong	108.10	101.87	100.00	110.00
广西 Guangxi	107.29	131.91		100.00
海南 Hainan				
重庆 Chongqing	102.47	106.75	100.97	
四川 Sichuan	109.19	98.00	104.60	109.11
贵州 Guizhou	103.40	106.68	103.67	108.09
云南 Yunnan	100.71	107.04	109.21	104.15
西藏 Tibet				
陕西 Shaanxi	99.17	107.35		
甘肃 Gansu	73.82	107.86	111.46	
青海 Qinghai				
宁夏 Ningxia				
新疆 Xinjiang				

1—16 续表 14 continued 14

地　区 Region	蔬菜 Vegetable		蔬菜 Vegetable			
			叶菜类 Leaf vegetable		瓜菜类 Gourd vegetable	
	2006	2007	2006	2007	2006	2007
全　国 National Total	**109.29**	**106.85**	**108.35**	**110.76**	**106.65**	**109.32**
北　京 Beijing	99.24	107.85	96.45	110.61	98.78	110.14
天　津 Tianjin	105.31	106.96	103.67	99.84	108.18	106.10
河　北 Hebei	103.86	113.96	100.21	114.99	106.30	114.45
山　西 Shanxi	100.18	117.73	101.77	113.73	97.70	110.67
内蒙古 Inner Mongolia	109.91	112.17	122.15	109.84	103.67	115.10
辽　宁 Liaoning	108.34	113.93	132.09	115.91	115.07	111.71
吉　林 Jilin	103.67	115.15	102.85	115.42	105.10	117.77
黑龙江 Heilongjiang	95.55	110.49	90.90	109.79	112.41	107.72
上　海 Shanghai	107.07	106.91	103.68	107.33	96.85	111.46
江　苏 Jiangsu	105.76	101.86	105.26	101.42	101.18	102.31
浙　江 Zhejiang	99.55	98.38	96.36	92.17	102.03	101.42
安　徽 Anhui	105.57	103.89	107.25	104.54		107.01
福　建 Fujian	105.70	108.60	102.03	109.29	103.18	102.95
江　西 Jiangxi	106.39	103.75	106.79	100.44	107.90	101.73
山　东 Shandong	105.29	109.29	111.65	102.72	100.69	114.44
河　南 Henan	115.06	101.65	129.38	96.22	118.06	95.45
湖　北 Hubei	106.20	107.30	100.88	104.56	102.66	112.54
湖　南 Hunan	108.62	111.31	109.28	111.65	103.74	112.49
广　东 Guangdong	103.59	105.25	104.93	107.11	102.90	106.77
广　西 Guangxi	105.25	107.29	112.69	116.30	105.22	107.71
海　南 Hainan	112.28	99.54	107.70	106.12	113.42	96.30
重　庆 Chongqing	102.47	109.80	102.92	108.04	108.12	114.19
四　川 Sichuan	109.14	111.70	109.65	109.78	109.24	116.29
贵　州 Guizhou	106.64	107.39	106.45	106.79	112.83	103.42
云　南 Yunnan	103.10	102.47	95.78	106.52	102.56	101.98
西　藏 Tibet						
陕　西 Shaanxi	111.37	114.79	113.96	101.59	104.05	127.73
甘　肃 Gansu	104.56	111.40	101.14	125.24	105.20	111.05
青　海 Qinghai	111.35	114.11	111.22	115.37	91.84	116.44
宁　夏 Ningxia	103.77	112.05	100.81	96.80	95.57	102.57
新　疆 Xinjiang	113.76	120.09	104.34	120.40	92.89	130.38

1—16 续表 15 continued 15

地 区 Region	蔬菜 Vegetable			
	块根、块茎菜类 Root and tuber vegetable		茄果菜类 Eggplant，tomato and chili，etc.	
	2006	2007	2006	2007
全 国 National Total	**107.72**	**109.52**	**108.73**	**110.98**
北 京 Beijing	103.00	112.94	102.09	113.34
天 津 Tianjin	104.35		103.21	111.78
河 北 Hebei	93.13	125.10	101.23	114.66
山 西 Shanxi	102.45	129.83	98.82	118.09
内蒙古 Inner Mongolia	104.94	119.27	99.11	112.81
辽 宁 Liaoning	112.69	87.01	94.73	119.58
吉 林 Jilin	99.82	115.19	104.47	115.33
黑龙江 Heilongjiang		100.67	86.21	117.75
上 海 Shanghai	106.94	114.25	114.80	99.97
江 苏 Jiangsu	108.45	112.26	104.85	103.73
浙 江 Zhejiang	101.30	92.32	91.37	112.72
安 徽 Anhui	104.88	102.28	107.03	108.18
福 建 Fujian	105.15	106.00	108.85	105.49
江 西 Jiangxi	107.72	101.15	106.49	109.40
山 东 Shandong	102.63	103.03	105.09	112.53
河 南 Henan	127.74	114.42	96.52	123.74
湖 北 Hubei	109.21	109.10	106.80	114.35
湖 南 Hunan	111.15	103.62	108.93	124.35
广 东 Guangdong	99.80	100.93	102.77	102.64
广 西 Guangxi	92.65	100.90	105.22	102.35
海 南 Hainan	102.20	103.26	116.34	96.64
重 庆 Chongqing	100.60	108.71	103.32	113.70
四 川 Sichuan	106.13	108.77	108.38	118.13
贵 州 Guizhou	104.62	102.81	106.96	111.01
云 南 Yunnan	91.36	107.56	105.90	96.13
西 藏 Tibet				
陕 西 Shaanxi	118.51	102.01	110.67	123.73
甘 肃 Gansu	117.15	108.06	105.44	105.83
青 海 Qinghai	121.64	124.72	102.79	115.94
宁 夏 Ningxia	112.10	113.25	105.40	140.19
新 疆 Xinjiang	99.63	101.88	122.83	129.10

1—16 续表 16 continued 16

地　区 Region	蔬菜 Vegetable					
	葱蒜类 Onion and Garlic		菜用豆类 Garden beans		食用菌(干鲜混合) Mushroom	
	2006	2007	2006	2007	2006	2007
全　国 National Total	**113.68**	**87.81**	**107.72**	**108.22**	**110.32**	**106.54**
北　京 Beijing	107.71	96.13	99.57	111.07	100.55	100.29
天　津 Tianjin	103.35	98.07	106.10	110.95	96.35	100.67
河　北 Hebei	102.23	101.22	110.76	111.36	111.13	104.72
山　西 Shanxi	104.90	110.36	97.57	123.82	102.87	
内蒙古 Inner Mongolia	113.71	101.54				
辽　宁 Liaoning	90.07	111.62	116.62	120.66	88.72	126.55
吉　林 Jilin	104.94	103.67	101.94	123.13	102.09	109.76
黑龙江 Heilongjiang	90.23	110.89	132.98	99.92	104.83	106.30
上　海 Shanghai	125.65	101.00	104.71	114.39	88.89	
江　苏 Jiangsu	116.01	84.64	105.08	105.88	103.98	101.38
浙　江 Zhejiang	101.59	86.38	104.20	100.32	128.98	95.12
安　徽 Anhui	107.02	97.99		106.88		92.26
福　建 Fujian	103.44	107.46	109.99	109.46	111.58	110.71
江　西 Jiangxi	109.57	99.23	100.06	106.35		
山　东 Shandong	107.83	96.53	97.74	113.74	113.02	112.55
河　南 Henan	110.11	68.50			111.35	107.33
湖　北 Hubei	114.11	108.29	108.96	112.26	118.41	103.26
湖　南 Hunan	104.71		109.37	108.73	107.89	81.97
广　东 Guangdong	103.82	98.97	109.39	107.80		
广　西 Guangxi	124.11	98.67	107.96	104.80	88.15	147.96
海　南 Hainan	107.33	103.10	109.30	104.73		
重　庆 Chongqing	101.69	107.42	106.05	111.74		
四　川 Sichuan	102.65	107.11	104.40	111.99	130.05	109.55
贵　州 Guizhou	106.41	103.53	104.85	103.35	96.90	100.16
云　南 Yunnan	121.00	91.62	103.17	107.45	99.51	95.38
西　藏 Tibet						
陕　西 Shaanxi	106.17	102.17	120.29	118.52	101.19	107.55
甘　肃 Gansu	102.18	108.89	103.91	110.21	97.40	102.54
青　海 Qinghai	105.74	86.23				
宁　夏 Ningxia	113.93	109.41	106.68	136.84		
新　疆 Xinjiang	139.72	108.47		121.78		

1—16 续表 17 continued 17

地　区 Region	蔬菜 Vegetable					
	菠菜 Spinach		芹菜 Celery		大白菜 Chinese cabbage	
	2006	2007	2006	2007	2006	2007
全　国 National Total	**105.00**	**104.38**	**113.37**	**115.09**	**111.69**	**114.36**
北　京 Beijing	105.19	100.38	114.40	107.29	88.17	173.26
天　津 Tianjin			110.75	94.66	89.62	114.12
河　北 Hebei	99.92	92.65	101.83	108.84	108.11	109.04
山　西 Shanxi	104.79	99.09	96.94	116.71	106.12	122.99
内蒙古 Inner Mongolia	90.81	93.60	110.65	107.29	127.00	111.30
辽　宁 Liaoning	109.62	110.49	138.13	95.79	149.45	132.77
吉　林 Jilin	109.73	113.82	96.91	122.15	100.35	121.02
黑龙江 Heilongjiang	107.52	99.82	87.95	109.44	91.99	105.64
上　海 Shanghai	101.50	114.79	100.85	111.13	112.97	100.30
江　苏 Jiangsu	102.75	103.19	107.80	96.68	101.10	115.02
浙　江 Zhejiang	98.15	95.29	104.51	96.41	97.96	88.24
安　徽 Anhui	108.26	98.66	100.29	103.90	115.66	110.88
福　建 Fujian	105.29	106.12	102.70	124.95	107.16	109.03
江　西 Jiangxi	97.44	97.26	112.31	100.39	103.99	96.98
山　东 Shandong	114.35	99.76	106.51	100.57	124.29	109.23
河　南 Henan	107.63	92.76	122.94	98.92	152.54	100.15
湖　北 Hubei	105.35	101.81	108.33	111.53	100.45	101.18
湖　南 Hunan	105.20		110.88	94.93	110.87	110.29
广　东 Guangdong	93.71	116.57	102.46	108.64	107.66	98.42
广　西 Guangxi		122.47	139.14	90.09	113.97	112.30
海　南 Hainan	107.45	109.39	113.98	102.74	104.80	106.28
重　庆 Chongqing	101.69	107.87	102.18	103.71	102.63	108.07
四　川 Sichuan	105.51	96.12	109.42	103.95	106.73	116.18
贵　州 Guizhou	110.46	106.21	114.23	103.99	103.98	107.80
云　南 Yunnan	95.41	100.10	101.15	113.75	92.82	113.65
西　藏 Tibet						
陕　西 Shaanxi	106.38	97.01	110.48	116.71	123.70	96.16
甘　肃 Gansu	98.90	104.21	82.72	166.83	102.29	103.48
青　海 Qinghai	108.73	139.01		100.00	113.10	123.31
宁　夏 Ningxia	112.72	110.84	107.90	76.71	74.13	108.49
新　疆 Xinjiang	119.66	99.33	115.88	77.19	98.31	120.85

1—16 续表 18 continued 18

地　区 Region	蔬菜 Vegetable					
	元白菜 Cabbage		甘蓝 Wild cabbage		花椰菜 Cauliflower	
	2006	2007	2006	2007	2006	2007
全　国 National Total	**105.03**	**111.73**	**104.48**	**112.59**	**103.09**	**108.99**
北　京 Beijing	93.51	116.41	99.68	117.48	97.58	111.82
天　津 Tianjin	92.58	92.05	140.00		107.46	103.26
河　北 Hebei	87.18	126.61			103.40	127.20
山　西 Shanxi	101.20	131.49	87.75	103.36		118.81
内蒙古 Inner Mongolia	110.95	104.46	113.79	98.32		
辽　宁 Liaoning	94.66	87.06	93.96	101.18		
吉　林 Jilin	99.35	123.82	107.19	108.33		
黑龙江 Heilongjiang	105.61	108.74	100.57	108.17		110.00
上　海 Shanghai	106.43	102.29			112.06	134.99
江　苏 Jiangsu	93.06	96.89	92.44	104.81	99.16	102.56
浙　江 Zhejiang	68.52	95.48	105.41	110.45	79.88	60.76
安　徽 Anhui	109.77	107.42	101.23	99.45	111.11	107.14
福　建 Fujian	98.24	106.56	98.13	107.18	96.36	114.25
江　西 Jiangxi	109.95	98.46	100.18	103.04	116.50	103.61
山　东 Shandong	102.05	106.50	105.16	69.80	98.02	106.83
河　南 Henan	99.22	88.59	98.83	84.22	60.80	125.84
湖　北 Hubei	86.63	116.54	96.79	75.00	97.75	104.00
湖　南 Hunan	99.38	112.75	110.39	82.92	97.88	107.43
广　东 Guangdong	106.62	112.77	111.13	106.71	106.90	99.26
广　西 Guangxi	200.00	108.41			75.00	
海　南 Hainan	105.05	115.81			109.80	
重　庆 Chongqing	102.72	106.14	100.00	109.20	100.79	112.73
四　川 Sichuan	112.00	108.62	102.94	99.31	118.57	105.88
贵　州 Guizhou	114.60	99.03	126.09	100.00	106.78	109.34
云　南 Yunnan	103.31	99.95			104.99	97.91
西　藏 Tibet						
陕　西 Shaanxi	73.57	119.62	93.73	125.85		114.27
甘　肃 Gansu	107.80	135.96	100.93	158.75	114.74	109.22
青　海 Qinghai	100.00		110.09	114.03		136.36
宁　夏 Ningxia	108.86	121.50		122.34		
新　疆 Xinjiang	115.73	174.46				114.00

1—16 续表 19 continued 19

地区 Region	蔬菜 Vegetable			
	莴笋 Asparagus lattuce		油菜 Rape	
	2006	2007	2006	2007
全国 National Total	**106.84**	**107.46**	**106.92**	**110.73**
北京 Beijing	91.36	113.99	102.55	109.61
天津 Tianjin			112.21	109.57
河北 Hebei	139.81	103.47	109.47	105.03
山西 Shanxi	100.83	101.57	106.93	98.83
内蒙古 Inner Mongolia			100.58	116.44
辽宁 Liaoning			122.56	95.26
吉林 Jilin		111.33	103.19	110.08
黑龙江 Heilongjiang			100.00	102.21
上海 Shanghai	102.45	110.83	95.97	111.49
江苏 Jiangsu	98.15	107.02	112.92	113.29
浙江 Zhejiang	95.12	95.59	106.34	108.82
安徽 Anhui	106.34	103.58	98.66	112.23
福建 Fujian	103.14	101.56	109.84	100.20
江西 Jiangxi	91.72	95.74	101.65	98.00
山东 Shandong	92.84	86.64	99.68	103.90
河南 Henan	100.24		368.42	
湖北 Hubei	105.31	102.75	100.00	136.67
湖南 Hunan	105.48	107.56	61.71	132.93
广东 Guangdong	128.40	92.70	103.86	110.18
广西 Guangxi	109.70	155.18	145.68	125.35
海南 Hainan			100.70	
重庆 Chongqing	103.76	110.30	104.10	117.43
四川 Sichuan	110.81	113.59	112.44	107.36
贵州 Guizhou	106.09	106.94	105.78	115.38
云南 Yunnan	96.18	96.06	100.18	115.47
西藏 Tibet				
陕西 Shaanxi	94.32	108.50	82.29	120.59
甘肃 Gansu	100.00	100.00	109.76	123.75
青海 Qinghai	100.00	100.00	114.08	107.35
宁夏 Ningxia			125.58	115.94
新疆 Xinjiang			135.71	200.00

1—16 续表 20 continued 20

地 区 Region	蔬菜 Vegetable			
	黄瓜 Cucumber		冬瓜 White gourd	
	2006	2007	2006	2007
全 国 National Total	**107.33**	**109.75**	**101.83**	**108.29**
北 京 Beijing	97.14	110.72	100.27	116.56
天 津 Tianjin	108.18	106.10		
河 北 Hebei	106.32	114.48	100.00	
山 西 Shanxi	97.49	109.12		
内蒙古 Inner Mongolia	103.67	115.10		100.00
辽 宁 Liaoning	115.07	111.71		
吉 林 Jilin	105.10	116.99	106.29	
黑龙江 Heilongjiang	112.41	107.72	102.00	114.77
上 海 Shanghai	97.08	113.36	94.47	100.97
江 苏 Jiangsu	106.82	102.51	106.55	93.25
浙 江 Zhejiang	100.94	102.71	109.20	99.77
安 徽 Anhui	104.22	104.59	99.45	112.83
福 建 Fujian	104.60	101.49	100.00	107.67
江 西 Jiangxi	103.47	98.60	93.80	100.18
山 东 Shandong	100.63	116.58	100.66	105.65
河 南 Henan	118.06	95.45	70.49	183.60
湖 北 Hubei	101.24	112.56	97.08	103.99
湖 南 Hunan	106.18	110.04	100.28	63.89
广 东 Guangdong	94.43	116.48	102.95	105.95
广 西 Guangxi	107.52	109.87	101.60	103.21
海 南 Hainan	115.83	110.73	120.75	80.06
重 庆 Chongqing	109.00	113.41	109.67	113.49
四 川 Sichuan	107.09	118.43	113.60	117.59
贵 州 Guizhou	110.40	105.35	117.14	100.00
云 南 Yunnan	99.01	95.80		99.72
西 藏 Tibet				
陕 西 Shaanxi	109.31	127.77	107.14	86.11
甘 肃 Gansu	105.59	109.45		108.87
青 海 Qinghai	96.53	103.50		
宁 夏 Ningxia	95.57	102.57		
新 疆 Xinjiang	91.65	115.96		

1—16 续表 21　　continued 21

地　区 Region	蔬菜 Vegetable			
	西葫芦 Summer squash		苦瓜 Balsam pear	
	2006	2007	2006	2007
全　国 National Total	**104.85**	**109.15**	**110.23**	**105.45**
北　京 Beijing	104.72	127.12	107.29	107.56
天　津 Tianjin				
河　北 Hebei	103.82	105.85		
山　西 Shanxi	97.59	111.96		
内蒙古 Inner Mongolia		102.56		107.14
辽　宁 Liaoning	104.35			
吉　林 Jilin	96.30	117.58		132.25
黑龙江 Heilongjiang	54.00	119.07	75.83	100.25
上　海 Shanghai	100.00	78.24		
江　苏 Jiangsu	109.71	110.16	104.40	100.00
浙　江 Zhejiang	95.75	94.87	133.18	74.57
安　徽 Anhui	100.00	113.29	103.50	102.81
福　建 Fujian	108.31	87.32	104.25	115.57
江　西 Jiangxi	98.36	96.20	105.30	103.92
山　东 Shandong	100.30	114.31	104.34	119.62
河　南 Henan	119.72	256.03		133.33
湖　北 Hubei	116.92		110.30	123.46
湖　南 Hunan	96.85		110.58	
广　东 Guangdong	81.59	109.22	113.32	105.77
广　西 Guangxi		120.65	108.14	102.92
海　南 Hainan	107.69		107.19	103.98
重　庆 Chongqing	115.38		109.00	116.59
四　川 Sichuan		100.00	110.04	98.87
贵　州 Guizhou			113.90	102.60
云　南 Yunnan				
西　藏 Tibet				
陕　西 Shaanxi	103.50	119.84	108.59	114.24
甘　肃 Gansu	104.45	114.15		
青　海 Qinghai				
宁　夏 Ningxia				
新　疆 Xinjiang	120.41	130.38		

1—16 续表 22 continued 22

地区 Region	蔬菜 Vegetable			
	萝卜 Radish		胡萝卜 Carrot	
	2006	2007	2006	2007
全国 National Total	**111.02**	**107.04**	**106.86**	**115.35**
北京 Beijing	97.78	105.21	119.23	131.78
天津 Tianjin	104.35			
河北 Hebei	107.67	115.46	90.32	126.96
山西 Shanxi	106.07	127.80	99.17	131.68
内蒙古 Inner Mongolia	139.26	124.42	98.14	118.25
辽宁 Liaoning	107.37	103.68	118.00	70.34
吉林 Jilin	99.11	117.43	99.54	115.09
黑龙江 Heilongjiang	85.98	97.41	109.48	107.55
上海 Shanghai	107.42	116.08		
江苏 Jiangsu	108.58	110.52	117.48	136.38
浙江 Zhejiang	107.12	91.55		99.40
安徽 Anhui	114.77	111.46	109.09	95.91
福建 Fujian	99.46	104.78	109.42	105.57
江西 Jiangxi	108.70	100.27	105.43	103.21
山东 Shandong	122.89	107.45	114.43	95.69
河南 Henan	127.74	114.42	75.51	163.37
湖北 Hubei	109.05	103.08	131.97	111.62
湖南 Hunan	112.26	105.39	117.97	67.17
广东 Guangdong	96.34	105.27	106.04	103.76
广西 Guangxi	102.06	92.30		
海南 Hainan	110.88	109.36		
重庆 Chongqing	100.14	105.28	102.01	109.80
四川 Sichuan	108.32	105.37	101.20	114.22
贵州 Guizhou	106.98	103.80	103.54	101.30
云南 Yunnan	83.81	111.85	100.77	101.50
西藏 Tibet				
陕西 Shaanxi	116.23	96.50	127.43	117.47
甘肃 Gansu	94.12	113.00	103.82	101.17
青海 Qinghai	121.64	124.72	102.46	116.26
宁夏 Ningxia	112.10	92.64		118.32
新疆 Xinjiang	100.22	98.20	87.24	120.89

1—16 续表 23 continued 23

地 区 Region	蔬菜 Vegetable			
	生姜 Ginger		芋头 Taro	
	2006	2007	2006	2007
全 国 National Total	**77.72**	**91.04**	**107.68**	**93.35**
北 京 Beijing	100.00	100.00		
天 津 Tianjin				
河 北 Hebei				
山 西 Shanxi			80.43	
内蒙古 Inner Mongolia				
辽 宁 Liaoning				
吉 林 Jilin				
黑龙江 Heilongjiang				
上 海 Shanghai				
江 苏 Jiangsu	100.35	82.00		
浙 江 Zhejiang	80.50	97.08	111.12	93.77
安 徽 Anhui	87.47	96.40	109.99	108.36
福 建 Fujian	81.62	117.92	125.38	99.67
江 西 Jiangxi	98.25	109.13	110.50	102.17
山 东 Shandong	74.68	99.43	108.15	106.05
河 南 Henan	56.03	65.91	82.79	113.65
湖 北 Hubei	86.54	96.77	117.65	79.68
湖 南 Hunan	99.84	93.43	100.86	101.23
广 东 Guangdong	92.32	79.21	102.02	98.50
广 西 Guangxi	87.17	100.29	98.60	102.88
海 南 Hainan	100.78	105.08	107.31	99.53
重 庆 Chongqing	101.51	119.08	99.00	111.11
四 川 Sichuan	106.52	105.78	102.38	121.84
贵 州 Guizhou	78.43	100.50		100.00
云 南 Yunnan	95.44	97.09	114.70	114.63
西 藏 Tibet				
陕 西 Shaanxi	90.02	67.73	70.63	118.49
甘 肃 Gansu				
青 海 Qinghai				
宁 夏 Ningxia				
新 疆 Xinjiang		111.44		

1—16 续表 24 continued 24

地 区 Region	蔬菜 Vegetable			
	茄子 Eggplant		西红柿 Tomato	
	2006	2007	2006	2007
全 国 National Total	**102.93**	**114.17**	**111.33**	**109.71**
北 京 Beijing	94.16	113.07	105.60	113.06
天 津 Tianjin	99.68	120.75	101.85	100.35
河 北 Hebei	100.98	119.08	101.80	114.32
山 西 Shanxi	93.04	124.78	98.74	117.65
内蒙古 Inner Mongolia	91.25	126.03	109.51	111.49
辽 宁 Liaoning	87.83	132.47	104.62	108.99
吉 林 Jilin	98.31	131.18	105.08	113.10
黑龙江 Heilongjiang	94.10	123.08	109.81	114.01
上 海 Shanghai	114.31	97.97	117.14	100.08
江 苏 Jiangsu	100.81	108.84	108.37	96.46
浙 江 Zhejiang	91.34	111.01	96.31	116.51
安 徽 Anhui	99.34	110.30	104.43	108.82
福 建 Fujian	106.19	103.68	108.41	106.63
江 西 Jiangxi	95.40	102.68	109.64	103.79
山 东 Shandong	106.39	118.61	108.79	108.45
河 南 Henan	82.22	132.48	105.58	109.52
湖 北 Hubei	109.46	122.78	106.35	103.32
湖 南 Hunan	107.50	109.86	93.73	115.95
广 东 Guangdong	94.30	110.82	105.36	109.55
广 西 Guangxi	119.29	111.85	105.74	103.45
海 南 Hainan	108.02	105.71	107.73	99.26
重 庆 Chongqing	101.30	112.54	105.83	116.51
四 川 Sichuan	108.06	115.71	103.79	114.39
贵 州 Guizhou	106.15	106.22	99.46	115.02
云 南 Yunnan	91.60	112.62	113.49	91.76
西 藏 Tibet				
陕 西 Shaanxi	104.38	125.06	92.78	125.03
甘 肃 Gansu	103.81	107.12	102.22	102.27
青 海 Qinghai	100.00	100.00	99.90	119.12
宁 夏 Ningxia	85.18	166.74	100.03	140.71
新 疆 Xinjiang	124.08	139.32	105.98	97.30

1—16 续表 25 continued 25

地　区 Region	蔬菜 Vegetable			
	辣椒 Chili		青椒 Sweetbell	
	2006	2007	2006	2007
全　国 National Total	**111.95**	**113.69**	**105.39**	**109.07**
北　京 Beijing	99.21	134.89	102.60	108.56
天　津 Tianjin		98.77	120.00	
河　北 Hebei			95.21	119.07
山　西 Shanxi	116.39	104.81	96.96	118.27
内蒙古 Inner Mongolia	92.19	111.80	101.24	102.95
辽　宁 Liaoning	81.47	109.21	103.31	140.73
吉　林 Jilin	106.43	115.05	106.12	106.94
黑龙江 Heilongjiang	96.42	116.97	83.35	93.05
上　海 Shanghai	100.00	116.50	110.61	104.04
江　苏 Jiangsu	113.91	102.94	102.43	115.95
浙　江 Zhejiang	101.80	111.65	87.05	106.00
安　徽 Anhui	107.03	107.13	101.30	109.41
福　建 Fujian	101.48	105.02	115.80	107.69
江　西 Jiangxi	110.79	112.66	104.85	107.21
山　东 Shandong	98.30	113.69	94.31	108.18
河　南 Henan	85.24	150.23	78.01	107.55
湖　北 Hubei	104.28	123.95	105.41	112.58
湖　南 Hunan	111.27	128.82	108.76	110.83
广　东 Guangdong	109.88	93.37	92.23	91.95
广　西 Guangxi	99.96	100.13	96.49	96.35
海　南 Hainan	119.00	99.66	114.31	84.19
重　庆 Chongqing	102.17	113.88	99.08	107.83
四　川 Sichuan	114.85	120.96	101.54	122.18
贵　州 Guizhou	107.17	111.15	111.23	108.92
云　南 Yunnan	112.59	115.45	105.55	76.84
西　藏 Tibet				
陕　西 Shaanxi	115.24	123.23	103.87	141.74
甘　肃 Gansu	112.55	109.60	135.93	111.93
青　海 Qinghai	107.56	116.34	101.56	116.31
宁　夏 Ningxia	125.03	127.46		
新　疆 Xinjiang	123.76	117.13		105.19

1—16 续表 26 continued 26

地　区 Region	蔬菜 Vegetable			
	大葱 Scallion		蒜苔 Garlic stalk	
	2006	2007	2006	2007
全　国 National Total	**105.62**	**108.47**	**110.14**	**86.00**
北　京 Beijing	108.06	105.77	116.67	
天　津 Tianjin	110.39	104.36		
河　北 Hebei	100.44	104.63	100.00	77.78
山　西 Shanxi	106.13	116.85		108.80
内蒙古 Inner Mongolia	113.82	100.95	106.67	94.79
辽　宁 Liaoning	55.81	111.62	106.80	
吉　林 Jilin	105.67	101.48	102.06	
黑龙江 Heilongjiang	120.65	84.17	108.99	100.53
上　海 Shanghai				
江　苏 Jiangsu	116.67	99.72	115.18	85.88
浙　江 Zhejiang	107.22	53.15	85.51	95.28
安　徽 Anhui	105.40	92.84	119.97	105.69
福　建 Fujian	111.89	101.00	104.80	104.75
江　西 Jiangxi	130.00	92.73	108.60	109.08
山　东 Shandong	103.31	104.75	107.45	93.92
河　南 Henan	114.19	72.61	119.79	67.52
湖　北 Hubei	112.52	113.43	116.69	99.91
湖　南 Hunan	99.83	118.40	109.86	
广　东 Guangdong	108.25	98.77	102.17	87.86
广　西 Guangxi				
海　南 Hainan	109.65	100.00		
重　庆 Chongqing	103.49	112.97	100.00	111.39
四　川 Sichuan	99.79	112.72	102.62	109.86
贵　州 Guizhou	104.00	104.70	111.13	100.44
云　南 Yunnan	99.22	114.40	111.69	83.68
西　藏 Tibet				
陕　西 Shaanxi	105.00	106.58	105.39	88.04
甘　肃 Gansu	102.54	115.49	108.84	120.68
青　海 Qinghai	94.99	81.65	123.49	94.75
宁　夏 Ningxia	81.30	93.78		
新　疆 Xinjiang	100.00	105.74		119.78

1—16 续表 27 continued 27

地 区 Region	蔬菜 Vegetable			
	蒜头 Garlic head		洋葱 Onion	
	2006	2007	2006	2007
全 国 National Total	**115.26**	**80.58**	**108.93**	**93.84**
北 京 Beijing	93.34		160.00	81.98
天 津 Tianjin	54.83	107.53		
河 北 Hebei	102.90	103.89		
山 西 Shanxi	103.26	103.57	120.87	104.24
内蒙古 Inner Mongolia	112.69	138.07		
辽 宁 Liaoning	124.33			
吉 林 Jilin	101.79	104.59		105.39
黑龙江 Heilongjiang	120.02	103.18	100.83	75.42
上 海 Shanghai	129.31	100.53	93.50	100.69
江 苏 Jiangsu	130.04	45.93		
浙 江 Zhejiang	113.43	109.89	74.77	100.00
安 徽 Anhui	122.67	102.72	116.00	109.68
福 建 Fujian	100.76	105.30	104.05	105.62
江 西 Jiangxi	141.09	110.79	115.13	
山 东 Shandong	111.56	92.83	120.53	88.00
河 南 Henan	120.86	50.08	91.57	80.62
湖 北 Hubei	114.20	91.77	100.00	141.42
湖 南 Hunan	108.09	111.74	100.00	
广 东 Guangdong	105.50	104.60	100.51	100.00
广 西 Guangxi	87.36	97.77		
海 南 Hainan	118.51			
重 庆 Chongqing	102.12	112.34	111.11	118.52
四 川 Sichuan	98.14	101.70	99.45	99.74
贵 州 Guizhou	111.01	102.27	111.11	122.28
云 南 Yunnan	126.21	75.18	121.27	152.75
西 藏 Tibet				
陕 西 Shaanxi	105.26	87.32	123.94	71.22
甘 肃 Gansu	98.61	99.42	105.83	
青 海 Qinghai	110.15	83.18		
宁 夏 Ningxia				
新 疆 Xinjiang	100.71		100.00	110.00

1—16 续表 28　　continued 28

地　区 Region	食用菌 Mushroom		食用菌 Mushroom 香菇(干品) Mushroom (dried)	
	2006	2007	2006	2007
全　国 National Total	**110.32**	**106.54**	**127.17**	**98.64**
北　京 Beijing	100.55	100.29	98.10	102.53
天　津 Tianjin	96.35	100.67		
河　北 Hebei	111.13	104.72	103.38	
山　西 Shanxi	102.87		105.26	
内蒙古 Inner Mongolia				
辽　宁 Liaoning	88.72	126.55		124.73
吉　林 Jilin	102.09	109.76		102.63
黑龙江 Heilongjiang	104.83	106.30	99.33	
上　海 Shanghai	88.89			
江　苏 Jiangsu	103.98	101.38	100.00	100.00
浙　江 Zhejiang	128.98	95.12	164.36	85.31
安　徽 Anhui		92.26	140.83	80.19
福　建 Fujian	111.58	110.71	108.55	110.40
江　西 Jiangxi			107.06	104.50
山　东 Shandong	113.02	112.55	104.72	
河　南 Henan	111.35	107.33	111.35	107.33
湖　北 Hubei	118.41	103.26	123.34	100.44
湖　南 Hunan	107.89	81.97		
广　东 Guangdong				
广　西 Guangxi	88.15	147.96		
海　南 Hainan				
重　庆 Chongqing				
四　川 Sichuan	130.05	109.55		
贵　州 Guizhou	96.90	100.16	117.11	
云　南 Yunnan	99.51	95.38		103.94
西　藏 Tibet				
陕　西 Shaanxi	101.19	107.55	94.17	103.08
甘　肃 Gansu	97.40	102.54		
青　海 Qinghai				
宁　夏 Ningxia				
新　疆 Xinjiang				

1—16 续表 29 continued 29

地 区 Region	食用菌 Mushroom				花卉 Flowers	
	蘑菇(鲜品) Mushroom (fresh)		黑木耳(干品) Black edible fungus (dried)		康乃馨 Carnation	
	2006	2007	2006	2007	2006	2007
全 国 National Total	**110.82**	**107.34**	**106.86**	**109.76**	**107.16**	**114.52**
北 京 Beijing	92.06	107.22				
天 津 Tianjin	96.35	100.67				
河 北 Hebei	112.80	104.72				
山 西 Shanxi	101.87					
内蒙古 Inner Mongolia	110.21	102.54				
辽 宁 Liaoning	88.72	126.55				
吉 林 Jilin	106.14	108.07	96.22	134.31		
黑龙江 Heilongjiang	111.59	89.34	104.38	107.43		
上 海 Shanghai					100.00	100.00
江 苏 Jiangsu	114.96	83.89	100.00	100.00	100.00	99.99
浙 江 Zhejiang	100.69	110.18	131.93	106.01		
安 徽 Anhui						
福 建 Fujian	123.28	115.72	111.76		100.00	
江 西 Jiangxi						
山 东 Shandong	114.99	112.55			103.50	
河 南 Henan	109.80	111.62	99.85	109.09		
湖 北 Hubei	116.50	102.94	107.88	111.27		
湖 南 Hunan	95.81	81.99				
广 东 Guangdong						
广 西 Guangxi		121.36				
海 南 Hainan						
重 庆 Chongqing	103.78					
四 川 Sichuan	141.43	108.99		100.00		
贵 州 Guizhou		106.30				
云 南 Yunnan	99.51	83.23	100.00	100.00		122.01
西 藏 Tibet						
陕 西 Shaanxi	102.19	92.32	100.70	108.35		
甘 肃 Gansu	96.52	102.54			110.28	103.21
青 海 Qinghai	93.75	146.43				
宁 夏 Ningxia		115.00				
新 疆 Xinjiang	107.90	120.05				

1—16 续表 30 continued 30

地　区 Region	水果 Fruits		水果 Fruits 苹果 Apple	
	2006	2007	2006	2007
全　国 National Total	**111.35**	**101.27**	**112.51**	**125.11**
北　京 Beijing	97.98	100.18	107.27	120.78
天　津 Tianjin	102.93	100.02	107.89	104.78
河　北 Hebei	106.43	105.61	112.94	112.63
山　西 Shanxi	100.52	110.08	104.64	105.98
内蒙古 Inner Mongolia	65.56	117.93		
辽　宁 Liaoning	113.06	108.97	135.88	113.56
吉　林 Jilin	110.16	120.74		124.68
黑龙江 Heilongjiang	125.35	116.09		
上　海 Shanghai	100.58	109.25		
江　苏 Jiangsu	101.16	108.32	100.00	100.00
浙　江 Zhejiang	102.97	108.91		
安　徽 Anhui	98.15	108.34		
福　建 Fujian	115.71	104.70	114.26	
江　西 Jiangxi	106.56	107.63		
山　东 Shandong	103.89	110.56	121.24	123.91
河　南 Henan	121.31		121.31	139.89
湖　北 Hubei	97.55	107.40		
湖　南 Hunan	101.17	102.52		
广　东 Guangdong	105.88	101.67	102.49	
广　西 Guangxi	109.66	88.21		
海　南 Hainan	108.99	90.82		
重　庆 Chongqing	101.26	104.49		
四　川 Sichuan	101.68	108.58		
贵　州 Guizhou	100.90	103.97		
云　南 Yunnan	102.94	104.11	109.08	123.05
西　藏 Tibet				
陕　西 Shaanxi	105.81	115.58	106.48	114.67
甘　肃 Gansu	104.76	106.92	103.25	112.15
青　海 Qinghai				
宁　夏 Ningxia	85.67	119.00	99.03	128.34
新　疆 Xinjiang		116.43	123.49	117.53

1—16 续表 31 continued 31

地区 Region	水果 Fruits			
	梨 Pear		柑桔 Citrus	
	2006	2007	2006	2007
全国 National Total	**111.68**	**96.56**	**107.12**	**103.51**
北京 Beijing	100.31	115.80		
天津 Tianjin	102.48	92.60		
河北 Hebei	120.92	91.57		
山西 Shanxi	109.60	102.30		
内蒙古 Inner Mongolia				
辽宁 Liaoning	106.28	103.57		
吉林 Jilin		115.36		
黑龙江 Heilongjiang				
上海 Shanghai			87.54	102.00
江苏 Jiangsu	100.00	100.00	100.00	100.00
浙江 Zhejiang			100.05	93.81
安徽 Anhui			100.00	105.41
福建 Fujian				111.10
江西 Jiangxi			106.56	107.63
山东 Shandong	131.84	100.00		
河南 Henan				
湖北 Hubei		115.00	100.71	106.50
湖南 Hunan			102.83	103.60
广东 Guangdong		103.57	107.79	107.99
广西 Guangxi	117.32	118.57	111.88	85.65
海南 Hainan				
重庆 Chongqing	101.12	98.24	100.64	105.60
四川 Sichuan	106.31	106.17	103.67	103.00
贵州 Guizhou	83.33		103.90	99.87
云南 Yunnan		124.14	101.19	99.23
西藏 Tibet				
陕西 Shaanxi	105.97	106.63	124.40	91.80
甘肃 Gansu	123.33	106.22		
青海 Qinghai				
宁夏 Ningxia				
新疆 Xinjiang		113.59		

1—16 续表 32 continued 32

地　区 Region	水果 Fruits					
	红富士苹果 Hongfushi apple		国光苹果 Guoguang apple		香蕉苹果 Banana apple	
	2006	2007	2006	2007	2006	2007
全　国 National Total	**108.71**	**122.68**	**129.10**	**112.18**	**112.29**	**113.20**
北　京 Beijing	106.25	116.66	112.15	165.63	112.73	115.38
天　津 Tianjin	108.76	111.11			107.28	100.32
河　北 Hebei	104.39	112.15	132.77	113.73		
山　西 Shanxi	106.14	106.35	100.89	100.15	112.64	121.39
内蒙古 Inner Mongolia						
辽　宁 Liaoning	129.20	116.45	142.55	110.66		
吉　林 Jilin	106.67					
黑龙江 Heilongjiang						
上　海 Shanghai						
江　苏 Jiangsu	100.00	100.00	100.00	100.00		
浙　江 Zhejiang						
安　徽 Anhui						
福　建 Fujian						
江　西 Jiangxi						
山　东 Shandong	122.35	124.88	109.67	113.79	121.82	117.76
河　南 Henan	116.28	121.62			112.40	101.81
湖　北 Hubei						
湖　南 Hunan						
广　东 Guangdong						
广　西 Guangxi						
海　南 Hainan						
重　庆 Chongqing						
四　川 Sichuan						
贵　州 Guizhou						
云　南 Yunnan		80.56				
西　藏 Tibet						
陕　西 Shaanxi	105.17	115.30		101.50		
甘　肃 Gansu	101.60	117.18	105.95	96.79	100.00	115.29
青　海 Qinghai			100.00			
宁　夏 Ningxia	99.03	128.34		116.67		
新　疆 Xinjiang	123.49	117.77				

1—16 续表 33 continued 33

地区 Region	水果 Fruits					
	雪花梨 Snowflake pear		鸭梨 Ya-pear		酥梨 Soft-pear	
	2006	2007	2006	2007	2006	2007
全国 National Total	**114.97**	**92.09**	**116.26**	**102.54**	**113.42**	**100.29**
北京 Beijing	100.26	110.14	92.83	116.62	129.10	111.11
天津 Tianjin	98.29	106.70	104.88	84.52		
河北 Hebei	121.90	94.48	119.77	88.15		
山西 Shanxi			118.00		109.60	102.30
内蒙古 Inner Mongolia						
辽宁 Liaoning			101.64		80.00	
吉林 Jilin						
黑龙江 Heilongjiang						
上海 Shanghai						
江苏 Jiangsu	100.00	100.00	100.00	100.00	100.00	100.00
浙江 Zhejiang	106.67	104.26				
安徽 Anhui						
福建 Fujian						
江西 Jiangxi						
山东 Shandong	117.06	97.55	131.84	100.00	100.35	
河南 Henan	195.23		87.50			
湖北 Hubei	99.79	115.00	107.10			
湖南 Hunan	105.61		110.06			
广东 Guangdong						
广西 Guangxi						
海南 Hainan						
重庆 Chongqing		100.00			101.12	92.95
四川 Sichuan	104.15	105.27	102.96	111.43	90.91	
贵州 Guizhou			83.33			
云南 Yunnan		133.33				
西藏 Tibet						
陕西 Shaanxi	99.92	97.34	99.81	115.31	109.41	102.33
甘肃 Gansu		100.00		127.27	123.33	101.23
青海 Qinghai						
宁夏 Ningxia						
新疆 Xinjiang						

1—16 续表 34　　continued 34

地　区 Region	水果 Fruits			
	西瓜 Watermelon		甜瓜 Muskmelon	
	2006	2007	2006	2007
全　国 National Total	**97.46**	**99.97**	**94.72**	**107.57**
北　京 Beijing	94.48	98.89	100.38	80.98
天　津 Tianjin	90.16	98.81		
河　北 Hebei	90.95	122.42	101.63	109.83
山　西 Shanxi	73.59	134.32	105.14	118.84
内蒙古 Inner Mongolia	60.97	117.02	88.09	124.54
辽　宁 Liaoning	104.66	95.97	101.64	115.38
吉　林 Jilin	99.06	117.99	101.14	112.81
黑龙江 Heilongjiang	107.20	111.03	159.07	125.50
上　海 Shanghai	103.32	120.85	102.29	97.47
江　苏 Jiangsu	100.00	100.00	100.00	100.00
浙　江 Zhejiang	95.78	105.58	128.59	100.97
安　徽 Anhui	86.10	97.20	102.47	
福　建 Fujian	116.02	120.03		126.16
江　西 Jiangxi	100.61	99.50	94.76	104.03
山　东 Shandong	96.25	106.83	98.91	114.53
河　南 Henan	76.93	129.58	97.82	83.33
湖　北 Hubei	86.19	107.53	104.95	104.46
湖　南 Hunan	94.84	105.19	131.79	
广　东 Guangdong	102.26	109.57	105.42	
广　西 Guangxi	165.94	89.20		
海　南 Hainan	107.41	103.42	109.81	104.07
重　庆 Chongqing	100.69	102.99		
四　川 Sichuan	102.68	94.12		
贵　州 Guizhou	99.91	107.23		
云　南 Yunnan	65.97	88.31	70.48	115.11
西　藏 Tibet				
陕　西 Shaanxi	92.79	101.88		86.14
甘　肃 Gansu	94.67	99.33	81.11	126.44
青　海 Qinghai	96.95	106.67		
宁　夏 Ningxia	79.15	118.18		
新　疆 Xinjiang	100.31	124.45	105.84	102.16

1—16 续表 35 continued 35

地　区 Region	水果 Fruits			
	香瓜 Musk melon		草莓 Strawberry	
	2006	2007	2006	2007
全　国 National Total	**106.56**	**99.34**	**103.61**	**114.94**
北　京 Beijing			138.83	71.10
天　津 Tianjin				
河　北 Hebei				
山　西 Shanxi			97.22	
内蒙古 Inner Mongolia		93.50		
辽　宁 Liaoning			115.64	117.83
吉　林 Jilin	120.74	128.05	100.00	
黑龙江 Heilongjiang	61.94	125.01		
上　海 Shanghai			106.67	
江　苏 Jiangsu				
浙　江 Zhejiang	110.38	105.09		101.85
安　徽 Anhui	101.48	100.00		
福　建 Fujian		158.70	104.21	91.19
江　西 Jiangxi	139.81	96.41		
山　东 Shandong			101.88	99.51
河　南 Henan			125.90	114.22
湖　北 Hubei	100.00			
湖　南 Hunan	97.94		98.62	
广　东 Guangdong	115.68	84.25		
广　西 Guangxi	129.69	84.24		
海　南 Hainan	100.00			
重　庆 Chongqing		100.00		
四　川 Sichuan			100.12	101.86
贵　州 Guizhou			90.67	90.23
云　南 Yunnan				
西　藏 Tibet				
陕　西 Shaanxi				
甘　肃 Gansu				
青　海 Qinghai				100.00
宁　夏 Ningxia				
新　疆 Xinjiang				

1—16 续表 36 continued 36

地 区 Region	水果 Fruits			
	桃 Peach		杏 Apricot	
	2006	2007	2006	2007
全 国 National Total	**95.61**	**110.42**	**102.08**	**111.35**
北 京 Beijing	95.77	108.23	99.03	108.02
天 津 Tianjin	111.14	101.17		
河 北 Hebei	99.06	108.92	110.46	116.91
山 西 Shanxi	92.23	118.39	99.74	101.77
内蒙古 Inner Mongolia				
辽 宁 Liaoning	111.38	116.36		
吉 林 Jilin	103.28	106.67	142.93	107.69
黑龙江 Heilongjiang			116.67	
上 海 Shanghai	98.85	96.47		
江 苏 Jiangsu	100.00	100.00		
浙 江 Zhejiang	98.33	118.04		106.67
安 徽 Anhui	89.87	109.04	88.89	125.00
福 建 Fujian		108.30	99.16	
江 西 Jiangxi	105.56	106.72		
山 东 Shandong	90.84	116.06	96.34	113.10
河 南 Henan	83.64	130.45	123.31	114.29
湖 北 Hubei	107.43	117.13		
湖 南 Hunan	106.90	32.20		
广 东 Guangdong	108.33	109.54	91.29	
广 西 Guangxi	125.15	115.64		
海 南 Hainan				
重 庆 Chongqing	110.47	106.53		
四 川 Sichuan	97.37	105.51		125.56
贵 州 Guizhou	104.93	105.46	110.23	
云 南 Yunnan	88.10	90.17		
西 藏 Tibet				
陕 西 Shaanxi	94.18	120.58	96.05	112.77
甘 肃 Gansu	89.61	94.99	112.42	94.22
青 海 Qinghai			100.03	115.17
宁 夏 Ningxia		105.41		128.01
新 疆 Xinjiang	108.47		96.04	126.04

1—16 续表 37　　continued 37

地　区 Region	水果 Fruits					
	葡萄 Grape		红枣 Chinese date		柿子 Persimmon	
	2006	2007	2006	2007	2006	2007
全　国 National Total	**103.55**	**106.02**	**99.11**	**107.99**	**103.30**	**96.12**
北　京 Beijing	108.95	98.75	86.37	103.69	96.93	106.63
天　津 Tianjin	140.93	86.99				
河　北 Hebei	107.23	108.31	96.42	106.54	116.11	75.47
山　西 Shanxi	105.02	104.65	102.88	101.35	104.14	102.28
内蒙古 Inner Mongolia						
辽　宁 Liaoning	111.11	95.24	96.69	75.24		
吉　林 Jilin	106.55	101.67				
黑龙江 Heilongjiang					100.00	
上　海 Shanghai	109.01	115.03				
江　苏 Jiangsu	100.00	100.00	100.00	100.00		
浙　江 Zhejiang	105.82	104.33	100.00	125.21	99.51	104.25
安　徽 Anhui	87.45	126.92		100.00	98.00	
福　建 Fujian	105.69	99.70	58.02		110.64	98.57
江　西 Jiangxi	81.00		111.33		105.82	
山　东 Shandong	106.39	92.23	104.75	101.97	104.21	86.52
河　南 Henan		116.15		107.09	91.23	98.04
湖　北 Hubei	100.00	100.78			100.00	
湖　南 Hunan	94.61	29.57	108.02	23.45	109.97	49.99
广　东 Guangdong	99.90			100.00	99.38	98.49
广　西 Guangxi	105.84	153.92			96.22	88.59
海　南 Hainan						
重　庆 Chongqing			100.00			
四　川 Sichuan	96.95	109.90	106.24	85.06	84.57	133.87
贵　州 Guizhou	105.17	98.33			110.49	111.71
云　南 Yunnan	94.72	94.40			112.14	106.48
西　藏 Tibet						
陕　西 Shaanxi	102.41	102.74	89.91	123.20	111.08	97.56
甘　肃 Gansu		96.18	147.48			80.00
青　海 Qinghai						
宁　夏 Ningxia	127.28	67.22	100.00	106.22		
新　疆 Xinjiang	100.93	108.91	102.95	79.41		

1—16 续表 38　　continued 38

地　区 Region	其它水果 Other fruits		其他水果 Other fruits		茶叶 Tea	
			香蕉 Banana		绿毛茶 Green tea	
	2006	2007	2006	2007	2006	2007
全　国 National Total	**101.51**	**104.95**	**113.60**	**75.89**	**107.03**	**129.64**
北　京 Beijing	97.66	104.52				
天　津 Tianjin	120.71	96.61				
河　北 Hebei	100.68	107.86				
山　西 Shanxi	96.59	112.05				
内蒙古 Inner Mongolia						
辽　宁 Liaoning	110.01	98.80				
吉　林 Jilin		102.19				
黑龙江 Heilongjiang						
上　海 Shanghai	104.84	101.47				
江　苏 Jiangsu					99.80	96.87
浙　江 Zhejiang	101.72	101.32			98.71	89.79
安　徽 Anhui	89.38	117.02			102.37	104.29
福　建 Fujian	118.80	100.87	103.82	94.57	94.14	110.26
江　西 Jiangxi	100.00	100.20			104.44	107.40
山　东 Shandong	99.96	104.11				
河　南 Henan						122.62
湖　北 Hubei	107.43	117.13			102.12	105.01
湖　南 Hunan	103.46	55.84			108.54	116.38
广　东 Guangdong	104.89	95.37	114.66	95.98	101.68	100.95
广　西 Guangxi	101.65	97.44	106.44	96.92	105.62	118.58
海　南 Hainan	102.34	84.47	98.75	67.86		
重　庆 Chongqing	110.47	106.53	100.00			
四　川 Sichuan	96.90	122.54	94.42	110.03	107.27	110.65
贵　州 Guizhou	105.03	102.56	100.00	100.00	104.14	109.88
云　南 Yunnan	92.73	96.12	99.80		113.75	213.98
西　藏 Tibet						
陕　西 Shaanxi	96.08	135.42				98.17
甘　肃 Gansu	107.87	94.46				
青　海 Qinghai						
宁　夏 Ningxia		72.79				
新　疆 Xinjiang		109.18				

1—17 各地区林业产品生产价格指数(2007)
Indices of Producer Prices of Forest Products by Region(2007)

(上年=100) (preceding year=100)

地区 Region	林业产品 Forest products		林业产品 Forest products 竹木采运 Felling and transport of bamboo and wood		林业产品 Forest products 林产品的采集 Gathering of forest products	
	2006	2007	2006	2007	2006	2007
全　国 National Total	**112.78**	**104.37**	**107.49**	**108.26**	**115.23**	**102.78**
北　京 Beijing	122.63	128.49			122.63	128.49
天　津 Tianjin	102.63	99.15			102.63	99.15
河　北 Hebei	118.77	105.09			126.57	105.09
山　西 Shanxi	102.02	103.77	100.96	100.66	103.23	104.81
内蒙古 Inner Mongolia	107.71	107.67	107.71	107.67		
辽　宁 Liaoning	101.77	109.72	118.49	114.33	70.46	104.69
吉　林 Jilin		107.76		111.47		104.06
黑龙江 Heilongjiang						
上　海 Shanghai						
江　苏 Jiangsu	103.83	102.71	104.00	102.60	101.82	96.20
浙　江 Zhejiang	118.50	108.63	119.05	108.48	114.69	109.69
安　徽 Anhui	107.85	109.04	108.52	109.14	102.59	108.29
福　建 Fujian	103.80	107.50	105.40	112.67	101.89	99.03
江　西 Jiangxi	106.01	108.90	106.54	108.10	96.88	122.84
山　东 Shandong	104.27	115.84	107.23	108.83	103.16	118.46
河　南 Henan	104.40	107.19	104.40	107.19		
湖　北 Hubei	108.85	106.06	108.85	107.52		102.52
湖　南 Hunan	104.20	115.57	108.12	115.57	96.56	115.58
广　东 Guangdong	109.85	104.26	110.05	106.75	108.10	96.57
广　西 Guangxi	102.24	105.26	102.22	105.25	107.16	108.74
海　南 Hainan	117.00	113.24	102.02	108.16	119.34	114.03
重　庆 Chongqing	106.38	110.69	100.00		111.35	110.69
四　川 Sichuan	99.05	105.62	110.24	106.41	101.04	102.06
贵　州 Guizhou	103.61	106.22	103.64	104.97	103.57	108.07
云　南 Yunnan	123.30	97.73	101.05	94.87	130.92	98.28
西　藏 Tibet						
陕　西 Shaanxi	124.91	103.67	104.02	125.00	125.28	103.29
甘　肃 Gansu	113.51	100.10			113.51	100.10
青　海 Qinghai						
宁　夏 Ningxia						
新　疆 Xinjiang	100.46	109.40	100.04	109.80	111.26	108.72

1—17 续表 1 continued 1

地 区 Region	木材采运 Felling and transport of wood				竹材采运 Felling and transport of bamboo	
	原 木 Log		薪 材 Firewood			
	2006	2007	2006	2007	2006	2007
全 国 National Total	**107.37**	**108.18**	**101.24**	**114.70**	**114.50**	**114.06**
北 京 Beijing						
天 津 Tianjin						
河 北 Hebei			110.67	115.86		
山 西 Shanxi	100.96	100.66				
内蒙古 Inner Mongolia	109.19	111.52	102.91	95.24		
辽 宁 Liaoning	118.49	114.33	100.00	94.12		
吉 林 Jilin		111.47				
黑龙江 Heilongjiang	107.41	111.99	100.00			
上 海 Shanghai						
江 苏 Jiangsu	102.76	102.13			103.73	101.97
浙 江 Zhejiang	108.17	105.48		34562.21	128.52	111.09
安 徽 Anhui	107.41	108.53	115.72	105.67	108.12	113.73
福 建 Fujian	106.59	113.45	104.73	111.62	104.51	112.00
江 西 Jiangxi	106.74	108.06	99.91	111.58	103.27	108.52
山 东 Shandong	107.23	108.83				
河 南 Henan	104.40	107.19				
湖 北 Hubei	106.09	108.89			116.71	104.08
湖 南 Hunan	106.34	113.24	100.00		111.83	120.62
广 东 Guangdong	112.12	108.86			103.11	102.58
广 西 Guangxi	102.22	105.24	101.75	118.33	107.74	129.19
海 南 Hainan	100.43	108.86	104.85	110.33	100.20	100.00
重 庆 Chongqing	100.00					
四 川 Sichuan	109.63	104.95			111.23	108.75
贵 州 Guizhou	102.16	103.68			111.30	111.61
云 南 Yunnan	101.10	92.69		100.00	100.68	105.93
西 藏 Tibet						
陕 西 Shaanxi	106.38		101.65			125.00
甘 肃 Gansu						
青 海 Qinghai			99.16	100.22		
宁 夏 Ningxia						
新 疆 Xinjiang	100.04	109.80				

1—17 续表 2 continued 2

地 区 Region	林产品采集 Gathering of forest products					
	橡胶 Rubber		油桐籽 Seeds of tung oil tree		油茶籽 Seeds of tea-oil tree	
	2006	2007	2006	2007	2006	2007
全 国 National Total	**130.50**	**96.68**	**96.59**	**109.86**	**99.07**	**126.60**
北 京 Beijing						
天 津 Tianjin						
河 北 Hebei						
山 西 Shanxi						
内蒙古 Inner Mongolia						
辽 宁 Liaoning						
吉 林 Jilin						
黑龙江 Heilongjiang						
上 海 Shanghai						
江 苏 Jiangsu						
浙 江 Zhejiang			100.00		100.00	124.60
安 徽 Anhui				105.78	86.42	
福 建 Fujian			97.33			
江 西 Jiangxi			97.05		85.28	122.84
山 东 Shandong						
河 南 Henan						
湖 北 Hubei						
湖 南 Hunan			88.87	96.94	97.10	107.41
广 东 Guangdong					97.81	
广 西 Guangxi			92.45	131.55	94.30	140.98
海 南 Hainan	119.73	98.36				
重 庆 Chongqing			108.71	113.02		
四 川 Sichuan			122.46	120.00		
贵 州 Guizhou			102.64	106.91		
云 南 Yunnan	137.31	96.69	69.42		107.70	
西 藏 Tibet						
陕 西 Shaanxi			84.27	108.20		
甘 肃 Gansu						
青 海 Qinghai						
宁 夏 Ningxia						
新 疆 Xinjiang						

1—17 续表 3 continued 3

地区 Region	林产品采集 Gathering of forest products			
	棕片 Palm fibre		松脂 Rosin	
	2006	2007	2006	2007
全国 National Total	**105.64**	**111.90**	**140.81**	**80.67**
北京 Beijing				
天津 Tianjin				
河北 Hebei				
山西 Shanxi				
内蒙古 Inner Mongolia				
辽宁 Liaoning				
吉林 Jilin				
黑龙江 Heilongjiang				
上海 Shanghai				
江苏 Jiangsu				
浙江 Zhejiang				
安徽 Anhui			125.00	71.95
福建 Fujian				
江西 Jiangxi			100.00	
山东 Shandong				
河南 Henan				
湖北 Hubei	100.00	114.29		
湖南 Hunan	102.33	49.71	106.71	28.27
广东 Guangdong			108.30	92.27
广西 Guangxi			114.69	79.21
海南 Hainan				
重庆 Chongqing	101.73	108.50		
四川 Sichuan	126.97	108.28		
贵州 Guizhou		101.67		
云南 Yunnan	106.67	156.25	175.34	79.68
西藏 Tibet				
陕西 Shaanxi				
甘肃 Gansu				
青海 Qinghai				
宁夏 Ningxia				
新疆 Xinjiang				

1—17 续表 4 continued 4

地 区 Region	林产品采集 Gathering of forest products			
	核 桃 Walnut		板 栗 Chinese chestnut	
	2006	2007	2006	2007
全 国 National Total	**114.16**	**109.07**	**96.10**	**104.67**
北 京 Beijing	134.26	149.57	116.81	110.63
天 津 Tianjin	102.63	100.64	102.63	96.86
河 北 Hebei	112.03	116.76	139.33	88.04
山 西 Shanxi	99.98	105.99		
内蒙古 Inner Mongolia				
辽 宁 Liaoning			70.46	104.69
吉 林 Jilin	112.87	104.40		
黑龙江 Heilongjiang				
上 海 Shanghai				
江 苏 Jiangsu	100.00	100.00	98.57	103.91
浙 江 Zhejiang	94.58	91.18	79.44	118.90
安 徽 Anhui	119.02	104.52	94.38	110.18
福 建 Fujian			94.86	86.73
江 西 Jiangxi			99.73	108.91
山 东 Shandong	108.03	115.41	102.61	115.92
河 南 Henan	100.57	100.69	97.24	108.85
湖 北 Hubei			91.10	102.52
湖 南 Hunan	113.57	69.35	97.12	88.76
广 东 Guangdong			115.87	93.41
广 西 Guangxi			88.86	95.25
海 南 Hainan				
重 庆 Chongqing	122.63	115.04	101.92	108.01
四 川 Sichuan	98.34	105.57	98.94	88.27
贵 州 Guizhou	102.34	104.69	107.53	100.64
云 南 Yunnan	114.13	109.30	92.79	100.97
西 藏 Tibet				
陕 西 Shaanxi	118.58	105.67	103.16	102.60
甘 肃 Gansu	109.00	109.11		
青 海 Qinghai				
宁 夏 Ningxia				
新 疆 Xinjiang	111.26	108.76		

1—18 各地区畜牧业产品生产价格指数(2007)
Indices of Producer Prices of Livestock Products by Region(2007)

(上年=100) (preceding year=100)

地区 Region	畜牧业产品 Livestock products		畜产品 Livestock products 大牲畜 Livestock		猪 Hog	
	2006	2007	2006	2007	2006	2007
全国 National Total	**94.33**	**131.36**	**101.64**	**114.60**	**90.59**	**145.75**
北京 Beijing	97.48	122.00	103.48	115.04	87.63	155.10
天津 Tianjin	99.39	114.76	99.18	101.82	98.56	121.05
河北 Hebei	97.05	123.36	103.97	118.41	93.32	132.09
山西 Shanxi	98.72	114.60	102.57	107.37	94.68	122.53
内蒙古 Inner Mongolia	101.13	116.56	105.43	111.98	94.67	126.21
辽宁 Liaoning	97.60	126.36	100.12	116.07	95.06	143.85
吉林 Jilin	99.03	122.97	100.78	110.15	98.42	130.51
黑龙江 Heilongjiang	96.23	133.72	100.52	119.76	93.97	143.48
上海 Shanghai	94.35	128.76	99.89	109.32	88.17	147.68
江苏 Jiangsu	93.98	131.44	108.39	105.68	89.66	147.54
浙江 Zhejiang	100.54	124.83	84.36	102.35	99.50	127.13
安徽 Anhui	94.34	123.88	103.18	107.85	88.06	138.37
福建 Fujian	98.50	132.17	106.25	109.56	98.23	141.58
江西 Jiangxi	96.52	129.43	107.41	107.09	95.10	131.79
山东 Shandong	99.69	122.42	101.51	112.76	99.65	137.35
河南 Henan	95.11	130.69	106.06	110.76	88.37	139.37
湖北 Hubei	92.35	131.40	102.85	106.36	90.00	138.49
湖南 Hunan	99.89	143.92	99.68	119.36	99.72	146.43
广东 Guangdong	99.15	123.52	101.18	109.41	98.14	131.48
广西 Guangxi	100.13	140.42	100.98	111.62	99.85	142.40
海南 Hainan	96.74	118.57	102.92	110.57	99.18	123.54
重庆 Chongqing	89.79	128.77	101.48	118.07	87.04	132.08
四川 Sichuan	101.15	128.34	102.33	113.88	99.83	139.58
贵州 Guizhou	98.73	119.40	102.95	108.86	97.86	122.56
云南 Yunnan	99.99	128.61	104.54	109.21	99.02	134.97
西藏 Tibet						
陕西 Shaanxi	98.43	118.96	101.27	113.52	99.71	129.68
甘肃 Gansu	99.55	114.72	100.98	111.44	98.63	118.42
青海 Qinghai	101.68	116.97	102.39	115.61	94.77	130.47
宁夏 Ningxia	99.11	118.36	102.20	114.12	91.82	130.05
新疆 Xinjiang	96.89	115.57	96.48	114.49	99.34	125.00

1—18 续表 1 continued 1

地　区 Region	畜牧业产品 Livestock products			
	家禽(毛重) Poultry		禽蛋 Eggs	
	2006	2007	2006	2007
全　国 National Total	**96.64**	**117.02**	**95.98**	**115.89**
北　京 Beijing	99.71	105.43	94.64	116.15
天　津 Tianjin	99.11	111.70	98.72	113.90
河　北 Hebei	93.22	117.86	92.65	123.07
山　西 Shanxi	99.57	108.37	99.32	113.02
内蒙古 Inner Mongolia	95.13	119.31	93.04	123.60
辽　宁 Liaoning	91.96	121.11	94.22	132.73
吉　林 Jilin	97.64	112.21	97.17	115.62
黑龙江 Heilongjiang	97.96	118.35	104.24	120.88
上　海 Shanghai	94.29	102.51	94.29	121.31
江　苏 Jiangsu	100.37	118.27	99.48	113.50
浙　江 Zhejiang	103.93	122.11	98.67	115.88
安　徽 Anhui	96.36	112.32	94.60	117.50
福　建 Fujian	98.89	110.95	98.81	119.78
江　西 Jiangxi	104.56	112.74	105.21	119.65
山　东 Shandong	98.73	116.28	97.72	115.70
河　南 Henan	100.02	111.51	97.98	117.90
湖　北 Hubei	96.23	114.95	94.60	115.18
湖　南 Hunan	100.95	123.84	97.23	117.56
广　东 Guangdong	99.67	113.35	103.88	110.12
广　西 Guangxi	104.54	116.98	107.69	119.65
海　南 Hainan	92.19	114.63	98.08	108.12
重　庆 Chongqing	99.89	116.17	98.88	110.11
四　川 Sichuan	101.91	118.73	102.52	112.73
贵　州 Guizhou	99.81	111.32	98.71	110.23
云　南 Yunnan	102.48	115.54	102.09	108.72
西　藏 Tibet				
陕　西 Shaanxi	96.67	115.98	96.67	116.66
甘　肃 Gansu	99.90	111.26	99.75	108.37
青　海 Qinghai	100.91	111.59	91.03	123.97
宁　夏 Ningxia	95.23	119.47	92.47	123.61
新　疆 Xinjiang	98.41	115.20	98.27	111.31

1—18 续表 2 continued 2

地 区 Region	畜产品 Livestock products					
	牛 Live cattle		羊 Sheep raising		马 Horse	
	2006	2007	2006	2007	2006	2007
全 国 National Total	**100.38**	**117.46**	**101.78**	**121.01**	**100.76**	**122.88**
北 京 Beijing	101.78	125.44	102.91	120.74		
天 津 Tianjin	101.64	102.53	102.48	107.37		
河 北 Hebei	106.90	119.31	100.88	118.35		
山 西 Shanxi	98.77	104.61	102.11	115.62		114.27
内蒙古 Inner Mongolia	100.26	118.68	102.59	117.87	105.71	118.64
辽 宁 Liaoning	97.35	115.24	108.80	119.57		
吉 林 Jilin	100.70	109.91	100.31	110.67	102.72	105.82
黑龙江 Heilongjiang	97.55	119.22	100.70	123.01	102.04	
上 海 Shanghai						
江 苏 Jiangsu	106.42	100.00				
浙 江 Zhejiang		110.61	106.33	112.19		
安 徽 Anhui	100.31	107.49	108.51	110.25		
福 建 Fujian	111.75	107.11	109.18	118.27		
江 西 Jiangxi	107.41	107.09				
山 东 Shandong	100.36	112.86	106.82	118.01		
河 南 Henan	106.07	108.05	106.04	114.39		
湖 北 Hubei	102.01	103.07	105.69	113.91		
湖 南 Hunan	99.47	111.95	98.41	140.43		
广 东 Guangdong	100.91	107.42		125.00		
广 西 Guangxi	103.67	110.57	114.29	121.29	97.93	111.18
海 南 Hainan	103.93	112.61	100.86	106.45		
重 庆 Chongqing	101.56	120.60	101.17	107.96		
四 川 Sichuan	101.46	113.60	104.17	120.25	112.02	
贵 州 Guizhou	102.72	109.20	104.71	108.32	98.38	110.01
云 南 Yunnan	96.28	109.60	107.48	113.23	100.17	
西 藏 Tibet						
陕 西 Shaanxi	100.03	111.83	101.51	116.18		
甘 肃 Gansu	101.72	112.52	96.14	113.56		
青 海 Qinghai	102.08	122.55	101.06	121.76	100.00	102.02
宁 夏 Ningxia	101.18	115.53	101.62	116.67		
新 疆 Xinjiang	96.72	114.37	95.91	115.51	101.43	106.90

1—18 续表 3 continued 3

地 区 Region	畜产品 Livestock products					
	牛肉 Beef		羊肉 Mutton		猪肉 Pork	
	2006	2007	2006	2007	2006	2007
全 国 National Total	**100.24**	**121.80**	**102.49**	**133.90**	**91.20**	**127.82**
北 京 Beijing	103.44	138.69				
天 津 Tianjin						
河 北 Hebei	100.00		102.35	132.38	97.00	113.01
山 西 Shanxi	100.00		96.43	108.91	101.66	112.13
内蒙古 Inner Mongolia	103.11	120.18	105.16	117.93	97.30	113.48
辽 宁 Liaoning			120.70		84.89	121.06
吉 林 Jilin	103.57	111.19	101.68	112.37	102.49	114.74
黑龙江 Heilongjiang		100.00	101.12	105.26	101.32	116.57
上 海 Shanghai					100.00	
江 苏 Jiangsu	100.00	100.00				
浙 江 Zhejiang					100.91	120.08
安 徽 Anhui	100.64				91.28	123.85
福 建 Fujian	109.49	109.77	99.11	119.89	98.81	136.50
江 西 Jiangxi	107.17	102.46			94.58	124.93
山 东 Shandong	111.11		100.26	140.19	107.28	131.78
河 南 Henan	108.01	98.77			84.79	114.72
湖 北 Hubei					95.45	129.74
湖 南 Hunan	112.10		94.29		98.66	151.47
广 东 Guangdong		103.33	103.63		93.91	132.14
广 西 Guangxi					106.19	132.65
海 南 Hainan	105.01	105.85		116.61	100.09	112.25
重 庆 Chongqing					92.69	129.23
四 川 Sichuan	101.60	113.35	100.31	105.59	96.42	119.43
贵 州 Guizhou	101.37	114.43	99.26		92.66	112.83
云 南 Yunnan	100.00	100.01		133.33	97.88	118.38
西 藏 Tibet						
陕 西 Shaanxi	100.00		106.48	108.52	97.77	118.25
甘 肃 Gansu	100.76	117.86	99.83	139.31	100.14	120.36
青 海 Qinghai	91.91			137.60	100.01	122.53
宁 夏 Ningxia				118.46		110.21
新 疆 Xinjiang	90.49	104.99	92.03	118.05	102.75	106.81

1—18 续表 4 continued 4

地　区 Region	畜产品 Livestock products					
	鸡 Chicken		鸭 Duck		鹅 Goose	
	2006	2007	2006	2007	2006	2007
全　国 National Total	**96.70**	**117.03**	**100.93**	**116.40**	**101.26**	**122.87**
北　京 Beijing	101.47	105.15	99.15	105.24		
天　津 Tianjin	99.08	113.50	100.39	100.68		
河　北 Hebei	93.99	117.71	100.74	103.12	96.70	128.12
山　西 Shanxi	100.54	108.37				
内蒙古 Inner Mongolia	97.93	118.42	94.39	118.72	99.52	126.73
辽　宁 Liaoning	88.45	120.97	89.39	116.52	89.38	124.01
吉　林 Jilin	98.22	111.05	97.86	111.62	98.76	121.81
黑龙江 Heilongjiang	91.75	114.57	99.00	115.47	110.16	142.26
上　海 Shanghai		103.33		100.00		
江　苏 Jiangsu	101.34	118.06	99.46	120.83	104.69	114.64
浙　江 Zhejiang	96.88	130.89	124.52	114.12	108.84	112.94
安　徽 Anhui	98.25	112.02	97.42	112.32	85.16	114.98
福　建 Fujian	99.44	110.94	99.01	110.68	102.21	111.13
江　西 Jiangxi	103.34	114.17	106.20	113.02	99.47	107.39
山　东 Shandong	99.77	115.94	100.51	122.63	100.00	107.47
河　南 Henan	103.15	111.51	97.15	109.29	98.95	111.74
湖　北 Hubei	100.38	114.21	97.50	115.41	100.00	
湖　南 Hunan	101.19	124.61	102.77	122.81	105.63	127.78
广　东 Guangdong	96.69	112.48	100.42	114.17	104.64	106.38
广　西 Guangxi	100.92	117.21	110.29	116.27	107.12	115.81
海　南 Hainan	91.00	115.09	95.81	110.44	103.64	107.80
重　庆 Chongqing	101.42	117.61	99.05	114.83	100.90	117.32
四　川 Sichuan	102.14	118.74	101.82	119.28	98.83	117.75
贵　州 Guizhou	99.81	111.30	101.64	111.90	100.60	110.06
云　南 Yunnan	102.47	115.56	106.84	116.47	100.23	102.39
西　藏 Tibet						
陕　西 Shaanxi	96.68	116.01	107.25	100.00		
甘　肃 Gansu	100.24	111.26				
青　海 Qinghai	104.38	111.59				
宁　夏 Ningxia	102.43	119.47				
新　疆 Xinjiang	98.54	115.56	97.43		102.35	118.08

1—18 续表 5 continued 5

地区 Region	畜产品 Livestock products					
	鸡蛋 Chicken's eggs		鸭蛋 Duck 's eggs		鹅蛋 Goose' s eggs	
	2006	2007	2006	2007	2006	2007
全　国 National Total	**95.32**	**116.09**	**99.92**	**113.70**	**101.74**	**111.55**
北　京 Beijing	94.64	116.15				
天　津 Tianjin	98.72	113.90				
河　北 Hebei	92.62	123.19	90.23		96.77	111.66
山　西 Shanxi	99.32	113.02				
内蒙古 Inner Mongolia	93.02	123.61	95.51	118.79	98.39	122.43
辽　宁 Liaoning	94.30	132.81	93.05	112.34	90.00	128.40
吉　林 Jilin	97.17	116.57	100.79	109.23	102.44	110.57
黑龙江 Heilongjiang	104.39	120.97	93.14	114.19	104.31	103.49
上　海 Shanghai	94.29	121.31				
江　苏 Jiangsu	99.42	113.56	102.13	114.88	100.00	100.00
浙　江 Zhejiang	107.05	110.72	89.95	113.63		
安　徽 Anhui	95.03	117.90	92.41	115.47		
福　建 Fujian	102.28	114.17	96.60	123.11		
江　西 Jiangxi	109.07	114.53	103.79	121.53		
山　东 Shandong	97.33	115.95	98.38	112.84	107.22	
河　南 Henan	97.98	117.90	92.55	112.19	83.95	107.95
湖　北 Hubei	95.84	113.82	90.12	116.88		
湖　南 Hunan	99.34	121.76	95.92	114.95		
广　东 Guangdong	103.01	109.26	107.30	110.47		
广　西 Guangxi	103.70	119.63	107.75	119.65	100.00	
海　南 Hainan	100.09	109.04	95.26	106.84		
重　庆 Chongqing	98.69	109.33	99.09	109.54	100.00	118.78
四　川 Sichuan	101.72	113.80	103.35	110.95	105.94	110.03
贵　州 Guizhou	98.82	110.18	98.17	110.86	99.44	107.69
云　南 Yunnan	101.95	110.84	103.25	96.30	102.33	121.70
西　藏 Tibet						
陕　西 Shaanxi	96.67	116.66	121.08	119.64		
甘　肃 Gansu	99.75	108.37				
青　海 Qinghai	91.03	123.97				
宁　夏 Ningxia	92.47	123.61				
新　疆 Xinjiang	98.27	111.31	119.67	120.38	109.37	110.68

1—18 续表 6 continued 6

地区 Region	畜产品 Livestock products			
	牛奶 Cow milk		羊奶 Sheep milk	
	2006	2007	2006	2007
全国 National Total	**102.90**	**106.23**	**105.12**	**105.68**
北京 Beijing	103.52	105.32		
天津 Tianjin	99.44	98.49		
河北 Hebei	102.75	107.31		
山西 Shanxi	111.11	100.21		
内蒙古 Inner Mongolia	100.63	102.88		
辽宁 Liaoning	93.70	101.56	98.53	119.75
吉林 Jilin	100.94	118.92		
黑龙江 Heilongjiang	102.19	111.62		
上海 Shanghai	99.89	109.32		
江苏 Jiangsu	102.90	103.18	100.00	100.00
浙江 Zhejiang	88.34	102.84		
安徽 Anhui	100.85	104.05		
福建 Fujian	100.02	98.79	106.77	101.70
江西 Jiangxi				
山东 Shandong	98.75	102.45	106.64	98.53
河南 Henan	100.00	112.77		
湖北 Hubei				
湖南 Hunan	107.69			
广东 Guangdong	100.00	102.51	100.94	105.43
广西 Guangxi				
海南 Hainan				
重庆 Chongqing				
四川 Sichuan	100.14	100.82	100.00	
贵州 Guizhou	94.39	100.00		
云南 Yunnan	102.91	104.86		
西藏 Tibet				
陕西 Shaanxi	101.54	113.46	105.34	106.52
甘肃 Gansu	102.30	101.72	100.00	
青海 Qinghai	101.19	104.39		
宁夏 Ningxia	103.02	111.99		
新疆 Xinjiang	102.49	115.29		

1—18 续表 7 continued 7

地　区 Region	畜产品 Livestock products			
	山羊毛 Goat's wool		绵羊毛 Sheep's wool	
	2006	2007	2006	2007
全　国 National Total	**101.51**	**111.50**	**99.04**	**112.19**
北　京 Beijing	150.00	88.89		
天　津 Tianjin				
河　北 Hebei	98.94	123.05	99.77	102.11
山　西 Shanxi	103.83	120.00	115.47	108.14
内蒙古 Inner Mongolia	133.23	108.85	99.13	124.95
辽　宁 Liaoning	93.00	100.98		
吉　林 Jilin	104.00		97.29	120.66
黑龙江 Heilongjiang			114.76	223.35
上　海 Shanghai				
江　苏 Jiangsu			100.00	100.00
浙　江 Zhejiang			63.12	86.44
安　徽 Anhui				
福　建 Fujian				
江　西 Jiangxi				
山　东 Shandong	107.33	123.52	47.96	
河　南 Henan	100.95			
湖　北 Hubei				
湖　南 Hunan				
广　东 Guangdong				
广　西 Guangxi				
海　南 Hainan				
重　庆 Chongqing				
四　川 Sichuan	100.00	100.00	104.90	100.00
贵　州 Guizhou				
云　南 Yunnan				
西　藏 Tibet				
陕　西 Shaanxi	89.49	110.27	99.16	127.48
甘　肃 Gansu	100.90	101.67	109.21	123.40
青　海 Qinghai	100.00	99.20	99.25	111.36
宁　夏 Ningxia		166.67	106.69	99.55
新　疆 Xinjiang	81.65	91.74	96.03	116.01

1—18 续表 8　　continued 8

地　区 Region	畜产品 Livestock products			
	山羊绒 Cashmere		绵羊绒 Sheep's down	
	2006	2007	2006	2007
全　国 National Total	**107.27**	**104.72**	**116.42**	**103.44**
北　京 Beijing	107.69	100.00		
天　津 Tianjin				
河　北 Hebei	115.56	107.66		
山　西 Shanxi	103.65	103.89		103.97
内蒙古 Inner Mongolia	109.82	106.39		
辽　宁 Liaoning	102.34	109.91	141.78	
吉　林 Jilin	101.75	94.68		106.67
黑龙江 Heilongjiang	111.11			
上　海 Shanghai				
江　苏 Jiangsu				
浙　江 Zhejiang				
安　徽 Anhui				
福　建 Fujian				
江　西 Jiangxi				
山　东 Shandong	100.00	105.61		
河　南 Henan				
湖　北 Hubei				
湖　南 Hunan				
广　东 Guangdong				
广　西 Guangxi				
海　南 Hainan				
重　庆 Chongqing				
四　川 Sichuan	100.00	101.24	97.06	100.00
贵　州 Guizhou				
云　南 Yunnan				
西　藏 Tibet				
陕　西 Shaanxi	102.96	104.30		
甘　肃 Gansu	116.23	118.48		100.00
青　海 Qinghai	106.80	100.00		
宁　夏 Ningxia	112.77	109.63		
新　疆 Xinjiang	105.44	102.48		101.35

1—19 各地区渔业产品生产价格指数(2007)
Indices of Producer Prices of Fishery Products by Region(2007)

(上年=100) (preceding year=100)

地区 Region	渔业产品 Fishery products		渔业产品 Fishery products 海水产品 Seawater aquatic products		内陆水域水产品 Aquatic products in inland water areas	
	2006	2007	2006	2007	2006	2007
全国 National Total	**103.93**	**108.05**	**107.62**	**110.06**	**100.48**	**106.80**
北京 Beijing	100.48	107.11			100.48	107.11
天津 Tianjin	102.68	99.25		90.00	102.68	99.45
河北 Hebei	97.73	111.98	97.34	114.15	98.48	107.75
山西 Shanxi	96.38	116.53			96.38	116.53
内蒙古 Inner Mongolia	102.49	101.84			102.49	101.84
辽宁 Liaoning	104.06	105.52	101.16	105.36	109.69	105.85
吉林 Jilin	99.27	102.20			99.27	102.20
黑龙江 Heilongjiang	101.18	112.78			101.18	112.78
上海 Shanghai	107.47	102.60	114.35	109.88	97.14	99.28
江苏 Jiangsu	103.60	102.51	108.93	101.83	100.36	102.49
浙江 Zhejiang	103.08	103.09	100.68	99.65	106.68	108.27
安徽 Anhui	108.41	104.46			108.41	104.46
福建 Fujian	103.30	108.75	105.42	111.28	96.81	101.86
江西 Jiangxi	101.45	102.02			101.45	102.02
山东 Shandong	111.62	105.99	113.49	105.51	103.23	108.10
河南 Henan	104.65	109.26			104.65	109.26
湖北 Hubei	102.44	103.53			102.44	103.53
湖南 Hunan	100.92	107.10			100.92	107.10
广东 Guangdong	98.66	104.17	104.12	100.39	97.07	104.80
广西 Guangxi	101.12	107.90	106.48	104.24	99.50	109.01
海南 Hainan	103.33	103.49	103.43	103.80	102.49	101.06
重庆 Chongqing	101.73	105.87			101.73	105.87
四川 Sichuan	102.06	106.69			102.06	106.69
贵州 Guizhou	110.16	114.29			110.16	114.29
云南 Yunnan	93.95	113.02			93.95	113.02
西藏 Tibet						
陕西 Shaanxi	90.67	123.46			90.67	123.46
甘肃 Gansu	101.23	104.94			101.23	104.94
青海 Qinghai						
宁夏 Ningxia	96.64	111.65			96.64	111.65
新疆 Xinjiang	101.22	105.09			101.22	105.09

1—19 续表 1

continued 1

地　　区 Region	海水产品 Seawater aquatic products		海水产品 Seawater aquatic products 鱼类 Seawater fish	
	2006	2007	2006	2007
全　　国 National Total	**107.62**	**110.06**	**109.65**	**110.13**
天　　津 Tianjin		90.00		
河　　北 Hebei	97.34	114.15		
辽　　宁 Liaoning	101.16	105.36	95.78	112.45
上　　海 Shanghai	114.35	109.88	116.67	114.29
江　　苏 Jiangsu	108.93	101.83	107.48	101.83
浙　　江 Zhejiang	100.68	99.65	100.11	99.92
福　　建 Fujian	105.42	111.28	105.06	108.93
山　　东 Shandong	113.49	105.51	115.53	106.81
广　　东 Guangdong	104.12	100.39	103.62	101.10
广　　西 Guangxi	106.48	104.24	108.24	110.49
海　　南 Hainan	103.43	103.80	103.93	104.50

1—19 续表 2

continued 2

地　　区 Region	海水产品 Seawater aquatic products			
	贝类 Seawater shellfish		藻类 Seaweeds	
	2006	2007	2006	2007
全　　国 National Total	**109.22**	**105.55**	**105.67**	**131.45**
天　　津 Tianjin				
河　　北 Hebei	91.62	112.75		
辽　　宁 Liaoning	122.48	104.74		
上　　海 Shanghai				
江　　苏 Jiangsu	110.06	104.41	100.00	100.00
浙　　江 Zhejiang	97.44	103.91		111.69
福　　建 Fujian	106.02	109.32	102.55	121.30
山　　东 Shandong	116.81	102.36		
广　　东 Guangdong	100.15	101.49		
广　　西 Guangxi	99.97	106.59		
海　　南 Hainan	103.13		116.76	119.36

1—19 续表 3 continued 3

地 区 Region	海水产品 Seawater aquatic products			
	大黄鱼 Large yellow croaker		带鱼 Hairtail	
	2006	2007	2006	2007
全 国 National Total	**114.96**	**111.13**	**110.12**	**111.32**
天 津 Tianjin				
河 北 Hebei				
辽 宁 Liaoning				
上 海 Shanghai			116.67	
江 苏 Jiangsu	102.36	99.35	114.98	99.31
浙 江 Zhejiang				
福 建 Fujian	102.78	112.16	112.50	103.59
山 东 Shandong	104.86	108.54	119.61	111.38
广 东 Guangdong			101.16	105.16
广 西 Guangxi				
海 南 Hainan	124.46		106.04	105.53

1—19 续表 4 continued 4

地 区 Region	海水产品 Seawater aquatic products					
	对虾 Prawn		毛虾 Shrimp		梭子蟹 Swimming crab	
	2006	2007	2006	2007	2006	2007
全 国 National Total	**105.94**	**104.71**	**105.25**	**109.16**	**108.74**	**110.88**
天 津 Tianjin						90.00
河 北 Hebei	102.71	116.62				
辽 宁 Liaoning	109.59	99.63			119.86	103.88
上 海 Shanghai	116.96	100.00			107.00	108.66
江 苏 Jiangsu	107.64	100.00	109.25	94.35	102.73	100.22
浙 江 Zhejiang	100.01					
福 建 Fujian	103.76	106.81	106.17	110.73	107.13	125.99
山 东 Shandong	100.00	110.04	114.87	106.52	101.23	114.12
广 东 Guangdong	106.39	88.22	100.52	102.20		
广 西 Guangxi	109.30	100.55			118.21	110.44
海 南 Hainan	98.81	99.61			113.50	100.00

1—19 续表 5 continued 5

地　区 Region	内陆水域水产品 Aquatic products in inland water areas		淡水产品 Aquatic products in inland water areas			
			淡水鱼类 Freshwater fish		淡水虾蟹类 Freshwater shrimps and crabs	
	2006	2007	2006	2007	2006	2007
全　国 National Total	**100.48**	**106.80**	**99.94**	**106.75**	**111.83**	**108.08**
北　京 Beijing	100.48	107.11	99.49	107.92		
天　津 Tianjin	102.68	99.45	102.76	99.52	99.81	99.31
河　北 Hebei	98.48	107.75	98.48	107.75		
山　西 Shanxi	96.38	116.53	96.38	116.53		
内蒙古 Inner Mongolia	102.49	101.84	102.49	101.84		
辽　宁 Liaoning	109.69	105.85	109.69	105.85		
吉　林 Jilin	99.27	102.20	99.23	102.20		
黑龙江 Heilongjiang	101.18	112.78	101.18	112.78		
上　海 Shanghai	97.14	99.28	97.31	98.82	95.56	96.98
江　苏 Jiangsu	100.36	102.49	100.87	102.04	99.03	102.99
浙　江 Zhejiang	106.68	108.27	103.20	104.27	109.75	113.36
安　徽 Anhui	108.41	104.46	105.52	104.14	120.73	106.08
福　建 Fujian	96.81	101.86	97.09	99.99	91.25	120.00
江　西 Jiangxi	101.45	102.02	101.45	102.02		
山　东 Shandong	103.23	108.10	103.23	108.10		
河　南 Henan	104.65	109.26	104.65	109.26		
湖　北 Hubei	102.44	103.53	101.73	103.44	120.90	106.15
湖　南 Hunan	100.92	107.10	97.99	105.49	117.68	
广　东 Guangdong	97.07	104.80	96.63	105.32	103.13	97.86
广　西 Guangxi	99.50	109.01	99.50	109.01		
海　南 Hainan	102.49	101.06	102.24	100.68	102.09	104.71
重　庆 Chongqing	101.73	105.87	101.73	105.87		
四　川 Sichuan	102.06	106.69	101.84	106.50	101.52	103.41
贵　州 Guizhou	110.16	114.29	110.16	114.29		
云　南 Yunnan	93.95	113.02	93.45	112.94	100.00	114.59
西　藏 Tibet						
陕　西 Shaanxi	90.67	123.46	90.67	123.46		
甘　肃 Gansu	101.23	104.94	101.23	104.94		
青　海 Qinghai						
宁　夏 Ningxia	96.64	111.65	96.64	111.65		
新　疆 Xinjiang	101.22	105.09	101.22	105.09		

1—19 续表 6 continued 6

地　　区 Region	淡水鱼类 Freshwater fish			
	青鱼 Black carp		草鱼 Grass carp	
	2006	2007	2006	2007
全　　国 National Total	**101.87**	**116.16**	**99.95**	**105.64**
北　　京 Beijing		127.27	96.20	104.51
天　　津 Tianjin			101.43	88.73
河　　北 Hebei			95.72	108.09
山　　西 Shanxi				
内 蒙 古 Inner Mongolia			99.45	103.24
辽　　宁 Liaoning			112.72	103.12
吉　　林 Jilin			100.18	107.69
黑 龙 江 Heilongjiang			100.00	
上　　海 Shanghai	96.30	113.38	97.72	98.39
江　　苏 Jiangsu	102.38	98.93	102.44	102.84
浙　　江 Zhejiang	104.60	98.14	93.57	108.40
安　　徽 Anhui	111.09	105.30	103.10	102.08
福　　建 Fujian	105.49	177.78	102.68	105.96
江　　西 Jiangxi	114.29		102.04	105.37
山　　东 Shandong	102.31		105.33	104.65
河　　南 Henan	100.00			105.11
湖　　北 Hubei	106.76	107.74	100.39	102.17
湖　　南 Hunan	101.58	115.67	100.39	105.31
广　　东 Guangdong			94.08	109.31
广　　西 Guangxi			101.74	106.22
海　　南 Hainan	101.25	117.39	103.16	101.87
重　　庆 Chongqing	99.77		101.83	103.86
四　　川 Sichuan			101.38	97.78
贵　　州 Guizhou			107.70	111.81
云　　南 Yunnan			93.71	115.17
西　　藏 Tibet				
陕　　西 Shaanxi			103.80	114.48
甘　　肃 Gansu				
青　　海 Qinghai				
宁　　夏 Ningxia			95.33	105.72
新　　疆 Xinjiang		100.00	98.67	105.21

1—19 续表 7 continued 7

地　　区 Region	淡水鱼类 Freshwater fish			
	鲤鱼 Carp		鲢鱼 Silver carp	
	2006	2007	2006	2007
全　　国 National Total	**99.29**	**109.57**	**100.03**	**106.87**
北　　京 Beijing	100.69	113.32	98.25	111.39
天　　津 Tianjin	102.68	102.11	100.32	98.61
河　　北 Hebei	97.61	107.56	99.73	113.09
山　　西 Shanxi	121.32	150.81	116.71	114.25
内 蒙 古 Inner Mongolia	101.50	99.31	103.29	105.50
辽　　宁 Liaoning		108.62	106.66	108.58
吉　　林 Jilin	101.00	104.75	96.35	94.03
黑 龙 江 Heilongjiang	105.08	112.78	85.78	
上　　海 Shanghai			102.03	89.70
江　　苏 Jiangsu	99.71	111.87	99.21	99.16
浙　　江 Zhejiang	83.69	102.63	106.42	101.66
安　　徽 Anhui	103.75	109.89	105.78	101.56
福　　建 Fujian	100.64	108.61	96.39	104.68
江　　西 Jiangxi	100.88	95.97	95.04	102.50
山　　东 Shandong	103.22	107.33	99.39	114.59
河　　南 Henan	92.64	113.60	117.87	104.48
湖　　北 Hubei	92.50	105.10	102.70	104.80
湖　　南 Hunan	96.13	104.47	95.47	103.94
广　　东 Guangdong	99.26	105.85	97.24	106.16
广　　西 Guangxi	93.63	105.69	99.64	109.43
海　　南 Hainan	102.28	103.66	101.83	104.90
重　　庆 Chongqing	103.97	105.22	100.62	106.26
四　　川 Sichuan	101.88	111.38	102.83	109.18
贵　　州 Guizhou	110.51	114.39	106.67	
云　　南 Yunnan	87.63	107.62	92.72	114.17
西　　藏 Tibet				
陕　　西 Shaanxi	86.84	130.82	96.83	103.75
甘　　肃 Gansu	100.32	105.43		
青　　海 Qinghai				
宁　　夏 Ningxia	95.47	116.63	102.28	109.89
新　　疆 Xinjiang	101.89	107.89	107.11	98.42

1—19 续表 8 continued 8

地 区 Region	淡水鱼类 Freshwater fish					
	鲫鱼 Crucian carp		罗非鱼 Tilapia		鲶鱼 Oriental sheatfish	
	2006	2007	2006	2007	2006	2007
全 国 National Total	**99.58**	**103.54**	**102.08**	**103.78**	**98.95**	**109.12**
北 京 Beijing	100.00	105.41	98.35	108.08		
天 津 Tianjin	102.99	100.74				
河 北 Hebei	101.54	102.82		109.28		
山 西 Shanxi			93.67	112.81		
内蒙古 Inner Mongolia	112.38	102.74	102.13	100.00		
辽 宁 Liaoning						
吉 林 Jilin	95.58	98.77			95.45	100.97
黑龙江 Heilongjiang	100.00					
上 海 Shanghai	89.70	89.16				
江 苏 Jiangsu	100.54	101.30	100.00	100.00	100.00	100.00
浙 江 Zhejiang	107.18	104.51				
安 徽 Anhui	105.81	103.65			103.90	99.99
福 建 Fujian	104.51	101.23	97.64	103.59		
江 西 Jiangxi	109.39	104.37			99.15	108.11
山 东 Shandong	101.13	102.64	114.29			137.51
河 南 Henan						
湖 北 Hubei	100.05	102.97			93.33	102.27
湖 南 Hunan	91.85	107.15	109.58		115.97	
广 东 Guangdong	97.89	104.28	101.45	100.27	100.00	
广 西 Guangxi	99.90		100.75	101.89	98.65	103.18
海 南 Hainan	104.74	104.69	101.03	108.93		
重 庆 Chongqing	101.61	107.83	99.35	105.84	90.91	
四 川 Sichuan	100.72	109.05		100.00	93.92	
贵 州 Guizhou	99.45					
云 南 Yunnan	91.03	122.31	93.33	103.82		
西 藏 Tibet						
陕 西 Shaanxi						120.00
甘 肃 Gansu						
青 海 Qinghai						
宁 夏 Ningxia		103.57				
新 疆 Xinjiang	108.69	126.25	103.44	100.48		

2

农产品集贸市场价格

Prices of Agricultural Products at the Rural Market Fairs

2—1 全国农产品集贸市场年度价格及走势
Annual RMF Prices of the Agricultural Products

品 种	Categories	2000	2001	2003	2005	2006	2007
一、价格	Price						
（元/公斤）	（yuan/ kg）						
籼 稻	Long grained nonglutinous rice	1.01	1.05	1.08	1.50	1.51	1.69
优质籼稻	High quality long grained nonglutinous rice	1.18	1.24	1.25	1.72	1.75	1.92
粳 稻	Round-grained rice	1.27	1.31	1.20	1.78	1.83	1.94
小 麦	Wheat	1.02	1.09	1.14	1.51	1.47	1.60
玉 米	Corn	0.88	1.08	1.14	1.30	1.36	1.57
大 豆	Soybeans	2.53	2.43	2.96	3.59	3.48	4.09
籼 米	Polished long-grained nonglutinous rice			1.79	2.51	2.55	2.78
优质籼米	High quality polished long-grained nonglutinous rice			2.10	2.95	3.03	3.29
粳 米	Polished round-grained rice			2.02	2.94	3.06	3.23
面 粉	Wheat flour			1.82	2.36	2.36	2.58
二、价格变动	Index						
（上年=100）	（preceding year=100）						
籼 稻	Long grained-nonglutinous rice	82.44	104.70	103.63	99.48	100.50	111.25
优质籼稻	High quality long-grained nonglutinous rice		105.10	107.46	99.61	101.77	109.29
粳 稻	Round-grained rice	91.39	102.89	104.06	103.80	102.92	104.82
小 麦	Wheat	82.02	107.09	107.64	99.55	97.73	108.68
玉 米	Corn	81.99	122.78	111.31	93.30	104.56	115.61
大 豆	Soybeans	93.23	96.36	124.51	92.61	97.00	117.16
籼 米	Polished long-grained nonglutinous rice			110.56	101.00	101.77	109.16
优质籼米	High quality polished long-grained nonglutinous rice			110.41	102.66	102.83	108.80
粳 米	Polished round-grained rice			105.03	103.46	104.24	105.62
面 粉	Wheat flour			106.20	100.20	100.22	109.02

NOTE：RMF refers to the selected Rural Market Faires.

2—1 续表 1 continued 1

品　种	Categories	2000	2001	2003	2005	2006	2007
一、价格	Price						
(元/公斤)	(yuan/ kg)						
棉花(籽棉)	Cotton (unginned cotton)	3.33	3.55	4.80	5.09	5.53	6.23
花生仁	Peanut kernel			5.60	6.59	6.84	8.40
油菜籽	Rapeseeds			2.40	2.67	2.65	3.66
花生油	Peanut oil	8.49	8.04	9.43	10.80	10.81	13.56
菜籽油	Rape oil	6.73	5.98	6.85	7.43	7.20	9.77
豆 油	Soybean oil	6.37	5.50	6.74	6.93	6.79	8.81
烤 烟	Flue-cured tobacco			8.54	12.19	12.20	13.24
大白菜	Chinese cabbage			1.01	1.19	1.31	1.38
黄 瓜	Cucumber			2.07	2.31	2.53	2.48
西红柿	Tomato			2.21	2.39	2.73	2.82
菜 椒	Green bell			2.62	2.88	3.12	3.60
四季豆	Kidney Beans			2.69	3.10	3.38	3.60
红富士苹果	Hongfushi Apple			3.35	3.49	4.72	4.64
香 蕉	Banana			3.11	3.29	3.62	3.56
橙 子	Orange			3.41	3.27	4.15	4.18
二、价格变动	Index						
(上年=100)	(preceding year=100)						
棉花(籽棉)	Cotton (unginned cotton)		106.65	143.16	91.02	108.47	116.03
花生仁	Peanut kernel			129.60	97.66	103.78	121.64
油菜籽	Rapeseeds			125.07	93.57	99.17	136.09
花生油	Peanut oil		94.69	119.78	96.86	100.16	125.43
菜籽油	Rape oil		88.95	118.43	92.90	96.87	135.80
豆 油	Soybean oil		86.43	122.53	89.78	98.10	129.73
烤 烟	Flue-cured tobacco			110.97	121.01	100.06	108.17
大白菜	Chinese cabbage			134.02	119.40	109.74	112.05
黄 瓜	Cucumber			114.14	113.82	109.64	113.85
西红柿	Tomato			117.08	109.75	113.82	111.55
菜 椒	Green bell			118.89	110.84	108.32	121.03
四季豆	Kidney Beans			108.47	110.78	108.92	118.39
红富士苹果	Hongfushi Apple			114.22	100.52	135.21	106.64
香 蕉	Banana			107.03	94.16	110.04	101.02
橙 子	Orange			118.58	92.02	126.93	97.74

2—1 续表 2　　continued 2

品　种	Categories	2000	2001	2003	2005	2006	2007
一、价格	Price						
(元/公斤)	(yuan/ kg)						
草鱼	Grass carp	7.25	7.24	7.24	9.43	9.17	9.60
鲤鱼	Carp	7.73	7.52	7.01	8.67	8.22	9.10
鲢鱼	Silver carp			5.70	7.36	7.12	7.50
带鱼	Hairtail			9.33	10.50	10.66	11.09
活猪	Hog	5.51	5.80	6.12	8.05	7.21	11.46
仔猪	Piglet	7.16	7.64	7.91	12.35	8.93	16.84
猪肉	Pork	9.68	10.18	10.70	13.39	12.30	18.93
牛肉	Beef	12.53	12.86	14.99	17.35	18.16	22.08
羊肉	Mutton	14.55	14.58	16.16	18.17	19.15	24.26
活鸡	Live chicken			8.80	10.46	9.93	12.68
鸡蛋	Eggs	4.98	5.20	5.37	6.61	6.26	7.80
二、价格变动	Index						
(上年=100)	(preceding year=100)						
草鱼	Grass carp		99.83	102.06	103.60	97.23	104.77
鲤鱼	Carp		97.31	102.48	97.44	94.82	110.53
鲢鱼	Silver carp			99.85	104.71	96.79	105.17
带鱼	Hairtail			104.26	103.67	101.55	104.40
活猪	Hog		105.31	109.90	95.36	89.67	160.19
仔猪	Piglet		106.81	107.23	101.68	72.35	188.49
猪肉	Pork		105.27	108.54	95.85	91.88	153.89
牛肉	Beef		102.62	109.74	107.06	104.65	121.61
羊肉	Mutton		100.14	106.61	107.04	105.39	126.66
活鸡	Live chicken			104.90	103.65	94.95	128.24
鸡蛋	Eggs		104.27	98.89	103.26	94.76	124.59

2－2 全国农产品集贸市场季度价格及走势

Quarterly RMF Prices of the Agricultural Products

（第一季度） (1st quarter)

品 种	Categories	2000	2001	2003	2005	2006	2007
一、价格	Price						
（元/公斤）	(yuan/ kg)						
籼 稻	Long-grained nonglutinous rice	1.06	1.01	1.05	1.56	1.48	1.61
优质籼稻	High quality long-grained nonglutinous rice	1.22	1.21	1.22	1.77	1.70	1.84
粳 稻	Round-grained rice	1.31	1.28	1.14	1.76	1.81	1.89
小 麦	Wheat	1.09	1.06	1.12	1.57	1.46	1.58
玉 米	Corn	0.85	1.01	1.06	1.31	1.28	1.49
大 豆	Soybeans	2.43	2.47	2.74	3.72	3.48	3.57
籼 米	Polished long-grained nonglutinous rice			1.73	2.55	2.51	2.71
优质籼米	High quality polished long-grained nonglutinous rice	2.04	2.99	2.96	3.21		
粳 米	Polished round-grained rice			1.96	2.93	3.02	3.20
面 粉	Wheat flour			1.78	2.40	2.35	2.52
棉 花	Cotton (unginned cotton)	2.96	3.72	4.22	4.77	5.59	5.67
花生仁	Peanut kernel			5.11	6.68	6.58	7.42
油菜籽	Rapeseeds			2.22	2.85	2.62	2.96
花生油	Peanut oil	8.70	8.19	8.85	11.07	10.62	12.10
菜籽油	Rape oil	7.31	6.17	6.41	7.75	7.12	8.65
豆 油	Soybean oil	6.80	5.61	6.31	7.19	6.71	7.92
烤 烟	Flue-cured tobacco			8.19	11.70	12.42	12.52
活 猪	Hog	5.48	5.90	5.77	8.77	7.26	8.97
仔 猪	Piglet	6.60	7.79	7.54	13.53	9.64	11.32
猪 肉	Pork	9.48	10.37	10.05	14.23	12.34	14.88
牛 肉	Beef	12.32	13.02	14.82	17.36	18.15	19.77
羊 肉	Mutton	14.72	14.80	16.32	18.65	19.24	21.86
活 鸡	Live chicken			8.79	10.83	9.50	11.75
鸡 蛋	Eggs	4.96	5.01	5.28	6.71	5.94	7.37
草 鱼	Grass carp	6.93	7.22	7.14	9.56	9.17	9.33
鲤 鱼	Carp	7.31	7.69	6.86	8.99	8.19	8.45
鲢 鱼	Silver carp			5.51	7.35	7.16	7.14
带 鱼	Hairtail			9.47	10.44	10.69	10.86
大白菜	Chinese cabbage			0.95	0.89	1.28	1.01
黄 瓜	Cucumber			3.06	3.21	3.69	3.52
西红柿	Tomato			2.89	2.73	3.74	3.36
菜 椒	Green bell			3.61	3.53	4.45	4.15
四季豆	Kidney Beans			3.81	3.90	4.42	4.56
红富士苹果	Hongfushi Apple			3.13	3.29	4.07	4.34
香 蕉	Banana			3.13	3.31	3.63	3.81
橙 子	Orange			3.17	3.22	3.75	4.18

2－2 续表 continued

品 种	Categories	2000	2001	2003	2005	2006	2007
二、价格变动	Index						
（上季度＝100）	（preceding quarter＝100）						
籼 稻	Long-grained nonglutinous rice	98.32	101.77	102.49	100.88	95.30	108.79
优质籼稻	High quality long-grained nonglutinous rice		102.38	106.84	100.88	96.54	108.09
粳 稻	Round-grained rice	103.06	100.03	102.35	100.70	102.70	104.16
小 麦	Wheat	96.34	103.48	107.17	100.20	93.13	107.89
玉 米	Corn	89.59	108.82	106.54	95.28	97.68	116.13
大 豆	Soybeans	95.28	100.43	111.24	97.29	93.67	102.39
籼 米	Polished long-grained nonglutinous rice			106.45	100.84	98.56	107.82
优质籼米	High quality polished long-grained nonglutinous rice			106.38	101.75	99.06	108.24
粳 米	Polished round-grained rice			102.58	100.30	103.18	106.01
面 粉	Wheat flour			105.18	99.54	97.98	107.36
棉 花	Cotton (unginned cotton)		104.47	104.14	100.08	117.14	101.31
花生仁	Peanut kernel			113.29	98.55	98.46	112.80
油菜籽	Rapeseeds			110.84	98.94	92.11	112.69
花生油	Peanut oil		99.18	109.78	99.51	95.95	113.90
菜籽油	Rape oil		96.98	103.80	99.40	91.87	121.41
豆 油	Soybean oil		94.37	106.76	97.57	93.21	118.04
烤 烟	Flue-cured tobacco			114.16	105.86	106.16	100.81
活 猪	Hog		102.12	101.21	97.50	82.76	123.57
仔 猪	Piglet		103.68	103.01	97.62	71.28	117.44
猪 肉	Pork		101.28	100.48	96.83	86.71	120.58
牛 肉	Beef		102.50	103.60	104.78	104.56	108.91
羊 肉	Mutton		101.85	105.65	108.01	103.16	113.59
活 鸡	Live chicken			105.49	102.08	87.70	123.73
鸡 蛋	Eggs		98.33	97.51	99.21	88.59	124.00
草 鱼	Grass carp		99.16	102.94	104.30	95.95	101.72
鲤 鱼	Carp		101.56	101.78	103.68	91.19	103.15
鲢 鱼	Silver carp			97.35	104.35	97.49	99.74
带 鱼	Hairtail			106.00	101.42	102.43	101.53
大白菜	Chinese cabbage			136.19	117.38	144.02	79.35
黄 瓜	Cucumber			146.48	157.18	115.19	95.45
西红柿	Tomato			146.34	130.75	137.11	89.75
菜 椒	Green bell			167.37	146.64	126.28	93.23
四季豆	Kidney Beans			156.22	150.05	113.31	103.34
红富士苹果	Hongfushi Apple			112.00	101.95	123.63	106.60
香 蕉	Banana			115.06	103.70	109.54	105.06
橙 子	Orange			114.18	94.23	116.62	111.36

2—3 全国农产品集贸市场季度价格及走势
Quarterly RMF Prices of the Agricultural Products

（第二季度） (2nd quarter)

品 种	Categories	2000	2001	2003	2005	2006	2007
一、价格	Price						
（元/公斤）	(yuan/ kg)						
籼 稻	Long-grained nonglutinous rice	1.01	1.06	1.05	1.53	1.50	1.63
优质籼稻	High quality long-grained nonglutinous rice	1.19	1.26	1.21	1.75	1.74	1.86
粳 稻	Round-grained rice	1.23	1.32	1.16	1.80	1.82	1.90
小 麦	Wheat	1.01	1.10	1.10	1.54	1.46	1.55
玉 米	Corn	0.84	1.10	1.13	1.32	1.35	1.54
大 豆	Soybeans	2.61	2.47	2.89	3.64	3.48	3.65
籼 米	Polished long-grained nonglutinous rice			1.74	2.54	2.52	2.73
优质籼米	High quality polished long-grained nonglutinous rice			2.05	2.97	2.99	3.23
粳 米	Polished round-grained rice			1.97	2.93	3.02	3.18
面 粉	Wheat flour			1.76	2.37	2.34	2.52
棉 花	Cotton (unginned cotton)	3.37	3.80	4.39	4.89	5.59	5.73
花生仁	Peanut kernel			5.52	6.59	6.71	7.78
油菜籽	Rapeseeds			2.22	2.73	2.61	3.14
花生油	Peanut oil	8.53	8.15	9.10	10.78	10.60	12.82
菜籽油	Rape oil	6.80	6.05	6.59	7.56	6.97	8.97
豆 油	Soybean oil	6.55	5.62	6.52	6.98	6.62	8.20
烤 烟	Flue-cured tobacco			8.62	11.88	11.95	12.75
活 猪	Hog	5.27	5.65	5.57	8.28	6.34	9.97
仔 猪	Piglet	7.08	7.82	7.35	13.53	8.04	13.77
猪 肉	Pork	9.22	9.92	9.84	13.60	11.09	16.24
牛 肉	Beef	12.51	12.69	14.65	17.18	17.79	20.45
羊 肉	Mutton	14.45	14.45	15.86	17.92	18.57	22.41
活 鸡	Live chicken			8.36	10.74	9.36	12.08
鸡 蛋	Eggs	4.82	5.02	5.00	6.53	5.66	7.60
草 鱼	Grass carp	7.35	7.26	7.19	9.57	9.04	9.55
鲤 鱼	Carp	8.06	7.68	6.90	8.75	8.05	8.95
鲢 鱼	Silver carp			5.64	7.44	7.09	7.39
带 鱼	Hairtail			9.29	10.44	10.53	10.97
大白菜	Chinese cabbage			1.05	1.27	1.43	1.42
黄 瓜	Cucumber			1.56	1.95	2.17	2.25
西红柿	Tomato			2.05	2.30	2.71	2.67
菜 椒	Green bell			2.69	2.98	3.28	3.54
四季豆	Kidney Beans			2.51	3.02	3.38	3.57
红富士苹果	Hongfushi Apple			3.42	3.31	5.23	4.57
香 蕉	Banana			3.05	3.14	3.99	3.45
橙 子	Orange			3.30	3.24	4.35	4.16

2—3续表 continued

品　　种	Categories	2000	2001	2003	2005	2006	2007
二、价格变动	Index						
(上季度=100)	(preceding quarter=100)						
籼 稻	Long-grained nonglutinous rice	95.27	104.51	99.46	98.51	98.11	108.45
优质籼稻	High quality long-grained nonglutinous rice	97.28	104.54	98.99	99.30	99.16	107.22
粳 稻	Round-grained rice	93.88	103.05	102.27	102.15	101.07	104.21
小 麦	Wheat	93.25	103.78	98.41	97.96	94.91	106.66
玉 米	Corn	99.61	108.73	105.97	100.48	102.22	114.32
大 豆	Soybeans	107.69	99.84	105.53	97.82	95.73	104.72
籼 米	Polished long-grained nonglutinous rice			100.49	99.52	99.50	108.29
优质籼米	High quality polished long-grained nonglutinous rice			100.64	99.10	100.73	108.12
粳 米	Polished round-grained rice			100.25	100.13	102.95	105.50
面 粉	Wheat flour			98.63	98.93	98.70	107.68
棉 花	Cotton (unginned cotton)	113.84	102.16	103.98	102.46	114.19	102.54
花生仁	Peanut kernel			108.05	98.71	101.69	116.05
油菜籽	Rapeseeds			99.79	95.72	95.58	120.44
花生油	Peanut oil	98.05	99.51	102.82	97.35	98.36	120.95
菜籽油	Rape oil	92.98	98.00	102.70	97.53	92.20	128.73
豆 油	Soybean oil	96.42	100.18	103.39	97.08	94.82	123.75
烤 烟	Flue-cured tobacco			105.25	101.54	100.58	106.74
活 猪	Hog	96.17	95.81	96.56	94.39	76.57	157.26
仔 猪	Piglet	107.33	100.30	97.40	100.05	59.45	171.21
猪 肉	Pork	97.33	95.67	97.98	95.56	81.53	146.50
牛 肉	Beef	101.54	97.43	98.84	98.94	103.57	114.95
羊 肉	Mutton	98.14	97.63	97.21	96.08	103.65	120.65
活 鸡	Live chicken			95.10	99.23	87.13	129.08
鸡 蛋	Eggs	97.11	100.20	94.69	97.37	86.70	134.28
草 鱼	Grass carp	106.06	100.60	100.72	100.16	94.43	105.69
鲤 鱼	Carp	110.21	99.93	100.63	97.42	91.98	111.13
鲢 鱼	Silver carp			102.47	101.32	95.17	104.25
带 鱼	Hairtail			98.07	100.00	100.89	104.12
大白菜	Chinese cabbage			109.85	143.56	112.16	99.77
黄 瓜	Cucumber			51.05	60.78	111.47	103.57
西红柿	Tomato			71.16	84.34	117.53	98.70
菜 椒	Green bell			74.46	84.61	109.77	107.96
四季豆	Kidney Beans			65.95	77.37	112.15	105.52
红富士苹果	Hongfushi Apple			109.17	100.64	158.06	87.25
香 蕉	Banana			97.51	94.76	127.09	86.58
橙 子	Orange			103.97	100.89	134.14	95.68

2—4 全国农产品集贸市场季度价格及走势

Quarterly RMF Prices of the Agricultural Products

（第三季度） (3rd quarter)

品 种	Categories	2000	2001	2003	2005	2006	2007
一、价格	Price						
（元/公斤）	(yuan/ kg)						
籼 稻	Long-grained nonglutinous rice	0.96	1.07	1.05	1.47	1.51	1.69
优质籼稻	High quality long-grained nonglutinous rice	1.13	1.24	1.22	1.67	1.75	1.93
粳 稻	Round-grained rice	1.28	1.35	1.17	1.79	1.84	1.96
小 麦	Wheat	0.96	1.10	1.09	1.47	1.46	1.59
玉 米	Corn	0.89	1.14	1.15	1.31	1.42	1.64
大 豆	Soybeans	2.60	2.43	2.93	3.54	3.48	3.85
籼 米	Polished long-grained nonglutinous rice			1.76	2.47	2.55	2.81
优质籼米	High quality polished long-grained nonglutinous rice			2.04	2.90	3.04	3.32
粳 米	Polished round-grained rice			1.97	2.93	3.06	3.24
面 粉	Wheat flour			1.75	2.34	2.35	2.60
棉 花	Cotton (unginned cotton)	3.43	3.69	4.58	5.17	5.57	5.93
花生仁	Peanut kernel			5.63	6.57	6.98	8.34
油菜籽	Rapeseeds			2.40	2.52	2.60	3.61
花生油	Peanut oil	8.46	7.98	9.17	10.71	10.74	13.88
菜籽油	Rape oil	6.43	5.91	6.72	7.24	7.04	10.13
豆 油	Soybean oil	6.18	5.43	6.52	6.85	6.60	9.02
烤 烟	Flue-cured tobacco			8.66	12.50	12.13	13.15
活 猪	Hog	5.51	5.74	6.01	7.92	7.05	13.26
仔 猪	Piglet	7.43	7.54	7.82	12.48	8.18	20.27
猪 肉	Pork	9.76	10.12	10.58	13.28	12.05	22.10
牛 肉	Beef	12.59	12.69	14.91	17.27	18.04	22.89
羊 肉	Mutton	14.52	14.29	15.95	17.83	18.85	25.03
活 鸡	Live chicken			8.70	10.61	9.98	13.57
鸡 蛋	Eggs	5.06	5.37	5.23	6.78	6.36	8.15
草 鱼	Grass carp	7.43	7.28	7.28	9.40	9.23	10.25
鲤 鱼	Carp	7.97	7.49	7.11	8.60	8.35	9.61
鲢 鱼	Silver carp			5.78	7.40	7.11	8.08
带 鱼	Hairtail			9.22	10.62	10.70	11.40
大白菜	Chinese cabbage			1.09	1.47	1.49	1.85
黄 瓜	Cucumber			1.27	1.61	1.74	2.12
西红柿	Tomato			1.42	1.92	1.85	2.56
菜 椒	Green bell			1.62	2.08	2.03	2.74
四季豆	Kidney Beans			1.77	2.41	2.60	3.07
红富士苹果	Hongfushi Apple			3.75	3.78	5.30	4.91
香 蕉	Banana			3.00	3.26	3.44	3.15
橙 子	Orange			3.66	3.30	4.39	4.34

2－4 续表 continued

品　种	Categories	2000	2001	2003	2005	2006	2007
二、价格变动	Index						
(上季度＝100)	(preceding quarter＝100)						
籼稻	Long-grained nonglutinous rice	95.36	100.81	100.12	95.67	103.17	111.94
优质籼稻	High quality long-grained nonglutinous rice	94.96	98.23	100.81	95.51	104.70	109.93
粳稻	Round-grained rice	104.08	102.60	100.33	99.07	103.25	106.19
小麦	Wheat	95.07	99.88	98.92	95.57	99.37	109.01
玉米	Corn	105.53	103.55	101.88	99.65	107.82	115.60
大豆	Soybeans	99.49	98.40	101.27	97.34	98.13	110.67
籼米	Polished long-grained nonglutinous rice			101.23	97.41	103.09	110.46
优质籼米	High quality polished long-grained nonglutinous rice			99.78	97.90	104.63	109.44
粳米	Polished round-grained rice			100.12	99.91	104.68	105.82
面粉	Wheat flour			99.94	98.52	100.39	111.03
棉花	Cotton (unginned cotton)	101.69	97.14	104.28	105.76	107.68	106.48
花生仁	Peanut kernel			101.94	99.64	106.21	119.54
油菜籽	Rapeseeds			107.88	92.44	103.21	138.64
花生油	Peanut oil	99.26	97.93	100.79	99.42	100.20	129.32
菜籽油	Rape oil	94.61	97.66	101.99	95.71	97.22	144.03
豆油	Soybean oil	94.25	96.59	100.05	98.06	96.33	136.64
烤烟	Flue-cured tobacco			100.42	105.21	97.10	108.34
活猪	Hog	104.55	101.70	107.82	95.68	89.05	188.09
仔猪	Piglet	104.94	96.47	106.38	92.23	65.57	247.67
猪肉	Pork	105.82	102.00	107.45	97.65	90.77	183.35
牛肉	Beef	100.61	100.02	101.77	100.55	104.43	126.92
羊肉	Mutton	100.53	98.92	100.57	99.49	105.74	132.77
活鸡	Live chicken			104.07	98.77	94.05	136.01
鸡蛋	Eggs	104.91	107.13	104.47	103.82	93.74	128.26
草鱼	Grass carp	101.04	100.20	101.35	98.20	98.17	111.07
鲤鱼	Carp	98.88	97.51	103.05	98.26	97.04	115.17
鲢鱼	Silver carp			102.44	99.44	96.05	113.60
带鱼	Hairtail			99.23	101.75	100.77	106.51
大白菜	Chinese cabbage			104.22	115.32	101.36	124.24
黄瓜	Cucumber			81.07	82.71	108.18	121.79
西红柿	Tomato			68.93	83.45	96.54	138.03
菜椒	Green bell			60.27	69.57	97.56	135.07
四季豆	Kidney Beans			70.52	79.90	107.95	118.04
红富士苹果	Hongfushi Apple			109.58	114.02	140.48	92.62
香蕉	Banana			98.19	103.78	105.61	91.42
橙子	Orange			110.86	101.59	133.30	98.90

2—5 全国农产品集贸市场季度价格及走势
Quarterly RMF Prices of the Agricultural Products

(第四季度) (4th quarter)

品 种	Categories	2000	2001	2003	2005	2006	2007
一、价格	Price						
(元/公斤)	(yuan/ kg)						
籼 稻	Long-grained nonglutinous rice	1.00	1.07	1.16	1.46	1.54	1.73
优质籼稻	High quality long-grained nonglutinous rice	1.18	1.25	1.35	1.67	1.79	1.96
粳 稻	Round-grained rice	1.28	1.29	1.32	1.77	1.86	1.95
小 麦	Wheat	1.03	1.12	1.24	1.46	1.52	1.67
玉 米	Corn	0.93	1.06	1.23	1.27	1.41	1.64
大 豆	Soybeans	2.46	2.37	3.28	3.47	3.50	4.48
籼 米	Polished long-grained nonglutinous rice			1.93	2.47	2.62	2.88
优质籼米	High quality polished long-grained nonglutinous rice			2.26	2.92	3.13	3.42
粳 米	Polished round-grained rice			2.18	2.96	3.14	3.30
面 粉	Wheat flour			1.97	2.33	2.42	2.66
棉 花	Cotton (unginned cotton)	3.56	3.00	6.02	5.54	5.36	6.27
花生仁	Peanut kernel			6.13	6.53	7.11	9.19
油菜籽	Rapeseeds			2.75	2.59	2.76	3.94
花生油	Peanut oil	8.26	7.82	10.60	10.63	11.30	15.46
菜籽油	Rape oil	6.36	5.81	7.70	7.16	7.65	11.33
豆 油	Soybean oil	5.94	5.36	7.60	6.67	7.25	10.13
烤 烟	Flue-cured tobacco			8.69	12.70	12.30	13.32
活 猪	Hog	5.77	5.92	7.10	7.22	8.21	13.89
仔 猪	Piglet	7.52	7.42	8.92	9.85	9.86	21.99
猪 肉	Pork	10.24	10.32	12.31	12.44	13.72	22.49
牛 肉	Beef	12.71	13.04	15.60	17.60	18.66	25.22
羊 肉	Mutton	14.53	14.76	16.51	18.29	19.94	27.74
活 鸡	Live chicken			9.36	9.66	10.89	13.54
鸡 蛋	Eggs	5.09	5.39	5.97	6.41	7.07	8.11
草 鱼	Grass carp	7.28	7.19	7.36	9.19	9.24	10.09
鲤 鱼	Carp	7.57	7.22	7.17	8.35	8.30	9.44
鲢 鱼	Silver carp			5.88	7.24	7.13	7.93
带 鱼	Hairtail			9.35	10.49	10.72	11.35
大白菜	Chinese cabbage			0.94	1.14	1.04	1.41
黄 瓜	Cucumber			2.38	2.46	2.51	3.29
西红柿	Tomato			2.47	2.62	2.60	3.29
菜 椒	Green bell			2.58	2.95	2.74	3.98
四季豆	Kidney Beans			2.68	3.09	3.12	4.27
红富士苹果	Hongfushi Apple			3.09	3.59	4.28	4.70
香 蕉	Banana			3.27	3.45	3.43	3.47
橙 子	Orange			3.53	3.32	4.11	4.17

2—5 续表 continued

品 种	Categories	2000	2001	2003	2005	2006	2007
二、价格变动	Index						
(上季度=100)	(preceding quarter=100)						
籼稻	Long-grained nonglutinous rice	103.86	99.64	110.66	99.43	105.87	112.13
优质籼稻	High quality long-grained nonglutinous rice	104.44	100.93	110.88	99.73	107.10	109.68
粳稻	Round-grained rice	99.97	95.61	112.92	99.37	104.71	104.96
小麦	Wheat	106.46	101.50	114.55	99.55	103.99	109.59
玉米	Corn	104.39	93.08	107.21	96.79	110.72	116.32
大豆	Soybeans	94.64	97.48	111.95	97.94	100.77	128.07
籼米	Polished long-grained nonglutinous rice			109.66	99.96	106.11	110.02
优质籼米	High quality polished long-grained nonglutinous rice			110.81	100.60	107.04	109.35
粳米	Polished round-grained rice			110.40	100.99	106.15	105.17
面粉	Wheat flour			112.56	99.80	103.89	109.98
棉花	Cotton (unginned cotton)	103.80	81.34	131.53	107.06	96.69	116.99
花生仁	Peanut kernel			108.86	99.33	108.89	129.24
油菜籽	Rapeseeds			114.99	102.63	106.79	142.50
花生油	Peanut oil	97.61	97.88	115.57	99.23	106.31	136.77
菜籽油	Rape oil	98.89	98.45	114.70	98.90	106.87	148.07
豆油	Soybean oil	96.25	98.69	116.54	97.44	108.62	139.71
烤烟	Flue-cured tobacco			100.40	101.64	96.88	108.26
活猪	Hog	104.77	102.98	118.20	91.14	113.78	169.08
仔猪	Piglet	101.17	98.42	114.07	78.92	100.13	222.94
猪肉	Pork	104.94	101.94	116.40	93.69	110.29	163.92
牛肉	Beef	100.93	102.73	104.65	101.87	106.02	135.18
羊肉	Mutton	100.05	103.30	103.49	102.58	109.05	139.08
活鸡	Live chicken			107.62	91.06	112.74	124.29
鸡蛋	Eggs	100.69	100.21	114.14	94.47	110.43	114.62
草鱼	Grass carp	97.99	98.78	101.01	97.76	100.52	109.28
鲤鱼	Carp	94.99	96.32	100.78	97.06	99.42	113.79
鲢鱼	Silver carp			101.69	97.83	98.50	111.11
带鱼	Hairtail			101.47	98.78	102.13	105.90
大白菜	Chinese cabbage			86.43	77.73	91.17	135.63
黄瓜	Cucumber			188.14	152.90	101.92	130.90
西红柿	Tomato			174.22	136.54	99.00	126.48
菜椒	Green bell			159.37	142.03	92.94	145.40
四季豆	Kidney Beans			151.16	128.41	101.00	136.79
红富士苹果	Hongfushi Apple			82.34	95.15	119.23	109.69
香蕉	Banana			109.10	105.99	99.22	101.42
橙子	Orange			96.49	100.88	123.57	101.44

2—6 全国农产品集贸市场月度价格及走势
Monthly RMF Prices of the Agricultural Products

(1月份) (Jan.)

品　种	Categories	2000	2001	2003	2005	2006	2007
一、价格	Price						
(元/公斤)	(yuan/ kg)						
籼 稻	Long-grained nonglutinous rice	1.10	1.02	1.06	1.55	1.48	1.60
优质籼稻	High quality long-grained nonglutinous rice	1.21	1.21	1.20	1.75	1.70	1.84
粳 稻	Round-grained rice	1.32	1.25	1.12	1.75	1.81	1.88
小 麦	Wheat	1.12	1.06	1.13	1.56	1.46	1.59
玉 米	Corn	0.85	0.97	1.05	1.31	1.27	1.48
大 豆	Soybeans	2.37	2.47	2.72	3.74	3.48	3.56
籼 米	Polished long-grained nonglutinous rice			1.73	2.53	2.51	2.70
优质籼米	High quality polished long-grained nonglutinous rice			2.04	2.96	2.96	3.20
粳 米	Polished round-grained rice			1.97	2.89	3.02	3.21
面 粉	Wheat flour			1.78	2.39	2.35	2.52
棉 花	Cotton (unginned cotton)	2.89	3.73	4.11	4.66	5.61	5.60
花生仁	Peanut kernel			5.02	6.69	6.61	7.33
油菜籽	Rapeseeds			2.24	2.85	2.60	2.92
花生油	Peanut oil	8.70	8.10	8.79	11.04	10.62	12.00
菜籽油	Rape oil	7.34	6.17	6.35	7.74	7.14	8.63
豆 油	Soybean oil	6.80	5.52	6.28	7.20	6.74	7.86
烤 烟	Flue-cured tobacco			7.86	11.33	12.69	12.46
活 猪	Hog	5.51	5.92	5.91	8.80	7.50	9.14
仔 猪	Piglet	6.37	7.59	7.52	13.29	9.59	11.23
猪 肉	Pork	9.30	10.63	10.20	14.33	12.67	14.98
牛 肉	Beef	11.37	13.41	14.93	16.95	18.31	19.30
羊 肉	Mutton	14.20	15.06	16.42	18.40	19.48	21.52
活 鸡	Live chicken			9.14	10.51	9.66	11.45
鸡 蛋	Eggs	4.57	5.16	5.51	6.78	6.20	7.27
草 鱼	Grass carp	6.96	7.34	7.26	9.31	9.33	9.24
鲤 鱼	Carp	7.23	7.80	7.01	8.80	8.37	8.34
鲢 鱼	Silver carp			5.69	7.12	7.27	7.09
带 鱼	Hairtail			9.66	10.24	10.95	10.85
大白菜	Chinese cabbage			0.81	0.72	1.30	0.98
黄 瓜	Cucumber			3.35	2.65	4.19	3.25
西红柿	Tomato			2.77	2.49	4.01	3.12
菜 椒	Green bell			3.58	3.11	4.63	3.51
四季豆	Kidney Beans			3.60	3.42	4.38	4.00
红富士苹果	Hongfushi Apple			3.17	3.24	3.95	4.23
香 蕉	Banana			3.10	3.24	3.57	3.54
橙 子	Orange			3.28	3.14	3.68	4.03

2—6 续表 continued

品　种	Categories	2000	2001	2003	2005	2006	2007
二、价格变动	Index						
(上月=100)	(preceding month=100)						
籼稻	Long-grained nonglutinous rice	103.62	101.04	102.31	101.06	95.22	108.31
优质籼稻	High quality long-grained nonglutinous rice		102.10	105.01	100.21	97.51	107.92
粳稻	Round-grained rice	104.26	98.04	100.15	100.66	103.42	103.98
小麦	Wheat	101.34	100.19	107.39	100.23	93.72	108.54
玉米	Corn	91.12	100.67	102.91	98.17	97.14	115.95
大豆	Soybeans	92.43	100.34	107.81	99.31	93.04	102.32
籼米	Polished long-grained nonglutinous rice			105.90	100.91	99.14	107.70
优质籼米	High quality polished long-grained nonglutinous rice			105.69	100.86	100.10	108.00
粳米	Polished round-grained rice			102.71	100.26	104.38	106.34
面粉	Wheat flour			103.94	99.33	98.55	106.90
棉花	Cotton (unginned cotton)		103.57	99.77	99.92	120.30	99.95
花生仁	Peanut kernel			108.17	99.48	98.86	110.85
油菜籽	Rapeseeds			108.83	99.13	91.20	112.34
花生油	Peanut oil		97.59	107.21	99.50	96.21	112.99
菜籽油	Rape oil		99.29	101.05	100.27	92.32	120.85
豆油	Soybean oil		93.85	101.55	98.56	93.63	116.71
烤烟	Flue-cured tobacco			102.66	98.63	111.95	98.19
活猪	Hog		100.69	102.09	99.62	85.20	121.92
仔猪	Piglet		100.39	102.43	98.56	72.16	117.13
猪肉	Pork		104.12	100.76	99.57	88.39	118.27
牛肉	Beef		105.29	102.28	102.48	108.01	105.38
羊肉	Mutton		103.28	104.09	104.99	105.86	110.47
活鸡	Live chicken			108.97	100.32	91.92	118.51
鸡蛋	Eggs		101.14	101.47	100.58	91.48	117.32
草鱼	Grass carp		100.90	105.63	102.71	100.22	99.02
鲤鱼	Carp		103.12	105.89	101.86	95.14	99.57
鲢鱼	Silver carp			100.87	102.25	102.11	97.49
带鱼	Hairtail			108.06	100.41	106.91	99.08
大白菜	Chinese cabbage			113.80	111.15	181.90	75.35
黄瓜	Cucumber			127.67	111.99	158.38	77.60
西红柿	Tomato			120.29	115.70	161.01	77.87
菜椒	Green bell			143.48	116.45	148.85	75.93
四季豆	Kidney Beans			129.33	112.92	127.92	91.39
红富士苹果	Hongfushi Apple			109.32	102.15	121.84	107.17
香蕉	Banana			112.15	101.28	110.27	99.01
橙子	Orange			116.00	96.10	117.28	109.54

2—7 全国农产品集贸市场月度价格及走势
Monthly RMF Prices of the Agricultural Products

(2月份) (Feb.)

品 种	Categories	2000	2001	2003	2005	2006	2007
一、价格	Price						
(元/公斤)	(yuan/ kg)						
籼稻	Long-grained nonglutinous rice	1.08	1.02	1.05	1.55	1.47	1.61
优质籼稻	High quality long-grained nonglutinous rice	1.23	1.20	1.23	1.77	1.69	1.84
粳稻	Round-grained rice	1.31	1.27	1.13	1.76	1.81	1.89
小麦	Wheat	1.09	1.06	1.12	1.57	1.45	1.57
玉米	Corn	0.85	1.03	1.06	1.31	1.28	1.49
大豆	Soybeans	2.44	2.49	2.71	3.71	3.49	3.57
籼米	Polished long-grained nonglutinous rice			1.73	2.55	2.51	2.71
优质籼米	High quality polished long-grained nonglutinous rice			2.03	3.00	2.96	3.22
粳米	Polished round-grained rice			1.98	2.93	3.01	3.21
面粉	Wheat flour			1.80	2.41	2.34	2.53
棉花	Cotton (unginned cotton)	2.99	3.76	4.23	4.75	5.59	5.67
花生仁	Peanut kernel			5.05	6.71	6.58	7.45
油菜籽	Rapeseeds			2.29	2.84	2.62	2.96
花生油	Peanut oil	8.64	8.21	8.88	11.11	10.59	12.15
菜籽油	Rape oil	7.32	6.19	6.35	7.79	7.12	8.67
豆油	Soybean oil	6.79	5.67	6.28	7.22	6.68	7.97
烤烟	Flue-cured tobacco			8.15	11.87	12.54	12.71
活猪	Hog	5.46	5.94	5.74	8.80	7.29	9.01
仔猪	Piglet	6.43	7.88	7.52	13.39	9.79	11.34
猪肉	Pork	9.66	10.31	10.03	14.33	12.41	15.13
牛肉	Beef	12.84	12.95	14.86	17.76	18.21	20.14
羊肉	Mutton	15.08	14.72	16.34	19.16	19.18	22.07
活鸡	Live chicken			8.70	11.03	9.46	12.13
鸡蛋	Eggs	5.32	4.93	5.29	6.86	5.87	7.61
草鱼	Grass carp	6.92	7.15	7.06	9.78	9.23	9.49
鲤鱼	Carp	7.29	7.63	6.83	9.23	8.18	8.62
鲢鱼	Silver carp			5.41	7.46	7.13	7.29
带鱼	Hairtail			9.46	10.77	10.60	11.01
大白菜	Chinese cabbage			0.88	0.98	1.27	0.99
黄瓜	Cucumber			2.99	3.71	3.59	3.77
西红柿	Tomato			2.87	2.99	3.57	3.61
菜椒	Green bell			3.43	3.81	4.33	4.35
四季豆	Kidney Beans			3.81	4.14	4.35	4.94
红富士苹果	Hongfushi Apple			3.13	3.34	4.07	4.38
香蕉	Banana			3.15	3.40	3.58	3.90
橙子	Orange			3.15	3.26	3.75	4.24

3－7 续表 continued

品 种	Categories	2000	2001	2003	2005	2006	2007
二、价格变动	Index						
（上月＝100）	（preceding month＝100）						
籼 稻	Long-grained nonglutinous rice	98.18	100.16	99.67	99.97	94.85	109.64
优质籼稻	High quality long-grained nonglutinous rice	101.65	99.06	101.97	101.53	95.50	108.88
粳 稻	Round-grained rice	99.24	101.78	101.13	100.79	102.62	104.35
小 麦	Wheat	97.32	99.75	99.15	100.79	92.44	108.13
玉 米	Corn	100.00	105.71	101.03	100.22	97.56	116.62
大 豆	Soybeans	102.95	100.84	99.79	99.15	94.01	102.30
籼 米	Polished long-grained nonglutinous rice			100.08	100.75	98.36	108.23
优质籼米	High quality polished long-grained nonglutinous rice			99.60	101.51	98.72	108.86
粳 米	Polished round-grained rice			100.68	101.19	102.93	106.53
面 粉	Wheat flour			101.19	100.81	97.28	107.85
棉 花	Cotton （unginned cotton）	103.42	100.71	102.90	101.97	117.67	101.40
花生仁	Peanut kernel			100.57	100.28	98.05	113.27
油菜籽	Rapeseeds			102.19	99.84	92.02	113.05
花生油	Peanut oil	99.31	101.33	100.96	100.63	95.33	114.75
菜籽油	Rape oil	99.73	100.37	100.03	100.65	91.48	121.77
豆 油	Soybean oil	99.85	102.65	100.05	100.37	92.44	119.39
烤 烟	Flue-cured tobacco			103.75	104.74	105.63	101.38
活 猪	Hog	99.09	100.38	97.15	99.94	82.82	123.71
仔 猪	Piglet	100.94	103.88	99.96	100.73	73.16	115.75
猪 肉	Pork	103.87	96.97	98.32	99.97	86.58	121.98
牛 肉	Beef	112.93	96.59	99.51	104.76	102.56	110.60
羊 肉	Mutton	106.20	97.73	99.49	104.15	100.11	115.05
活 鸡	Live chicken			95.19	104.96	85.79	128.20
鸡 蛋	Eggs	116.41	95.64	95.97	101.22	85.54	129.80
草 鱼	Grass carp	99.43	97.39	97.31	105.05	94.41	102.77
鲤 鱼	Carp	100.83	97.83	97.39	104.85	88.62	105.44
鲢 鱼	Silver carp			95.14	104.85	95.58	102.19
带 鱼	Hairtail			97.91	105.09	98.50	103.82
大白菜	Chinese cabbage			109.05	137.31	128.72	77.75
黄 瓜	Cucumber			89.33	140.21	96.82	104.98
西红柿	Tomato			103.66	120.18	119.23	101.17
菜 椒	Green bell			95.81	122.46	113.69	100.47
四季豆	Kidney Beans			105.58	120.84	105.12	113.67
红富士苹果	Hongfushi Apple			98.60	103.08	121.88	107.59
香 蕉	Banana			101.33	105.03	105.11	109.09
橙 子	Orange			95.95	103.86	115.14	112.90

2—8 全国农产品集贸市场月度价格及走势
Monthly RMF Prices of Agricultural Products

（3 月份） （Mar.）

品　种	Categories	2000	2001	2003	2005	2006	2007
一、价格	Price						
（元/公斤）	（yuan/ kg）						
籼 稻	Long-grained nonglutinous rice	0.99	1.01	1.05	1.56	1.50	1.62
优质籼稻	High quality long-grained nonglutinous rice	1.23	1.21	1.23	1.78	1.72	1.85
粳 稻	Round-grained rice	1.29	1.31	1.17	1.78	1.82	1.89
小 麦	Wheat	1.05	1.06	1.10	1.57	1.46	1.57
玉 米	Corn	0.84	1.03	1.08	1.32	1.30	1.50
大 豆	Soybeans	2.47	2.46	2.80	3.71	3.49	3.58
籼 米	Polished long-grained nonglutinous rice			1.73	2.57	2.52	2.71
优质籼米	High quality polished long-grained nonglutinous rice			2.04	3.02	2.97	3.21
粳 米	Polished round-grained rice			1.94	2.95	3.02	3.18
面 粉	Wheat flour			1.76	2.39	2.35	2.52
棉 花	Cotton (unginned cotton)	3.00	3.66	4.32	4.91	5.58	5.72
花生仁	Peanut kernel			5.25	6.65	6.55	7.48
油菜籽	Rapeseeds			2.14	2.86	2.66	3.00
花生油	Peanut oil	8.75	8.27	8.89	11.06	10.66	12.15
菜籽油	Rape oil	7.28	6.15	6.53	7.74	7.10	8.64
豆 油	Soybean oil	6.80	5.64	6.36	7.17	6.70	7.91
烤 烟	Flue-cured tobacco			8.56	11.89	12.03	12.39
活 猪	Hog	5.47	5.83	5.67	8.71	6.99	8.75
仔 猪	Piglet	6.99	7.91	7.58	13.90	9.54	11.40
猪 肉	Pork	9.47	10.18	9.91	14.03	11.95	14.52
牛 肉	Beef	12.76	12.71	14.67	17.37	17.94	19.87
羊 肉	Mutton	14.88	14.61	16.19	18.39	19.06	21.99
活 鸡	Live chicken			8.52	10.95	9.37	11.67
鸡 蛋	Eggs	5.00	4.93	5.05	6.49	5.76	7.22
草 鱼	Grass carp	6.92	7.17	7.08	9.58	8.94	9.25
鲤 鱼	Carp	7.42	7.64	6.73	8.93	8.03	8.40
鲢 鱼	Silver carp			5.42	7.46	7.09	7.06
带 鱼	Hairtail			9.31	10.31	10.53	10.71
大白菜	Chinese cabbage			1.17	0.95	1.25	1.07
黄 瓜	Cucumber			2.84	3.26	3.29	3.55
西红柿	Tomato			3.02	2.71	3.65	3.34
菜 椒	Green bell			3.81	3.66	4.40	4.59
四季豆	Kidney Beans			4.02	4.13	4.52	4.75
红富士苹果	Hongfushi Apple			3.10	3.29	4.19	4.40
香 蕉	Banana			3.15	3.29	3.73	3.99
橙 子	Orange			3.09	3.25	3.82	4.26

2—8 续表 continued

品　　种	Categories	2000	2001	2003	2005	2006	2007
二、价格变动	Index						
(上月=100)	(preceding month=100)						
籼 稻	Long-grained nonglutinous rice	91.67	99.26	99.38	100.56	95.82	108.42
优质籼稻	High quality long-grained nonglutinous rice	100.00	100.69	100.03	100.28	96.62	107.48
粳 稻	Round-grained rice	98.47	103.57	104.06	100.86	102.08	104.15
小 麦	Wheat	96.33	100.20	97.67	99.83	93.23	107.00
玉 米	Corn	98.82	100.77	101.86	100.35	98.33	115.82
大 豆	Soybeans	101.23	99.08	103.14	100.12	93.96	102.56
籼 米	Polished long-grained nonglutinous rice			100.12	100.70	98.17	107.54
优质籼米	High quality polished long-grained nonglutinous rice			100.49	100.67	98.39	107.87
粳 米	Polished round-grained rice			98.18	100.88	102.24	105.17
面 粉	Wheat flour			98.20	99.41	98.13	107.33
棉 花	Cotton (unginned cotton)	100.40	97.51	102.17	103.35	113.61	102.59
花生仁	Peanut kernel			104.01	99.15	98.46	114.28
油菜籽	Rapeseeds			93.49	100.48	93.11	112.67
花生油	Peanut oil	101.27	100.72	100.17	99.58	96.33	113.98
菜籽油	Rape oil	99.45	99.29	102.86	99.35	91.82	121.62
豆 油	Soybean oil	100.15	99.42	101.25	99.19	93.57	118.03
烤 烟	Flue-cured tobacco			105.06	100.17	101.18	103.00
活 猪	Hog	100.18	98.11	98.87	98.98	80.24	125.18
仔 猪	Piglet	108.71	100.37	100.83	103.83	68.62	119.48
猪 肉	Pork	98.03	98.72	98.81	97.93	85.13	121.56
牛 肉	Beef	99.38	98.08	98.72	97.82	103.24	110.78
羊 肉	Mutton	98.67	99.28	99.12	96.00	103.65	115.32
活 鸡	Live chicken			97.87	99.26	85.56	124.59
鸡 蛋	Eggs	93.98	99.94	95.58	94.63	88.78	125.29
草 鱼	Grass carp	100.00	100.26	100.27	97.92	93.37	103.46
鲤 鱼	Carp	101.78	100.07	98.66	96.81	89.94	104.56
鲢 鱼	Silver carp			100.22	99.98	95.00	99.57
带 鱼	Hairtail			98.41	95.78	102.09	101.79
大白菜	Chinese cabbage			132.44	96.90	131.34	85.12
黄 瓜	Cucumber			94.79	87.89	101.03	107.77
西红柿	Tomato			105.33	90.38	134.89	91.65
菜 椒	Green bell			111.25	96.12	120.20	104.29
四季豆	Kidney Beans			105.54	99.89	109.41	104.97
红富士苹果	Hongfushi Apple			99.01	98.59	127.17	105.11
香 蕉	Banana			99.99	96.68	113.40	106.98
橙 子	Orange			98.39	99.77	117.46	111.60

2—9 全国农产品集贸市场月度价格及走势
Monthly RMF Prices of Agricultural Products

（4 月份） （Apr.）

品 种	Categories	2000	2001	2003	2005	2006	2007
一、价格	Price						
（元/公斤）	(yuan/ kg)						
籼 稻	Long-grained nonglutinous rice	1.02	1.04	1.04	1.56	1.50	1.59
优质籼稻	High quality long-grained nonglutinous rice	1.16	1.25	1.20	1.77	1.73	1.84
粳 稻	Round-grained rice	1.22	1.28	1.18	1.81	1.82	1.88
小 麦	Wheat	1.04	1.08	1.10	1.58	1.46	1.56
玉 米	Corn	0.82	1.08	1.10	1.33	1.31	1.51
大 豆	Soybeans	2.57	2.45	2.87	3.67	3.47	3.61
籼 米	Polished long-grained nonglutinous rice			1.73	2.56	2.52	2.70
优质籼米	High quality polished long-grained nonglutinous rice			2.05	2.99	2.98	3.20
粳 米	Polished round-grained rice			1.98	2.93	3.02	3.16
面 粉	Wheat flour			1.76	2.39	2.34	2.50
棉 花	Cotton (unginned cotton)	3.28	3.85	4.38	4.75	5.61	5.82
花生仁	Peanut kernel			5.41	6.64	6.58	7.61
油菜籽	Rapeseeds			2.12	2.85	2.67	3.00
花生油	Peanut oil	8.59	8.16	9.06	10.85	10.59	12.48
菜籽油	Rape oil	6.94	6.19	6.53	7.77	7.01	8.60
豆 油	Soybean oil	6.60	5.74	6.53	7.06	6.64	8.00
烤 烟	Flue-cured tobacco			8.35	11.60	11.67	12.49
活 猪	Hog	5.38	5.72	5.63	8.48	6.53	8.83
仔 猪	Piglet	7.00	7.96	7.45	13.66	8.71	11.78
猪 肉	Pork	9.22	10.05	9.87	13.76	11.36	14.47
牛 肉	Beef	12.58	12.67	14.67	17.08	17.85	19.85
羊 肉	Mutton	14.55	14.53	15.97	17.91	18.63	21.79
活 鸡	Live chicken			8.44	10.70	9.39	11.53
鸡 蛋	Eggs	4.87	4.95	5.06	6.28	5.63	7.28
草 鱼	Grass carp	7.19	7.25	7.15	9.59	8.99	9.25
鲤 鱼	Carp	7.76	7.73	6.83	8.78	7.92	8.54
鲢 鱼	Silver carp			5.57	7.36	7.08	7.17
带 鱼	Hairtail			9.36	10.33	10.55	10.74
大白菜	Chinese cabbage			1.36	1.19	1.57	1.37
黄 瓜	Cucumber			2.38	2.66	2.82	2.81
西红柿	Tomato			2.82	2.85	3.35	3.25
菜 椒	Green bell			3.94	3.95	4.21	4.50
四季豆	Kidney Beans			3.59	3.86	4.20	4.46
红富士苹果	Hongfushi Apple			3.19	3.23	4.60	4.42
香 蕉	Banana			3.12	3.22	3.96	3.69
橙 子	Orange			3.22	3.23	4.15	4.25

2—9 续表 continued

品　种	Categories	2000	2001	2003	2005	2006	2007
二、价格变动	Index						
(上月=100)	(preceding month=100)						
籼 稻	Long-grained nonglutinous rice	103.03	102.69	99.48	100.10	95.94	106.00
优质籼稻	High quality long-grained nonglutinous rice	94.31	103.26	97.72	99.49	97.66	106.40
粳 稻	Round-grained rice	94.57	97.66	100.86	101.63	100.66	103.58
小 麦	Wheat	99.05	101.83	100.48	100.40	92.77	106.33
玉 米	Corn	97.62	104.49	102.01	100.93	98.49	115.05
大 豆	Soybeans	104.05	99.56	102.54	98.93	94.47	104.02
籼 米	Polished long-grained nonglutinous rice			100.27	99.79	98.36	107.09
优质籼米	High quality polished long-grained nonglutinous rice			100.43	99.01	99.74	107.14
粳 米	Polished round-grained rice			101.94	99.22	102.94	104.79
面 粉	Wheat flour			99.58	99.66	98.26	106.68
棉 花	Cotton (unginned cotton)	109.09	104.99	101.44	96.63	118.19	103.71
花生仁	Peanut kernel			103.08	99.91	99.10	115.65
油菜籽	Rapeseeds			98.79	99.76	93.79	112.25
花生油	Peanut oil	98.17	98.65	101.94	98.09	97.55	117.94
菜籽油	Rape oil	95.33	100.60	99.94	100.38	90.21	122.69
豆 油	Soybean oil	97.06	101.81	102.65	98.54	94.11	120.42
烤 烟	Flue-cured tobacco			97.55	97.60	100.58	107.04
活 猪	Hog	98.35	98.20	99.22	97.40	76.96	135.35
仔 猪	Piglet	100.14	100.66	98.27	98.25	63.76	135.31
猪 肉	Pork	97.36	98.73	99.62	98.08	82.54	127.34
牛 肉	Beef	98.59	99.72	100.04	98.34	104.47	111.23
羊 肉	Mutton	97.78	99.44	98.64	97.39	104.00	116.93
活 鸡	Live chicken			99.05	97.72	87.83	122.72
鸡 蛋	Eggs	97.40	100.32	100.11	96.75	89.71	129.24
草 鱼	Grass carp	103.90	101.14	100.91	100.12	93.71	102.95
鲤 鱼	Carp	104.58	101.20	101.45	98.36	90.11	107.86
鲢 鱼	Silver carp			102.70	98.66	96.22	101.29
带 鱼	Hairtail			100.56	100.18	102.08	101.85
大白菜	Chinese cabbage			116.14	124.77	132.13	87.33
黄 瓜	Cucumber			83.93	81.68	105.76	99.60
西红柿	Tomato			93.47	105.25	117.63	97.16
菜 椒	Green bell			103.30	108.01	106.42	107.05
四季豆	Kidney Beans			89.40	93.32	108.97	106.12
红富士苹果	Hongfushi Apple			102.93	98.15	142.25	96.12
香 蕉	Banana			99.31	97.89	122.78	93.34
橙 子	Orange			104.21	99.33	128.39	102.50

2—10 全国农产品集贸市场月度价格及走势
Monthly RMF Prices of Agricultural Products

（5 月份） (May)

品 种	Categories	2000	2001	2003	2005	2006	2007
一、价格	Price						
（元/公斤）	(yuan/ kg)						
籼 稻	Long-grained nonglutinous rice	1.00	1.08	1.05	1.55	1.50	1.64
优质籼稻	High quality long-grained nonglutinous rice	1.19	1.29	1.20	1.76	1.73	1.86
粳 稻	Round-grained rice	1.23	1.30	1.15	1.80	1.82	1.90
小 麦	Wheat	1.00	1.14	1.10	1.55	1.46	1.56
玉 米	Corn	0.84	1.11	1.13	1.32	1.35	1.53
大 豆	Soybeans	2.63	2.49	2.91	3.64	3.48	3.63
籼 米	Polished long-grained nonglutinous rice			1.73	2.54	2.52	2.73
优质籼米	High quality polished long-grained nonglutinous rice			2.05	2.96	2.97	3.22
粳 米	Polished round-grained rice			1.97	2.93	3.01	3.17
面 粉	Wheat flour			1.76	2.38	2.34	2.52
棉 花	Cotton (unginned cotton)	3.40	3.75	4.44	4.91	5.57	5.67
花生仁	Peanut kernel			5.54	6.58	6.69	7.77
油菜籽	Rapeseeds			2.26	2.78	2.60	3.05
花生油	Peanut oil	8.53	8.11	9.15	10.75	10.57	12.75
菜籽油	Rape oil	6.83	6.00	6.58	7.54	6.96	8.76
豆 油	Soybean oil	6.54	5.53	6.58	6.96	6.61	8.09
烤 烟	Flue-cured tobacco			8.68	11.95	11.97	12.72
活 猪	Hog	5.27	5.62	5.56	8.27	6.23	10.07
仔 猪	Piglet	7.04	7.72	7.25	13.66	7.87	13.91
猪 肉	Pork	9.20	9.92	9.82	13.58	10.95	16.37
牛 肉	Beef	12.57	12.74	14.55	17.19	17.77	20.44
羊 肉	Mutton	14.52	14.42	15.74	17.97	18.55	22.36
活 鸡	Live chicken			8.30	10.78	9.34	12.07
鸡 蛋	Eggs	4.85	5.02	4.99	6.62	5.62	7.70
草 鱼	Grass carp	7.40	7.20	7.17	9.61	9.02	9.50
鲤 鱼	Carp	8.22	7.60	6.90	8.76	7.97	8.86
鲢 鱼	Silver carp			5.63	7.51	7.07	7.30
带 鱼	Hairtail			9.33	10.37	10.51	11.00
大白菜	Chinese cabbage			0.96	1.31	1.41	1.36
黄 瓜	Cucumber			1.39	1.89	2.10	2.21
西红柿	Tomato			1.99	2.42	2.75	2.66
菜 椒	Green bell			2.47	2.97	3.28	3.44
四季豆	Kidney Beans			2.42	3.24	3.45	3.57
红富士苹果	Hongfushi Apple			3.42	3.27	5.33	4.53
香 蕉	Banana			3.05	3.14	4.09	3.53
橙 子	Orange			3.21	3.23	4.42	4.12

2—10 续表 continued

品　种	Categories	2000	2001	2003	2005	2006	2007
二、价格变动	Index						
(上月=100)	(preceding month=100)						
籼 稻	Long-grained nonglutinous rice	98.04	103.89	101.14	98.96	97.22	108.89
优质籼稻	High quality long-grained nonglutinous rice	102.59	103.03	100.34	99.60	98.49	107.11
粳 稻	Round-grained rice	100.82	101.23	97.07	99.60	101.20	104.30
小 麦	Wheat	96.15	104.98	100.15	98.36	94.41	106.76
玉 米	Corn	102.44	102.99	102.97	99.10	102.20	113.38
大 豆	Soybeans	102.33	101.66	101.60	99.09	95.75	104.07
籼 米	Polished long-grained nonglutinous rice			99.87	99.03	99.30	108.28
优质籼米	High quality polished long-grained nonglutinous rice			100.15	99.08	100.34	108.42
粳 米	Polished round-grained rice			99.58	100.00	102.83	105.30
面 粉	Wheat flour			99.94	99.69	98.39	107.51
棉 花	Cotton (unginned cotton)	103.75	97.40	101.37	103.44	113.37	101.95
花生仁	Peanut kernel			102.36	99.00	101.77	116.07
油菜籽	Rapeseeds			106.84	97.45	93.53	117.29
花生油	Peanut oil	99.30	99.47	100.97	99.09	98.29	120.62
菜籽油	Rape oil	98.41	96.99	100.79	97.04	92.31	125.98
豆 油	Soybean oil	99.09	96.37	100.80	98.55	95.00	122.38
烤 烟	Flue-cured tobacco			103.86	102.95	100.23	106.25
活 猪	Hog	97.96	98.24	98.78	97.47	75.37	161.55
仔 猪	Piglet	100.57	96.94	97.24	100.01	57.62	176.72
猪 肉	Pork	99.78	98.71	99.50	98.70	80.63	149.44
牛 肉	Beef	99.92	100.55	99.14	100.63	103.35	115.02
羊 肉	Mutton	99.79	99.23	98.56	100.31	103.26	120.51
活 鸡	Live chicken			98.36	100.79	86.67	129.23
鸡 蛋	Eggs	99.59	101.55	98.55	105.39	84.97	136.97
草 鱼	Grass carp	102.92	99.36	100.36	100.20	93.85	105.40
鲤 鱼	Carp	105.93	98.37	101.07	99.75	91.00	111.15
鲢 鱼	Silver carp			101.13	102.03	94.10	103.33
带 鱼	Hairtail			99.67	100.40	101.33	104.64
大白菜	Chinese cabbage			70.58	110.14	107.62	96.12
黄 瓜	Cucumber			58.22	70.80	111.62	104.79
西红柿	Tomato			70.49	85.13	113.54	96.49
菜 椒	Green bell			62.78	75.04	110.39	104.90
四季豆	Kidney Beans			67.52	83.92	106.46	103.53
红富士苹果	Hongfushi Apple			107.23	101.24	162.88	85.03
香 蕉	Banana			97.77	97.50	130.17	86.29
橙 子	Orange			99.49	99.97	137.05	93.15

2—11 全国农产品集贸市场月度价格及走势
Monthly RMF Prices of the Agricultural Products

（6月份） (Jun.)

品 种	Categories	2000	2001	2003	2005	2006	2007
一、价格	Price						
（元/公斤）	(yuan/ kg)						
籼 稻	Long-grained nonglutinous rice	1.00	1.07	1.04	1.49	1.51	1.66
优质籼稻	High quality long-grained nonglutinous rice	1.22	1.25	1.22	1.73	1.75	1.90
粳 稻	Round-grained rice	1.23	1.36	1.16	1.80	1.82	1.91
小 麦	Wheat	1.00	1.09	1.09	1.48	1.45	1.55
玉 米	Corn	0.87	1.10	1.14	1.31	1.39	1.59
大 豆	Soybeans	2.64	2.46	2.90	3.60	3.50	3.71
籼 米	Polished long-grained nonglutinous rice			1.74	2.51	2.53	2.77
优质籼米	High quality polished long-grained nonglutinous rice			2.05	2.94	3.00	3.27
粳 米	Polished round-grained rice			1.95	2.93	3.02	3.21
面 粉	Wheat flour			1.75	2.35	2.34	2.54
棉 花	Cotton (unginned cotton)	3.44	3.80	4.34	5.02	5.58	5.69
花生仁	Peanut kernel			5.60	6.56	6.84	7.97
油菜籽	Rapeseeds			2.28	2.55	2.55	3.37
花生油	Peanut oil	8.46	8.19	9.09	10.73	10.64	13.22
菜籽油	Rape oil	6.63	5.96	6.64	7.38	6.95	9.56
豆 油	Soybean oil	6.52	5.59	6.45	6.94	6.61	8.50
烤 烟	Flue-cured tobacco			8.83	12.08	12.19	13.04
活 猪	Hog	5.16	5.60	5.53	8.08	6.26	11.00
仔 猪	Piglet	7.20	7.77	7.34	13.28	7.56	15.63
猪 肉	Pork	9.25	9.81	9.83	13.45	10.95	17.90
牛 肉	Beef	12.39	12.66	14.72	17.26	17.76	21.07
羊 肉	Mutton	14.27	14.39	15.87	17.87	18.53	23.08
活 鸡	Live chicken			8.34	10.76	9.35	12.65
鸡 蛋	Eggs	4.74	5.08	4.96	6.70	5.73	7.83
草 鱼	Grass carp	7.47	7.34	7.24	9.52	9.11	9.91
鲤 鱼	Carp	8.20	7.72	6.96	8.71	8.26	9.44
鲢 鱼	Silver carp			5.73	7.46	7.11	7.68
带 鱼	Hairtail			9.19	10.62	10.54	11.16
大白菜	Chinese cabbage			0.83	1.31	1.29	1.54
黄 瓜	Cucumber			0.92	1.30	1.59	1.74
西红柿	Tomato			1.35	1.64	2.02	2.10
菜 椒	Green bell			1.64	2.03	2.34	2.67
四季豆	Kidney Beans			1.52	1.95	2.50	2.68
红富士苹果	Hongfushi Apple			3.65	3.43	5.78	4.75
香 蕉	Banana			2.98	3.05	3.92	3.14
橙 子	Orange			3.46	3.27	4.48	4.12

2—11 续表 continued

品　种	Categories	2000	2001	2003	2005	2006	2007
二、价格变动	Index						
(上月=100)	(preceding month=100)						
籼稻	Long-grained nonglutinous rice	100.00	98.94	99.22	96.20	101.32	110.46
优质籼稻	High quality long-grained nonglutinous rice	102.52	97.32	101.19	98.14	101.38	108.13
粳稻	Round-grained rice	100.00	104.99	101.08	99.83	101.35	104.75
小麦	Wheat	100.00	95.84	99.07	95.49	97.72	106.88
玉米	Corn	103.57	99.05	100.85	99.55	106.03	114.54
大豆	Soybeans	100.38	98.56	99.52	99.06	96.99	106.07
籼米	Polished long-grained nonglutinous rice			100.63	99.01	100.85	109.50
优质籼米	High quality polished long-grained nonglutinous rice			99.77	99.28	102.13	108.81
粳米	Polished round-grained rice			98.85	99.84	103.08	106.42
面粉	Wheat flour			99.71	98.80	99.46	108.87
棉花	Cotton (unginned cotton)	101.24	101.42	97.62	102.31	111.20	101.94
花生仁	Peanut kernel			101.07	99.80	104.23	116.42
油菜籽	Rapeseeds			101.02	91.98	99.79	132.23
花生油	Peanut oil	99.18	100.91	99.34	99.75	99.23	124.26
菜籽油	Rape oil	97.07	99.27	100.95	97.98	94.17	137.55
豆油	Soybean oil	99.69	101.07	98.03	99.68	95.36	128.45
烤烟	Flue-cured tobacco			101.78	101.14	100.92	106.92
活猪	Hog	97.91	99.61	99.47	97.79	77.39	175.83
仔猪	Piglet	102.27	100.60	101.32	97.28	56.88	206.84
猪肉	Pork	100.54	98.86	100.11	99.04	81.40	163.44
牛肉	Beef	98.57	99.38	101.20	100.39	102.92	118.61
羊肉	Mutton	98.28	99.79	100.83	99.47	103.69	124.55
活鸡	Live chicken			100.45	99.76	86.91	135.32
鸡蛋	Eggs	97.73	101.17	99.59	101.24	85.58	136.58
草鱼	Grass carp	100.95	101.82	100.94	99.09	95.74	108.69
鲤鱼	Carp	99.76	101.55	100.84	99.43	94.85	114.23
鲢鱼	Silver carp			101.70	99.36	95.23	108.11
带鱼	Hairtail			98.50	102.37	99.31	105.87
大白菜	Chinese cabbage			86.29	99.98	98.56	118.89
黄瓜	Cucumber			66.33	68.74	122.98	108.99
西红柿	Tomato			67.58	67.48	123.26	104.28
菜椒	Green bell			66.47	68.41	115.37	113.87
四季豆	Kidney Beans			62.72	60.35	127.86	107.25
红富士苹果	Hongfushi Apple			106.86	104.88	168.36	82.25
香蕉	Banana			97.71	97.20	128.48	80.06
橙子	Orange			107.93	101.44	136.92	91.88

2—12 全国农产品集贸市场月度价格及走势
Monthly RMF Prices of Agricultural Products

（7月份） （Jul.）

品 种	Categories	2000	2001	2003	2005	2006	2007
一、价格	Price						
（元/公斤）	(yuan/ kg)						
籼 稻	Long-grained nonglutinous rice	0.95	1.07	1.04	1.48	1.51	1.68
优质籼稻	High quality long-grained nonglutinous rice	1.11	1.26	1.21	1.68	1.75	1.91
粳 稻	Round-grained rice	1.27	1.32	1.16	1.79	1.83	1.93
小 麦	Wheat	0.94	1.09	1.08	1.46	1.47	1.55
玉 米	Corn	0.88	1.15	1.13	1.31	1.42	1.62
大 豆	Soybeans	2.65	2.42	2.91	3.56	3.48	3.75
籼 米	Polished long-grained nonglutinous rice			1.75	2.48	2.54	2.77
优质籼米	High quality polished long-grained nonglutinous rice			2.04	2.90	3.02	3.28
粳 米	Polished round-grained rice			1.96	2.92	3.04	3.21
面 粉	Wheat flour			1.75	2.34	2.33	2.58
棉 花	Cotton (unginned cotton)	3.45	3.89	4.42	5.14	5.60	5.86
花生仁	Peanut kernel			5.56	6.54	6.94	8.10
油菜籽	Rapeseeds			2.36	2.50	2.58	3.50
花生油	Peanut oil	8.51	8.09	9.12	10.72	10.63	13.50
菜籽油	Rape oil	6.60	5.91	6.68	7.30	6.96	9.79
豆 油	Soybean oil	6.21	5.42	6.49	6.91	6.57	8.67
烤 烟	Flue-cured tobacco			8.79	12.43	12.22	13.09
活 猪	Hog	5.38	5.62	5.78	7.97	6.52	12.82
仔 猪	Piglet	7.32	7.46	7.51	12.79	7.47	18.46
猪 肉	Pork	9.48	9.92	10.19	13.33	11.25	21.30
牛 肉	Beef	12.30	12.72	14.78	17.15	17.85	21.99
羊 肉	Mutton	14.45	14.22	15.89	17.75	18.71	24.06
活 鸡	Live chicken			8.52	10.57	9.45	13.20
鸡 蛋	Eggs	4.71	5.14	4.93	6.61	5.73	7.75
草 鱼	Grass carp	7.60	7.28	7.30	9.42	9.17	10.15
鲤 鱼	Carp	8.28	7.49	7.05	8.67	8.29	9.62
鲢 鱼	Silver carp			5.72	7.43	7.08	8.04
带 鱼	Hairtail			9.17	10.57	10.66	11.33
大白菜	Chinese cabbage			0.94	1.50	1.29	1.70
黄 瓜	Cucumber			0.89	1.49	1.37	1.85
西红柿	Tomato			1.08	1.74	1.58	2.29
菜 椒	Green bell			1.33	1.98	1.88	2.62
四季豆	Kidney Beans			1.37	2.25	2.22	2.84
红富士苹果	Hongfushi Apple			3.83	3.71	5.85	5.02
香 蕉	Banana			2.90	3.07	3.53	2.98
橙 子	Orange			3.37	3.30	4.44	4.08

2—12 续表 continued

品　　种	Categories	2000	2001	2003	2005	2006	2007
二、价格变动	Index						
(上月=100)	(preceding month=100)						
籼稻	Long-grained nonglutinous rice	95.00	100.58	100.00	99.44	102.19	111.03
优质籼稻	High quality long-grained nonglutinous rice	90.98	100.44	99.62	97.43	104.01	109.26
粳稻	Round-grained rice	103.25	97.03	99.78	99.50	102.48	105.22
小麦	Wheat	94.00	99.95	98.63	98.84	100.43	105.52
玉米	Corn	101.15	104.26	99.21	99.97	108.12	114.27
大豆	Soybeans	100.38	98.46	100.38	98.73	97.66	107.96
籼米	Polished long-grained nonglutinous rice			100.31	98.75	102.43	109.22
优质籼米	High quality polished long-grained nonglutinous rice			99.64	98.70	103.91	108.84
粳米	Polished round-grained rice			100.36	99.62	104.18	105.72
面粉	Wheat flour			100.01	99.57	99.57	110.60
棉花	Cotton (unginned cotton)	100.26	102.34	101.88	102.34	108.89	104.69
花生仁	Peanut kernel			99.19	99.64	106.15	116.64
油菜籽	Rapeseeds			103.23	97.87	103.16	135.68
花生油	Peanut oil	100.59	98.74	100.33	99.95	99.19	126.98
菜籽油	Rape oil	99.55	99.31	100.49	98.93	95.31	140.58
豆油	Soybean oil	95.25	96.91	100.65	99.61	95.15	131.85
烤烟	Flue-cured tobacco			99.52	102.87	98.29	107.18
活猪	Hog	104.26	100.40	104.42	98.64	81.76	196.61
仔猪	Piglet	101.67	96.04	102.26	96.27	58.41	247.06
猪肉	Pork	102.49	101.18	103.61	99.08	84.42	189.22
牛肉	Beef	99.27	100.47	100.39	99.38	104.06	123.21
羊肉	Mutton	101.26	98.83	100.08	99.29	105.42	128.60
活鸡	Live chicken			102.16	98.25	89.46	139.63
鸡蛋	Eggs	99.37	101.25	99.21	98.70	86.73	135.12
草鱼	Grass carp	101.74	99.19	100.82	98.93	97.32	110.79
鲤鱼	Carp	100.98	96.98	101.19	99.50	95.61	116.06
鲢鱼	Silver carp			99.83	99.63	95.20	113.64
带鱼	Hairtail			99.86	99.59	100.79	106.32
大白菜	Chinese cabbage			113.41	114.26	85.94	131.86
黄瓜	Cucumber			96.50	114.83	91.91	135.18
西红柿	Tomato			79.92	106.31	91.02	144.56
菜椒	Green bell			80.85	97.56	94.76	139.38
四季豆	Kidney Beans			89.85	115.06	98.94	127.76
红富士苹果	Hongfushi Apple			104.83	108.03	157.92	85.69
香蕉	Banana			97.04	100.60	114.77	84.58
橙子	Orange			97.21	100.80	134.65	91.87

2—13 全国农产品集贸市场月度价格及走势

Monthly RMF Prices of Agricultural Products

（8月份） （Aug.）

品 种	Categories	2000	2001	2003	2005	2006	2007
一、价格	Price						
（元/公斤）	（yuan/ kg）						
籼 稻	Long-grained nonglutinous rice	0.97	1.06	1.05	1.46	1.51	1.69
优质籼稻	High quality long-grained nonglutinous rice	1.15	1.22	1.21	1.67	1.75	1.93
粳 稻	Round-grained rice	1.30	1.34	1.17	1.78	1.84	1.97
小 麦	Wheat	0.98	1.09	1.08	1.47	1.46	1.59
玉 米	Corn	0.89	1.13	1.15	1.31	1.42	1.64
大 豆	Soybeans	2.64	2.41	2.94	3.56	3.48	3.86
籼 米	Polished long-grained nonglutinous rice			1.75	2.46	2.55	2.82
优质籼米	High quality polished long-grained nonglutinous rice			2.04	2.89	3.03	3.33
粳 米	Polished round-grained rice			1.97	2.93	3.07	3.26
面 粉	Wheat flour			1.75	2.34	2.35	2.62
棉 花	Cotton (unginned cotton)	3.50	3.78	4.46	5.10	5.56	6.00
花生仁	Peanut kernel			5.65	6.58	7.01	8.41
油菜籽	Rapeseeds			2.38	2.52	2.60	3.58
花生油	Peanut oil	8.48	7.94	9.16	10.76	10.75	13.96
菜籽油	Rape oil	6.36	5.96	6.71	7.22	7.03	10.23
豆 油	Soybean oil	6.23	5.45	6.52	6.85	6.58	9.17
烤 烟	Flue-cured tobacco			8.57	12.55	12.05	13.45
活 猪	Hog	5.57	5.74	6.00	7.92	7.08	13.71
仔 猪	Piglet	7.43	7.59	7.81	12.50	8.18	21.32
猪 肉	Pork	9.82	10.13	10.56	13.28	12.12	23.08
牛 肉	Beef	12.66	12.60	14.90	17.22	18.05	23.22
羊 肉	Mutton	14.58	14.41	15.95	17.88	18.79	25.20
活 鸡	Live chicken			8.70	10.70	10.02	13.77
鸡 蛋	Eggs	5.17	5.44	5.23	6.77	6.40	8.27
草 鱼	Grass carp	7.34	7.28	7.30	9.39	9.23	10.34
鲤 鱼	Carp	7.89	7.53	7.15	8.55	8.36	9.70
鲢 鱼	Silver carp			5.75	7.35	7.16	8.17
带 鱼	Hairtail			9.28	10.66	10.67	11.55
大白菜	Chinese cabbage			1.15	1.49	1.50	2.03
黄 瓜	Cucumber			1.38	1.64	1.70	2.30
西红柿	Tomato			1.45	1.94	1.75	2.67
菜 椒	Green bell			1.59	2.03	1.95	2.70
四季豆	Kidney Beans			1.83	2.42	2.54	3.11
红富士苹果	Hongfushi Apple			3.86	3.83	5.28	4.96
香 蕉	Banana			2.95	3.20	3.41	3.14
橙 子	Orange			3.62	3.25	4.36	4.55

2—13 续表 continued

品　种	Categories	2000	2001	2003	2005	2006	2007
二、价格变动	Index						
(上月=100)	(preceding month=100)						
籼 稻	Long-grained nonglutinous rice	102.11	99.19	100.15	98.83	102.98	112.53
优质籼稻	High quality long-grained nonglutinous rice	103.60	97.25	99.95	99.02	104.66	110.36
粳 稻	Round-grained rice	102.36	101.29	100.55	99.41	103.45	107.04
小 麦	Wheat	104.26	100.12	100.55	100.64	99.16	109.07
玉 米	Corn	101.14	98.34	101.49	100.28	108.24	115.06
大 豆	Soybeans	99.62	99.82	100.88	100.04	97.76	110.99
籼 米	Polished long-grained nonglutinous rice			100.34	99.14	103.56	110.74
优质籼米	High quality polished long-grained nonglutinous rice			100.19	99.69	104.74	109.73
粳 米	Polished round-grained rice			100.79	100.33	104.87	106.35
面 粉	Wheat flour			99.79	99.96	100.43	111.57
棉 花	Cotton (unginned cotton)	101.39	97.17	100.89	99.28	109.02	107.82
花生仁	Peanut kernel			101.71	100.68	106.45	119.95
油菜籽	Rapeseeds			101.09	100.73	103.22	137.62
花生油	Peanut oil	99.65	98.22	100.40	100.38	99.90	129.84
菜籽油	Rape oil	96.36	100.70	100.45	98.88	97.28	145.63
豆 油	Soybean oil	100.32	100.57	100.45	99.22	96.03	139.26
烤 烟	Flue-cured tobacco			97.54	100.96	96.04	111.56
活 猪	Hog	103.53	102.06	103.90	99.29	89.36	193.79
仔 猪	Piglet	101.50	101.69	103.99	97.71	65.45	260.68
猪 肉	Pork	103.59	102.09	103.63	99.63	91.29	190.33
牛 肉	Beef	102.93	99.07	100.82	100.42	104.82	128.59
羊 肉	Mutton	100.90	101.33	100.42	100.74	105.08	134.16
活 鸡	Live chicken			102.14	101.23	93.65	137.46
鸡 蛋	Eggs	109.77	105.64	106.15	102.37	94.53	129.25
草 鱼	Grass carp	96.58	100.12	100.01	99.74	98.31	112.02
鲤 鱼	Carp	95.29	100.62	101.42	98.58	97.87	116.00
鲢 鱼	Silver carp			100.61	98.92	97.38	114.05
带 鱼	Hairtail			101.17	100.83	100.09	108.26
大白菜	Chinese cabbage			122.87	99.48	100.80	135.31
黄 瓜	Cucumber			156.06	110.03	103.58	135.41
西红柿	Tomato			134.77	111.72	90.06	152.32
菜 椒	Green bell			119.54	102.59	96.05	138.22
四季豆	Kidney Beans			133.98	107.66	104.94	122.31
红富士苹果	Hongfushi Apple			100.72	103.33	137.81	93.91
香 蕉	Banana			101.90	104.16	106.65	92.04
橙 子	Orange			107.59	98.41	134.16	104.52

2—14 全国农产品集贸市场月度价格及走势
Monthly RMF Prices of Agricultural Products

(9月份) (Sep.)

品　种	Categories	2000	2001	2003	2005	2006	2007
一、价格	Price						
(元/公斤)	(yuan/ kg)						
籼 稻	Long-grained nonglutinous rice	0.96	1.07	1.05	1.46	1.52	1.71
优质籼稻	High quality long-grained nonglutinous rice	1.13	1.24	1.23	1.67	1.76	1.94
粳 稻	Round-grained rice	1.26	1.39	1.18	1.79	1.86	1.97
小 麦	Wheat	0.97	1.12	1.10	1.47	1.45	1.63
玉 米	Corn	0.90	1.13	1.16	1.32	1.41	1.66
大 豆	Soybeans	2.51	2.45	2.94	3.51	3.47	3.92
籼 米	Polished long-grained nonglutinous rice			1.77	2.47	2.55	2.85
优质籼米	High quality polished long-grained nonglutinous rice			2.05	2.91	3.06	3.36
粳 米	Polished round-grained rice			1.98	2.94	3.09	3.25
面 粉	Wheat flour			1.76	2.33	2.36	2.61
棉 花	Cotton (unginned cotton)	3.34	3.40	4.85	5.28	5.55	5.94
花生仁	Peanut kernel			5.67	6.59	6.99	8.52
油菜籽	Rapeseeds			2.44	2.54	2.63	3.74
花生油	Peanut oil	8.40	7.93	9.24	10.66	10.82	14.19
菜籽油	Rape oil	6.34	5.85	6.76	7.18	7.12	10.38
豆 油	Soybean oil	6.09	5.42	6.56	6.78	6.64	9.21
烤 烟	Flue-cured tobacco			8.61	12.51	12.13	12.90
活 猪	Hog	5.58	5.87	6.25	7.87	7.56	13.26
仔 猪	Piglet	7.54	7.58	8.13	12.16	8.90	21.03
猪 肉	Pork	9.98	10.32	10.98	13.23	12.79	21.94
牛 肉	Beef	12.81	12.76	15.04	17.44	18.21	23.48
羊 肉	Mutton	14.54	14.24	16.02	17.86	19.06	25.82
活 鸡	Live chicken			8.88	10.57	10.47	13.75
鸡 蛋	Eggs	5.29	5.54	5.52	6.96	6.95	8.44
草 鱼	Grass carp	7.35	7.27	7.25	9.39	9.28	10.25
鲤 鱼	Carp	7.74	7.46	7.14	8.59	8.39	9.51
鲢 鱼	Silver carp			5.87	7.42	7.09	8.02
带 鱼	Hairtail			9.20	10.63	10.78	11.32
大白菜	Chinese cabbage			1.19	1.41	1.67	1.81
黄 瓜	Cucumber			1.53	1.71	2.17	2.22
西红柿	Tomato			1.72	2.08	2.23	2.73
菜 椒	Green bell			1.94	2.21	2.25	2.89
四季豆	Kidney Beans			2.12	2.56	3.04	3.26
红富士苹果	Hongfushi Apple			3.56	3.79	4.78	4.76
香 蕉	Banana			3.15	3.50	3.38	3.31
橙 子	Orange			3.98	3.34	4.38	4.40

2—14 续表 continued

品　　种	Categories	2000	2001	2003	2005	2006	2007
二、价格变动	Index						
(上月=100)	(preceding month=100)						
籼 稻	Long-grained nonglutinous rice	98.97	100.64	100.47	99.60	104.35	112.26
优质籼稻	High quality long-grained nonglutinous rice	98.26	101.39	100.97	100.17	105.42	110.18
粳 稻	Round-grained rice	96.92	103.33	101.38	100.62	103.82	106.31
小 麦	Wheat	98.98	103.29	101.55	99.62	98.53	112.50
玉 米	Corn	101.12	100.28	100.44	100.29	107.09	117.47
大 豆	Soybeans	95.08	101.42	100.29	98.49	98.99	113.06
籼 米	Polished long-grained nonglutinous rice			100.93	100.60	103.29	111.42
优质籼米	High quality polished long-grained nonglutinous rice			100.37	100.57	105.23	109.75
粳 米	Polished round-grained rice			100.46	100.54	104.99	105.38
面 粉	Wheat flour			100.85	99.63	101.17	110.92
棉 花	Cotton (unginned cotton)	95.45	89.96	108.80	103.47	105.19	106.94
花生仁	Peanut kernel			100.37	100.06	106.02	122.02
油菜籽	Rapeseeds			102.56	101.02	103.23	142.55
花生油	Peanut oil	99.06	99.82	100.88	99.09	101.51	131.10
菜籽油	Rape oil	99.69	98.16	100.86	99.47	99.12	145.82
豆 油	Soybean oil	97.75	99.50	100.49	98.98	97.85	138.80
烤 烟	Flue-cured tobacco			100.44	99.69	97.00	106.31
活 猪	Hog	100.18	102.35	104.20	99.36	96.11	175.41
仔 猪	Piglet	101.48	99.91	104.14	97.30	73.23	236.22
猪 肉	Pork	101.63	101.88	104.00	99.63	96.63	171.57
牛 肉	Beef	101.18	101.23	100.94	101.26	104.41	128.90
羊 肉	Mutton	99.73	98.82	100.45	99.89	106.71	135.49
活 鸡	Live chicken			102.06	98.83	99.05	131.36
鸡 蛋	Eggs	102.32	101.97	105.66	102.86	99.84	121.42
草 鱼	Grass carp	100.14	99.82	99.32	99.93	98.90	110.40
鲤 鱼	Carp	98.10	98.98	99.92	100.48	97.66	113.44
鲢 鱼	Silver carp			102.08	100.87	95.59	113.11
带 鱼	Hairtail			99.14	99.72	101.41	104.98
大白菜	Chinese cabbage			102.87	94.54	118.35	108.39
黄 瓜	Cucumber			110.32	104.33	126.76	102.68
西红柿	Tomato			118.84	107.14	107.20	122.20
菜 椒	Green bell			121.98	109.03	101.45	128.74
四季豆	Kidney Beans			115.67	105.87	118.69	107.37
红富士苹果	Hongfushi Apple			92.19	98.97	126.10	99.70
香 蕉	Banana			106.75	109.42	96.60	97.93
橙 子	Orange			109.98	102.75	131.12	100.45

2—15 全国农产品集贸市场月度价格及走势
Monthly RMF Prices of Agricultural Products

(10月份) (Oct.)

品　种	Categories	2000	2001	2003	2005	2006	2007
一、价格	Price						
(元/公斤)	(yuan/ kg)						
籼 稻	Long-grained nonglutinous rice	0.98	1.06	1.07	1.45	1.52	1.71
优质籼稻	High quality long-grained nonglutinous rice	1.16	1.24	1.25	1.66	1.76	1.94
粳 稻	Round-grained rice	1.29	1.32	1.24	1.77	1.85	1.97
小 麦	Wheat	1.00	1.12	1.14	1.45	1.47	1.64
玉 米	Corn	0.90	1.10	1.16	1.29	1.38	1.64
大 豆	Soybeans	2.47	2.40	3.06	3.48	3.47	4.07
籼 米	Polished long-grained nonglutinous rice			1.80	2.47	2.59	2.85
优质籼米	High quality polished long-grained nonglutinous rice			2.09	2.92	3.09	3.40
粳 米	Polished round-grained rice			2.03	2.95	3.10	3.28
面 粉	Wheat flour			1.80	2.33	2.35	2.61
棉 花	Cotton (unginned cotton)	3.50	3.20	5.90	5.51	5.34	6.18
花生仁	Peanut kernel			5.83	6.53	6.97	8.67
油菜籽	Rapeseeds			2.54	2.57	2.66	3.85
花生油	Peanut oil	8.32	7.85	9.92	10.61	10.91	14.51
菜籽油	Rape oil	6.63	5.85	7.25	7.17	7.19	10.53
豆 油	Soybean oil	6.01	5.42	7.47	6.70	6.69	9.35
烤 烟	Flue-cured tobacco			8.47	12.64	12.18	12.87
活 猪	Hog	5.65	5.85	6.74	7.31	7.68	12.92
仔 猪	Piglet	7.44	7.40	8.60	10.55	9.16	20.57
猪 肉	Pork	10.16	10.30	11.79	12.72	13.06	21.15
牛 肉	Beef	12.77	12.86	15.30	17.49	18.39	24.09
羊 肉	Mutton	14.37	14.70	16.25	18.06	19.28	26.46
活 鸡	Live chicken			9.08	10.44	10.62	13.52
鸡 蛋	Eggs	5.09	5.45	5.66	6.66	6.82	8.25
草 鱼	Grass carp	7.31	7.20	7.30	9.29	9.21	10.13
鲤 鱼	Carp	7.65	7.32	7.14	8.47	8.30	9.44
鲢 鱼	Silver carp			5.85	7.35	7.13	7.88
带 鱼	Hairtail			9.44	10.52	10.70	11.31
大白菜	Chinese cabbage			1.02	1.27	1.10	1.58
黄 瓜	Cucumber			1.94	2.19	1.94	3.02
西红柿	Tomato			2.14	2.39	2.24	3.18
菜 椒	Green bell			2.24	2.50	2.36	3.34
四季豆	Kidney Beans			2.30	2.78	2.62	3.81
红富士苹果	Hongfushi Apple			3.16	3.56	4.39	4.62
香 蕉	Banana			3.15	3.48	3.44	3.39
橙 子	Orange			3.67	3.28	4.19	4.32

2—15 续表 continued

品种	Categories	2000	2001	2003	2005	2006	2007
二、价格变动	Index						
(上月=100)	(preceding month=100)						
籼稻	Long-grained nonglutinous rice	102.33	99.03	101.72	99.61	104.64	112.52
优质籼稻	High quality long-grained nonglutinous rice	102.68	100.23	101.80	99.39	106.27	109.88
粳稻	Round-grained rice	102.59	94.94	105.02	99.00	104.31	106.46
小麦	Wheat	103.01	99.47	103.41	98.99	101.33	111.45
玉米	Corn	99.92	97.19	100.77	97.87	106.62	119.29
大豆	Soybeans	98.31	98.17	103.91	99.27	99.70	117.33
籼米	Polished long-grained nonglutinous rice			101.55	99.90	104.65	110.35
优质籼米	High quality polished long-grained nonglutinous rice			101.87	100.34	105.87	109.80
粳米	Polished round-grained rice			102.58	100.25	105.00	106.05
面粉	Wheat flour			101.95	100.11	100.83	111.04
棉花	Cotton (unginned cotton)	104.82	94.19	121.53	104.28	97.06	115.60
花生仁	Peanut kernel			102.82	99.16	106.60	124.46
油菜籽	Rapeseeds			104.09	100.94	103.56	144.84
花生油	Peanut oil	99.10	99.00	107.41	99.54	102.79	133.00
菜籽油	Rape oil	104.57	100.11	107.17	99.75	100.36	146.40
豆油	Soybean oil	98.73	99.97	113.88	98.69	99.98	139.65
烤烟	Flue-cured tobacco			98.34	101.07	96.37	105.60
活猪	Hog	101.21	99.59	107.84	92.94	105.03	168.29
仔猪	Piglet	98.65	97.60	105.81	86.80	86.79	224.61
猪肉	Pork	101.83	99.83	107.38	96.10	102.67	161.96
牛肉	Beef	99.66	100.83	101.69	100.25	105.19	130.95
羊肉	Mutton	98.86	103.22	101.42	101.11	106.76	137.26
活鸡	Live chicken			102.28	98.79	101.72	127.30
鸡蛋	Eggs	96.16	98.26	102.46	95.71	102.40	120.85
草鱼	Grass carp	99.52	98.96	100.63	98.95	99.15	109.98
鲤鱼	Carp	98.79	98.11	99.97	98.59	97.99	113.78
鲢鱼	Silver carp			99.62	99.06	96.99	110.61
带鱼	Hairtail			102.62	98.98	101.69	105.73
大白菜	Chinese cabbage			86.37	90.14	86.64	143.81
黄瓜	Cucumber			126.72	127.96	88.91	155.29
西红柿	Tomato			124.40	114.78	93.55	142.26
菜椒	Green bell			115.64	112.72	94.37	141.57
四季豆	Kidney Beans			108.65	108.47	94.35	145.36
红富士苹果	Hongfushi Apple			88.77	93.94	123.22	105.20
香蕉	Banana			100.00	99.44	98.84	98.39
橙子	Orange			92.08	98.14	127.81	103.24

2—16 全国农产品集贸市场价格及走势
Monthly RMF Prices of Agricultural Products

（11 月份） （Nov.）

品 种	Categories	2000	2001	2003	2005	2006	2007
一、价格	Price						
（元/公斤）	(yuan/ kg)						
籼 稻	Long-grained nonglutinous rice	1.00	1.06	1.19	1.45	1.53	1.72
优质籼稻	High quality long-grained nonglutinous rice	1.19	1.25	1.41	1.66	1.78	1.95
粳 稻	Round-grained rice	1.26	1.28	1.36	1.76	1.84	1.95
小 麦	Wheat	1.02	1.11	1.26	1.46	1.52	1.66
玉 米	Corn	0.92	1.05	1.25	1.26	1.39	1.62
大 豆	Soybeans	2.46	2.36	3.40	3.46	3.46	4.53
籼 米	Polished long-grained nonglutinous rice			1.98	2.46	2.60	2.87
优质籼米	High quality polished long-grained nonglutinous rice			2.33	2.91	3.10	3.41
粳 米	Polished round-grained rice			2.25	2.95	3.11	3.31
面 粉	Wheat flour			2.01	2.33	2.42	2.66
棉 花	Cotton (unginned cotton)	3.57	2.90	6.28	5.48	5.34	6.30
花生仁	Peanut kernel			6.21	6.53	7.08	9.24
油菜籽	Rapeseeds			2.87	2.58	2.68	3.93
花生油	Peanut oil	8.16	7.88	10.78	10.64	11.15	15.62
菜籽油	Rape oil	6.24	5.88	7.93	7.16	7.44	11.39
豆 油	Soybean oil	5.94	5.36	7.67	6.65	7.21	10.32
烤 烟	Flue-cured tobacco			8.74	12.62	12.15	13.35
活 猪	Hog	5.79	5.92	7.23	7.09	8.10	13.78
仔 猪	Piglet	7.56	7.42	9.12	9.57	9.71	21.61
猪 肉	Pork	10.35	10.32	12.59	12.27	13.53	22.37
牛 肉	Beef	12.62	13.08	15.74	17.54	18.59	25.04
羊 肉	Mutton	14.63	14.62	16.60	18.18	19.77	27.64
活 鸡	Live chicken			9.52	9.37	10.75	13.49
鸡 蛋	Eggs	5.09	5.33	6.14	6.34	6.98	8.09
草 鱼	Grass carp	7.25	7.15	7.43	9.12	9.18	9.94
鲤 鱼	Carp	7.50	7.17	7.20	8.30	8.28	9.40
鲢 鱼	Silver carp			5.93	7.21	7.11	7.87
带 鱼	Hairtail			9.40	10.48	10.65	11.38
大白菜	Chinese cabbage			0.92	1.04	0.98	1.39
黄 瓜	Cucumber			2.33	2.48	2.34	3.33
西红柿	Tomato			2.49	2.55	2.48	3.25
菜 椒	Green bell			2.63	3.03	2.63	4.15
四季豆	Kidney Beans			2.65	3.02	3.12	4.49
红富士苹果	Hongfushi Apple			3.07	3.56	4.20	4.69
香 蕉	Banana			3.31	3.46	3.38	3.45
橙 子	Orange			3.44	3.32	4.17	4.21

2—16 续表 continued

品 种	Categories	2000	2001	2003	2005	2006	2007
二、价格变动	Index						
(上月=100)	(preceding month=100)						
籼稻	Long-grained nonglutinous rice	102.11	99.52	111.81	100.21	105.19	112.78
优质籼稻	High quality long-grained nonglutinous rice	102.74	100.25	113.03	100.17	106.96	109.84
粳稻	Round-grained rice	97.83	97.38	109.54	99.54	104.58	105.59
小麦	Wheat	101.82	98.83	110.76	100.78	103.61	109.45
玉米	Corn	102.64	95.04	107.16	97.91	110.35	116.12
大豆	Soybeans	99.60	98.00	111.10	99.43	99.87	131.01
籼米	Polished long-grained nonglutinous rice			110.03	99.63	105.80	110.32
优质籼米	High quality polished long-grained nonglutinous rice			111.72	99.54	106.65	110.00
粳米	Polished round-grained rice			110.70	100.15	105.31	106.42
面粉	Wheat flour			112.01	99.98	103.58	110.13
棉花	Cotton (unginned cotton)	102.14	90.43	106.49	99.56	97.46	117.88
花生仁	Peanut kernel			106.49	100.01	108.30	130.56
油菜籽	Rapeseeds			112.93	100.63	103.57	146.70
花生油	Peanut oil	97.99	100.39	108.63	100.29	104.79	140.05
菜籽油	Rape oil	94.17	100.50	109.33	99.88	103.93	153.08
豆油	Soybean oil	98.73	98.93	102.69	99.35	108.36	143.19
烤烟	Flue-cured tobacco			103.20	99.79	96.27	109.90
活猪	Hog	102.60	101.14	107.25	96.94	114.31	170.09
仔猪	Piglet	101.57	100.37	106.03	90.73	101.46	222.44
猪肉	Pork	101.86	100.18	106.77	96.51	110.22	165.37
牛肉	Beef	98.82	101.70	102.89	100.28	106.00	134.72
羊肉	Mutton	101.79	99.41	102.16	100.67	108.78	139.78
活鸡	Live chicken			104.87	89.69	114.79	125.43
鸡蛋	Eggs	100.04	97.86	108.51	95.20	110.08	115.90
草鱼	Grass carp	99.14	99.31	101.87	98.20	100.69	108.25
鲤鱼	Carp	98.11	97.97	100.85	97.99	99.83	113.51
鲢鱼	Silver carp			101.42	98.16	98.55	110.75
带鱼	Hairtail			99.50	99.55	101.61	106.90
大白菜	Chinese cabbage			89.76	81.73	94.07	142.80
黄瓜	Cucumber			120.47	113.54	94.19	142.59
西红柿	Tomato			116.33	106.58	97.27	131.30
菜椒	Green bell			117.34	121.24	86.75	158.08
四季豆	Kidney Beans			115.07	108.62	103.52	143.61
红富士苹果	Hongfushi Apple			97.15	100.07	117.94	111.55
香蕉	Banana			105.16	99.28	97.71	102.05
橙子	Orange			93.66	101.45	125.54	100.82

2—17 全国农产品集贸市场月度价格及走势

Monthly RMF Prices of Agricultural Products

（12月份） (Dec.)

品　种	Categories	2000	2001	2003	2005	2006	2007
一、价格	Price						
（元/公斤）	(yuan/ kg)						
籼 稻	Long-grained nonglutinous rice	1.01	1.08	1.21	1.47	1.58	1.76
优质籼稻	High quality long-grained nonglutinous rice	1.19	1.27	1.39	1.69	1.82	1.99
粳 稻	Round-grained rice	1.27	1.28	1.36	1.79	1.88	1.93
小 麦	Wheat	1.06	1.13	1.34	1.47	1.57	1.70
玉 米	Corn	0.97	1.03	1.28	1.26	1.46	1.66
大 豆	Soybeans	2.46	2.34	3.38	3.46	3.56	4.83
籼 米	Polished long-grained nonglutinous rice			2.00	2.48	2.67	2.92
优质籼米	High quality polished long-grained nonglutinous rice			2.37	2.93	3.19	3.45
粳 米	Polished round-grained rice			2.24	2.97	3.21	3.31
面 粉	Wheat flour			2.11	2.33	2.50	2.72
棉 花	Cotton (unginned cotton)	3.60	2.91	5.88	5.63	5.38	6.32
花生仁	Peanut kernel			6.33	6.51	7.28	9.65
油菜籽	Rapeseeds			2.84	2.61	2.95	4.03
花生油	Peanut oil	8.30	7.72	11.10	10.64	11.84	16.24
菜籽油	Rape oil	6.21	5.71	7.94	7.15	8.31	12.06
豆 油	Soybean oil	5.89	5.29	7.68	6.67	7.85	10.72
烤 烟	Flue-cured tobacco			8.87	12.84	12.58	13.74
活 猪	Hog	5.88	5.98	7.34	7.25	8.85	14.95
仔 猪	Piglet	7.56	7.44	9.02	9.42	10.71	23.78
猪 肉	Pork	10.21	10.34	12.55	12.34	14.59	23.97
牛 肉	Beef	12.74	13.17	15.77	17.77	18.99	26.53
羊 肉	Mutton	14.58	14.98	16.68	18.63	20.78	29.11
活 鸡	Live chicken			9.48	9.18	11.30	13.61
鸡 蛋	Eggs	5.10	5.38	6.09	6.21	7.42	7.98
草 鱼	Grass carp	7.28	7.22	7.34	9.16	9.32	10.21
鲤 鱼	Carp	7.56	7.17	7.16	8.28	8.32	9.49
鲢 鱼	Silver carp			5.85	7.16	7.16	8.02
带 鱼	Hairtail			9.22	10.48	10.80	11.35
大白菜	Chinese cabbage			0.89	1.11	1.04	1.25
黄 瓜	Cucumber			2.88	2.72	3.25	3.51
西红柿	Tomato			2.76	2.93	3.08	3.42
菜 椒	Green bell			2.87	3.32	3.24	4.46
四季豆	Kidney Beans			3.08	3.49	3.63	4.53
红富士苹果	Hongfushi Apple			3.03	3.65	4.26	4.79
香 蕉	Banana			3.35	3.42	3.46	3.59
橙 子	Orange			3.48	3.38	3.97	3.97

2—17 续表

continued

品　种	Categories	2000	2001	2003	2005	2006	2007
二、价格变动	Index						
(上月=100)	(preceding month=100)						
籼 稻	Long-grained nonglutinous rice	100.26	102.36	101.43	101.04	107.74	111.13
优质籼稻	High quality long-grained nonglutinous rice	99.68	101.65	98.83	101.33	108.06	109.33
粳 稻	Round-grained rice	100.58	99.65	99.97	101.36	105.22	102.86
小 麦	Wheat	104.23	101.86	106.15	100.24	107.00	107.97
玉 米	Corn	104.55	98.22	102.23	100.04	115.28	113.70
大 豆	Soybeans	99.95	99.27	99.52	100.11	102.74	135.69
籼 米	Polished long-grained nonglutinous rice			101.41	100.59	107.89	109.42
优质籼米	High quality polished long-grained nonglutinous rice			101.69	100.90	108.59	108.27
粳 米	Polished round-grained rice			99.69	100.50	108.13	103.09
面 粉	Wheat flour			104.96	99.91	107.26	108.83
棉 花	Cotton (unginned cotton)	100.79	100.30	93.73	102.72	95.58	117.49
花生仁	Peanut kernel			101.97	99.67	111.76	132.54
油菜籽	Rapeseeds			99.01	100.96	113.16	136.59
花生油	Peanut oil	101.78	97.98	102.98	99.92	111.34	137.14
菜籽油	Rape oil	99.52	97.02	100.11	99.84	116.32	145.02
豆 油	Soybean oil	99.15	98.71	100.16	100.33	117.56	136.56
烤 烟	Flue-cured tobacco			101.49	101.74	97.98	109.26
活 猪	Hog	101.43	101.13	101.44	102.34	122.08	168.85
仔 猪	Piglet	100.04	100.26	98.87	98.40	113.70	221.98
猪 肉	Pork	98.65	100.15	99.70	100.54	118.20	164.34
牛 肉	Beef	100.98	100.71	100.19	101.32	106.85	139.72
羊 肉	Mutton	99.68	102.46	100.46	102.50	111.52	140.11
活 鸡	Live chicken			99.52	97.97	123.18	120.38
鸡 蛋	Eggs	100.21	101.01	99.18	97.88	119.42	107.67
草 鱼	Grass carp	100.34	101.09	98.79	100.41	101.75	109.61
鲤 鱼	Carp	100.82	99.97	99.48	99.82	100.47	114.08
鲢 鱼	Silver carp			98.66	99.32	100.00	111.97
带 鱼	Hairtail			98.19	100.03	103.09	105.10
大白菜	Chinese cabbage			96.66	106.91	93.65	120.24
黄 瓜	Cucumber			123.53	109.72	119.40	107.91
西红柿	Tomato			110.91	115.21	104.93	111.15
菜 椒	Green bell			109.06	109.69	97.51	137.89
四季豆	Kidney Beans			116.54	115.51	104.12	124.74
红富士苹果	Hongfushi Apple			98.95	102.54	116.59	112.47
香 蕉	Banana			101.21	98.95	101.12	103.83
橙 子	Orange			101.40	101.58	117.51	100.20

2—18 全国农产品集贸市场月度价格走势(2007年1月)
Monthly RMF Prices of the Agricultural Products(Jan. 2007)

品种 Categories		价格(元/公斤) Price (yuan/ kg)	价格走势 Increase rate		
			本月比上月上涨 Increase rate over the last month(%)	本月比上年同月上涨 Increase rate over the same month of the preceding year (%)	1—1月比上年同期上涨 Jan. -Jan. increase rate over the same period of the preceding year (%)
籼稻	Long-grained nonglutinous rice	1.60	1.22	8.31	8.31
优质籼稻	High quality long-grained nonglutinous rice	1.84	0.89	7.92	7.92
粳稻	Round-grained rice	1.88	0.07	3.98	3.98
小麦	Wheat	1.59	1.11	8.54	8.54
玉米	Corn	1.48	1.24	15.95	15.95
大豆	Soybeans	3.56		2.32	2.32
籼米	Polished long-grained nonglutinous rice	2.70	1.12	7.70	7.70
优质籼米	High quality polished long-grained nonglutinous rice	3.20	0.32	8.00	8.00
粳米	Polished round-grained rice	3.21	0.14	6.34	6.34
面粉	Wheat flour	2.52	0.69	6.90	6.90
棉花(籽棉)	Cotton (unginned cotton)	5.60	4.12	−0.05	−0.05
花生仁	Peanut kernel	7.33	0.68	10.85	10.85
油菜籽	Rapeseeds	2.92	−1.18	12.34	12.34
花生油	Peanut oil	12.00	1.33	12.99	12.99
菜籽油	Rape oil	8.63	3.82	20.85	20.85
豆油	Soybean oil	7.86	0.21	16.71	16.71
烤烟	Flue-cured tobacco	12.46	−0.97	−1.81	−1.81
活猪	Hog	9.14	3.26	21.92	21.92
仔猪	Piglet	11.23	4.86	17.13	17.13
猪肉	Pork	14.98	2.73	18.27	18.27
牛肉	Beef	19.30	1.64	5.38	5.38
羊肉	Mutton	21.52	3.55	10.47	10.47
活鸡	Live chicken	11.45	1.24	18.51	18.51
鸡蛋	Eggs	7.27	−1.94	17.32	17.32
草鱼	Grass carp	9.24	−0.84	−0.98	−0.98
鲤鱼	Carp	8.34	0.18	−0.43	−0.43
鲢鱼	Silver carp	7.09	−1.10	−2.51	−2.51
带鱼	Hairtail	10.85	0.43	−0.92	−0.92
大白菜	Chinese cabbage	0.98	−5.42	−24.65	−24.65
黄瓜	Cucumber	3.25	0.01	−22.40	−22.40
西红柿	Tomato	3.12	1.43	−22.13	−22.13
菜椒	Green bell	3.51	8.56	−24.07	−24.07
四季豆	Kidney Beans	4.00	10.26	−8.61	−8.61
红富士苹果	Hongfushi Apple	4.23	−0.71	7.17	7.17
香蕉	Banana	3.54	2.34	−0.99	−0.99
橙子	Orange	4.03	1.62	9.54	9.54

2—19 全国农产品集贸市场月度价格走势(2007年2月)
Monthly RMF Prices of the Agricultural Products(Feb. 2007)

品种 Categories		价格(元/公斤) Price (yuan/kg)	价格走势 Increase rate: 本月比上月上涨 Increase rate over the last month(%)	价格走势 Increase rate: 本月比上年同月上涨 Increase rate over the same month of the preceding year (%))	价格走势 Increase rate: 1—2月比上年同期上涨 Jan.-Feb. increase rate over the same period of the preceding year (%)
籼稻	Long-grained nonglutinous rice	1.61	0.81	9.64	8.97
优质籼稻	High quality long-grained nonglutinous rice	1.84	0.30	8.88	8.40
粳稻	Round-grained rice	1.89	0.37	4.35	4.17
小麦	Wheat	1.57	—0.97	8.13	8.33
玉米	Corn	1.49	1.24	16.62	16.29
大豆	Soybeans	3.57	0.16	2.30	2.31
籼米	Polished long-grained nonglutinous rice	2.71	0.45	8.23	7.96
优质籼米	High quality polished long-grained nonglutinous rice	3.22	0.91	8.86	8.43
粳米	Polished round-grained rice	3.21	—0.05	6.53	6.44
面粉	Wheat flour	2.53	0.41	7.85	7.38
棉花(籽棉)	Cotton (unginned cotton)	5.67	1.17	1.40	0.67
花生仁	Peanut kernel	7.45	1.63	13.27	12.06
油菜籽	Rapeseeds	2.96	1.38	13.05	12.70
花生油	Peanut oil	12.15	1.27	14.75	13.87
菜籽油	Rape oil	8.67	0.49	21.77	21.31
豆油	Soybean oil	7.97	1.39	19.39	18.04
烤烟	Flue-cured tobacco	12.71	2.03	1.38	—0.23
活猪	Hog	9.01	—1.42	23.71	22.80
仔猪	Piglet	11.34	0.92	15.75	16.43
猪肉	Pork	15.13	1.00	21.98	20.11
牛肉	Beef	20.14	4.39	10.60	7.99
羊肉	Mutton	22.07	2.57	15.05	12.74
活鸡	Live chicken	12.13	5.99	28.20	23.31
鸡蛋	Eggs	7.61	4.72	29.80	23.39
草鱼	Grass carp	9.49	2.71	2.77	0.88
鲤鱼	Carp	8.62	3.43	5.44	2.47
鲢鱼	Silver carp	7.29	2.88	2.19	—0.18
带鱼	Hairtail	11.01	1.45	3.82	1.41
大白菜	Chinese cabbage	0.99	0.26	—22.25	—23.47
黄瓜	Cucumber	3.77	15.95	4.98	—9.76
西红柿	Tomato	3.61	15.63	1.17	—11.16
菜椒	Green bell	4.35	23.77	0.47	—12.21
四季豆	Kidney Beans	4.94	23.52	13.67	2.49
红富士苹果	Hongfushi Apple	4.38	3.53	7.59	7.38
香蕉	Banana	3.90	10.31	9.09	4.05
橙子	Orange	4.24	5.10	12.90	11.24

2—20 全国农产品集贸市场月度价格走势(2007 年 3 月)
Monthly RMF Prices of the Agricultural Products(Mar. 2007)

品种	Categories	价格(元/公斤) Price (yuan/ kg)	价格走势 Increase rate 本月比上月上涨 Increase rate over the last month(%)	本月比上年同月上涨 Increase rate over the same month of the preceding year (%))	1—3 月比上年同期上涨 Jan. -Mar. increase rate over the same period of the preceding year (%)
籼稻	Long-grained nonglutinous rice	1.62	0.45	8.42	8.79
优质籼稻	High quality long-grained nonglutinous rice	1.85	0.17	7.48	8.09
粳稻	Round-grained rice	1.89	0.13	4.15	4.16
小麦	Wheat	1.57	−0.36	7.00	7.89
玉米	Corn	1.50	0.44	15.82	16.13
大豆	Soybeans	3.58	0.32	2.56	2.39
籼米	Polished long-grained nonglutinous rice	2.71	−0.14	7.54	7.82
优质籼米	High quality polished long-grained nonglutinous rice	3.21	−0.59	7.87	8.24
粳米	Polished round-grained rice	3.18	−1.08	5.17	6.01
面粉	Wheat flour	2.52	−0.21	7.33	7.36
棉花(籽棉)	Cotton (unginned cotton)	5.72	0.97	2.59	1.31
花生仁	Peanut kernel	7.48	0.46	14.28	12.80
油菜籽	Rapeseeds	3.00	1.32	12.67	12.69
花生油	Peanut oil	12.15	−0.05	13.98	13.90
菜籽油	Rape oil	8.64	−0.40	21.62	21.41
豆油	Soybean oil	7.91	−0.74	18.03	18.04
烤烟	Flue-cured tobacco	12.39	−2.51	3.00	0.81
活猪	Hog	8.75	−2.96	25.18	23.57
仔猪	Piglet	11.40	0.52	19.48	17.44
猪肉	Pork	14.52	−4.03	21.56	20.58
牛肉	Beef	19.87	−1.36	10.78	8.91
羊肉	Mutton	21.99	−0.37	15.32	13.59
活鸡	Live chicken	11.67	−3.80	24.59	23.73
鸡蛋	Eggs	7.22	−5.20	25.29	24.00
草鱼	Grass carp	9.25	−2.51	3.46	1.72
鲤鱼	Carp	8.40	−2.57	4.56	3.15
鲢鱼	Silver carp	7.06	−3.18	−0.43	−0.26
带鱼	Hairtail	10.71	−2.67	1.79	1.53
大白菜	Chinese cabbage	1.07	8.24	−14.88	−20.65
黄瓜	Cucumber	3.55	−5.85	7.77	−4.55
西红柿	Tomato	3.34	−7.37	−8.35	−10.25
菜椒	Green bell	4.59	5.49	4.29	−6.77
四季豆	Kidney Beans	4.75	−3.99	4.97	3.34
红富士苹果	Hongfushi Apple	4.40	0.50	5.11	6.60
香蕉	Banana	3.99	2.30	6.98	5.06
橙子	Orange	4.26	0.61	11.60	11.36

2—21 全国农产品集贸市场月度价格走势(2007 年 4 月)
Monthly RMF Prices of the Agricultural Products(Apr. 2007)

品种 Categories		价格(元/公斤) Price (yuan/ kg)	价格走势 Increase rate		
			本月比上月上涨 Increase rate over the last month(%)	本月比上年同月上涨 Increase rate over the same month of the preceding year (%))	1—4月比上年同期上涨 Jan. -Apr. increase rate over the same period of the preceding year (%)
籼稻	Long-grained nonglutinous rice	1.59	−2.01	6.00	8.08
优质籼稻	High quality long-grained nonglutinous rice	1.84	−0.46	6.40	7.67
粳稻	Round-grained rice	1.88	−0.34	3.58	4.01
小麦	Wheat	1.56	−0.73	6.33	7.50
玉米	Corn	1.51	0.43	15.05	15.86
大豆	Soybeans	3.61	0.88	4.02	2.80
籼米	Polished long-grained nonglutinous rice	2.70	−0.45	7.09	7.64
优质籼米	High quality polished long-grained nonglutinous rice	3.20	−0.31	7.14	7.97
粳米	Polished round-grained rice	3.16	−0.46	4.79	5.71
面粉	Wheat flour	2.50	−0.81	6.68	7.19
棉花(籽棉)	Cotton (unginned cotton)	5.82	1.62	3.71	1.91
花生仁	Peanut kernel	7.61	1.76	15.65	13.51
油菜籽	Rapeseeds	3.00	0.12	12.25	12.58
花生油	Peanut oil	12.48	2.79	17.94	14.91
菜籽油	Rape oil	8.60	−0.51	22.69	21.73
豆油	Soybean oil	8.00	1.11	20.42	18.63
烤烟	Flue-cured tobacco	12.49	0.82	7.04	2.30
活猪	Hog	8.83	1.01	35.35	26.29
仔猪	Piglet	11.78	3.37	35.31	21.57
猪肉	Pork	14.47	−0.39	27.34	22.16
牛肉	Beef	19.85	−0.09	11.23	9.48
羊肉	Mutton	21.79	−0.91	16.93	14.41
活鸡	Live chicken	11.53	−1.20	22.72	23.48
鸡蛋	Eggs	7.28	0.84	29.24	25.26
草鱼	Grass carp	9.25	−0.01	2.95	2.02
鲤鱼	Carp	8.54	1.65	7.86	4.30
鲢鱼	Silver carp	7.17	1.64	1.29	0.12
带鱼	Hairtail	10.74	0.24	1.85	1.61
大白菜	Chinese cabbage	1.37	28.80	−12.67	−18.33
黄瓜	Cucumber	2.81	−20.98	−0.40	−3.71
西红柿	Tomato	3.25	−2.71	−2.84	−8.55
菜椒	Green bell	4.50	−1.84	7.05	−3.46
四季豆	Kidney Beans	4.46	−6.03	6.12	4.01
红富士苹果	Hongfushi Apple	4.42	0.40	−3.88	3.74
香蕉	Banana	3.69	−7.54	−6.66	1.93
橙子	Orange	4.25	−0.28	2.50	8.97

2—22 全国农产品集贸市场月度价格走势(2007年5月)
Monthly RMF Prices of the Agricultural Products (May 2007)

品 种	Categories	价 格(元/公斤) Price (yuan/ kg)	价格走势 Increase rate 本月比上月上涨 Increase rate over the last month(%)	本月比上年同月上涨 Increase rate over the same month of the preceding year (%))	1—5月比上年同期上涨 Jan. —May. increase rate over the same period of the preceding year (%)
籼稻	Long-grained nonglutinous rice	1.64	3.02	8.89	8.09
优质籼稻	High quality long-grained nonglutinous rice	1.86	1.11	7.11	7.40
粳稻	Round-grained rice	1.90	0.84	4.30	4.06
小麦	Wheat	1.56	0.50	6.76	6.78
玉米	Corn	1.53	1.35	13.38	15.06
大豆	Soybeans	3.63	0.49	4.07	3.33
籼米	Polished long-grained nonglutinous rice	2.73	1.09	8.28	7.77
优质籼米	High quality polished long-grained nonglutinous rice	3.22	0.87	8.42	8.06
粳米	Polished round-grained rice	3.17	0.38	5.30	5.63
面粉	Wheat flour	2.52	0.60	7.51	7.25
棉花(籽棉)	Cotton (unginned cotton)	5.67	−2.46	1.95	1.89
花生仁	Peanut kernel	7.77	2.04	16.07	14.32
油菜籽	Rapeseeds	3.05	1.54	17.29	14.31
花生油	Peanut oil	12.75	2.12	20.62	16.05
菜籽油	Rape oil	8.76	1.97	25.98	22.57
豆油	Soybean oil	8.09	1.10	22.38	19.37
烤烟	Flue-cured tobacco	12.72	1.84	6.25	2.24
活猪	Hog	10.07	13.93	61.55	37.10
仔猪	Piglet	13.91	18.05	76.72	31.11
猪肉	Pork	16.37	13.14	49.44	27.20
牛肉	Beef	20.44	2.94	15.02	10.57
羊肉	Mutton	22.36	2.63	20.51	15.60
活鸡	Live chicken	12.07	4.73	29.23	25.14
鸡蛋	Eggs	7.70	5.80	36.97	28.64
草鱼	Grass carp	9.50	2.73	5.40	2.35
鲤鱼	Carp	8.86	3.80	11.15	5.60
鲢鱼	Silver carp	7.30	1.80	3.33	0.69
带鱼	Hairtail	11.00	2.40	4.64	2.87
大白菜	Chinese cabbage	1.36	−1.27	−3.88	−13.24
黄瓜	Cucumber	2.21	−21.39	4.79	0.73
西红柿	Tomato	2.66	−18.39	−3.51	−4.75
菜椒	Green bell	3.44	−23.73	4.90	1.12
四季豆	Kidney Beans	3.57	−20.02	3.53	4.70
红富士苹果	Hongfushi Apple	4.53	2.54	−14.97	−0.99
香蕉	Banana	3.53	−4.44	−13.71	1.11
橙子	Orange	4.12	−3.02	−6.85	−1.84

2—23 全国农产品集贸市场月度价格走势(2007年6月)
Monthly RMF Prices of the Agricultural Products(June 2007)

品种 Categories		价格(元/公斤) Price (yuan/kg)	价格走势 Increase rate		
			本月比上月上涨 Increase rate over the last month(%)	本月比上年同月上涨 Increase rate over the same month of the preceding year (%))	1—6月比上年同期上涨 Jan.-Jun. increase rate over the same period of the preceding year (%)
籼稻	Long-grained nonglutinous rice	1.66	1.71	10.46	8.69
优质籼稻	High quality long-grained nonglutinous rice	1.90	1.99	8.13	7.87
粳稻	Round-grained rice	1.91	0.41	4.75	4.19
小麦	Wheat	1.55	−1.05	6.88	6.55
玉米	Corn	1.59	4.34	14.54	16.13
大豆	Soybeans	3.71	2.26	6.07	3.83
籼米	Polished long-grained nonglutinous rice	2.77	1.69	9.50	8.06
优质籼米	High quality polished long-grained nonglutinous rice	3.27	1.42	8.81	8.18
粳米	Polished round-grained rice	3.21	1.15	6.42	5.76
面粉	Wheat flour	2.54	1.14	8.87	7.52
棉花(籽棉)	Cotton (unginned cotton)	5.69	0.33	1.94	1.77
花生仁	Peanut kernel	7.97	2.53	16.42	15.00
油菜籽	Rapeseeds	3.37	10.63	32.23	17.78
花生油	Peanut oil	13.22	3.73	24.26	17.42
菜籽油	Rape oil	9.56	9.13	37.55	25.03
豆油	Soybean oil	8.50	5.02	28.45	20.88
烤烟	Flue-cured tobacco	13.04	2.47	6.92	2.53
活猪	Hog	11.00	9.29	75.83	41.57
仔猪	Piglet	15.63	12.40	106.84	41.90
猪肉	Pork	17.90	9.37	63.44	32.85
牛肉	Beef	21.07	3.10	18.61	11.90
羊肉	Mutton	23.08	3.24	24.55	17.06
活鸡	Live chicken	12.65	4.76	35.32	27.03
鸡蛋	Eggs	7.83	1.67	36.58	29.67
草鱼	Grass carp	9.91	4.24	8.69	2.85
鲤鱼	Carp	9.44	6.51	14.23	6.80
鲢鱼	Silver carp	7.68	5.20	8.11	1.46
带鱼	Hairtail	11.16	1.51	5.87	3.59
大白菜	Chinese cabbage	1.54	13.25	18.89	−10.90
黄瓜	Cucumber	1.74	−21.22	8.99	−7.90
西红柿	Tomato	2.10	−20.82	4.28	−11.96
菜椒	Green bell	2.67	−22.39	13.87	−6.00
四季豆	Kidney Beans	2.68	−24.92	7.25	−5.12
红富士苹果	Hongfushi Apple	4.75	4.88	−17.75	−0.13
香蕉	Banana	3.14	−10.98	−19.94	0.11
橙子	Orange	4.12	−0.04	−8.12	−2.34

2－24　全国农产品集贸市场月度价格走势(2007 年 7 月)
Monthly RMF Prices of the Agricultural Products (July 2007)

品　种	Categories	价　格(元/公斤) Price (yuan/ kg)	价格走势 Increase rate 本月比上月上涨 Increase rate over the last month(%)	本月比上年同月上涨 Increase rate over the same month of the preceding year (%))	1－7 月比上年同期上涨 Jan.-Jul. increase rate over the same period of the preceding year (%)
籼稻	Long-grained nonglutinous rice	1.68	0.81	11.03	10.03
优质籼稻	High quality long-grained nonglutinous rice	1.91	1.00	9.26	8.59
粳稻	Round-grained rice	1.93	1.06	5.22	4.33
小麦	Wheat	1.55	0.29	5.52	5.84
玉米	Corn	1.62	1.70	14.27	15.00
大豆	Soybeans	3.75	1.18	7.96	4.34
籼米	Polished long-grained nonglutinous rice	2.77	0.05	9.22	8.22
优质籼米	High quality polished long-grained nonglutinous rice	3.28	0.45	8.84	8.28
粳米	Polished round-grained rice	3.21	0.01	5.72	5.75
面粉	Wheat flour	2.58	1.27	10.60	7.96
棉花(籽棉)	Cotton (unginned cotton)	5.86	2.92	4.69	2.04
花生仁	Peanut kernel	8.10	1.67	16.64	15.28
油菜籽	Rapeseeds	3.50	3.82	35.68	26.99
花生油	Peanut oil	13.50	2.10	26.98	18.79
菜籽油	Rape oil	9.79	2.33	40.58	27.23
豆油	Soybean oil	8.67	2.02	31.85	22.42
烤烟	Flue-cured tobacco	13.09	0.44	7.18	6.92
活猪	Hog	12.82	16.53	96.61	58.68
仔猪	Piglet	18.46	18.08	147.06	54.88
猪肉	Pork	21.30	18.96	89.22	40.63
牛肉	Beef	21.99	4.39	23.21	13.50
羊肉	Mutton	24.06	4.24	28.60	18.69
活鸡	Live chicken	13.20	4.35	39.63	30.57
鸡蛋	Eggs	7.75	－1.03	35.12	31.03
草鱼	Grass carp	10.15	2.50	10.79	3.03
鲤鱼	Carp	9.62	1.91	16.06	8.29
鲢鱼	Silver carp	8.04	4.69	13.64	2.87
带鱼	Hairtail	11.33	1.50	6.32	3.65
大白菜	Chinese cabbage	1.70	10.50	31.86	－1.80
黄瓜	Cucumber	1.85	6.43	35.18	11.73
西红柿	Tomato	2.29	8.82	44.56	8.20
菜椒	Green bell	2.62	－1.92	39.38	9.97
四季豆	Kidney Beans	2.84	6.07	27.76	15.03
红富士苹果	Hongfushi Apple	5.02	5.57	－14.31	－3.66
香蕉	Banana	2.98	－5.05	－15.42	0.30
橙子	Orange	4.08	－0.88	－8.13	－4.14

2—25 全国农产品集贸市场月度价格走势(2007年8月)
Monthly RMF Prices of the Agricultural Products(Aug. 2007)

品种 Categories		价格(元/公斤) Price (yuan/kg)	价格走势 Increase rate		
			本月比上月上涨 Increase rate over the last month(%)	本月比上年同月上涨 Increase rate over the same month of the preceding year (%))	1—8月比上年同期上涨 Jan.-Aug. increase rate over the same period of the preceding year (%)
籼稻	Long-grained nonglutinous rice	1.69	0.94	12.53	10.47
优质籼稻	High quality long-grained nonglutinous rice	1.93	0.64	10.36	8.91
粳稻	Round-grained rice	1.97	2.09	7.04	4.46
小麦	Wheat	1.59	2.71	9.07	7.19
玉米	Corn	1.64	1.08	15.06	15.06
大豆	Soybeans	3.86	2.95	10.99	4.57
籼米	Polished long-grained nonglutinous rice	2.82	1.63	10.74	8.54
优质籼米	High quality polished long-grained nonglutinous rice	3.33	1.29	9.73	8.46
粳米	Polished round-grained rice	3.26	1.60	6.35	5.83
面粉	Wheat flour	2.62	1.69	11.57	8.41
棉花(籽棉)	Cotton (unginned cotton)	6.00	2.36	7.82	2.18
花生仁	Peanut kernel	8.41	3.83	19.95	15.93
油菜籽	Rapeseeds	3.58	2.23	37.62	27.48
花生油	Peanut oil	13.96	3.37	29.84	20.19
菜籽油	Rape oil	10.23	4.55	45.63	29.53
豆油	Soybean oil	9.17	5.76	39.26	24.51
烤烟	Flue-cured tobacco	13.45	2.69	11.56	8.97
活猪	Hog	13.71	6.96	93.79	58.71
仔猪	Piglet	21.32	15.51	160.68	67.47
猪肉	Pork	23.08	8.36	90.33	47.06
牛肉	Beef	23.22	5.56	28.59	15.40
羊肉	Mutton	25.20	4.75	34.16	20.62
活鸡	Live chicken	13.77	4.32	37.46	30.26
鸡蛋	Eggs	8.27	6.72	29.25	30.13
草鱼	Grass carp	10.34	1.88	12.02	3.05
鲤鱼	Carp	9.70	0.86	16.00	8.29
鲢鱼	Silver carp	8.17	1.56	14.05	2.90
带鱼	Hairtail	11.55	1.96	8.26	3.68
大白菜	Chinese cabbage	2.03	19.74	35.31	−1.02
黄瓜	Cucumber	2.30	24.21	35.41	12.57
西红柿	Tomato	2.67	16.50	52.32	9.70
菜椒	Green bell	2.70	3.13	38.22	9.96
四季豆	Kidney Beans	3.11	9.32	22.31	14.09
红富士苹果	Hongfushi Apple	4.96	−1.18	−6.09	−3.28
香蕉	Banana	3.14	5.32	−7.96	0.30
橙子	Orange	4.55	11.54	4.52	−3.61

2-26 全国农产品集贸市场月度价格走势(2007年9月)
Monthly RMF Prices of the Agricultural Products(Sep. 2007)

品种	Categories	价格(元/公斤) Price (yuan/kg)	价格走势 Increase rate 本月比上月上涨 Increase rate over the last month(%)	本月比上年同月上涨 Increase rate over the same month of the preceding year (%))	1-9月比上年同期上涨 Jan.-Sep. increase rate over the same period of the preceding year (%)
籼稻	Long-grained nonglutinous rice	1.71	0.68	12.26	10.56
优质籼稻	High quality long-grained nonglutinous rice	1.94	0.73	10.18	8.99
粳稻	Round-grained rice	1.97	0.31	6.31	4.47
小麦	Wheat	1.63	2.10	12.50	8.50
玉米	Corn	1.66	1.29	17.47	15.19
大豆	Soybeans	3.92	1.60	13.06	4.74
籼米	Polished long-grained nonglutinous rice	2.85	0.95	11.42	8.86
优质籼米	High quality polished long-grained nonglutinous rice	3.36	1.06	9.75	8.61
粳米	Polished round-grained rice	3.25	−0.25	5.38	5.78
面粉	Wheat flour	2.61	−0.22	10.92	8.69
棉花(籽棉)	Cotton (unginned cotton)	5.94	−0.97	6.94	2.20
花生仁	Peanut kernel	8.52	1.37	22.02	16.41
油菜籽	Rapeseeds	3.74	4.66	42.55	28.47
花生油	Peanut oil	14.19	1.66	31.10	21.42
菜籽油	Rape oil	10.38	1.48	45.82	31.36
豆油	Soybean oil	9.21	0.53	38.80	26.10
烤烟	Flue-cured tobacco	12.90	−4.06	6.31	8.01
活猪	Hog	13.26	−3.27	75.41	56.86
仔猪	Piglet	21.03	−1.36	136.22	75.36
猪肉	Pork	21.94	−4.93	71.57	50.00
牛肉	Beef	23.48	1.12	28.90	16.91
羊肉	Mutton	25.82	2.44	35.49	22.29
活鸡	Live chicken	13.75	−0.11	31.36	29.67
鸡蛋	Eggs	8.44	2.06	21.42	28.90
草鱼	Grass carp	10.25	−0.94	10.40	3.04
鲤鱼	Carp	9.51	−1.96	13.44	8.12
鲢鱼	Silver carp	8.02	−1.80	13.11	2.87
带鱼	Hairtail	11.32	−2.02	4.98	3.66
大白菜	Chinese cabbage	1.81	−11.08	8.39	−2.38
黄瓜	Cucumber	2.22	−3.18	2.68	8.86
西红柿	Tomato	2.73	2.30	22.20	7.88
菜椒	Green bell	2.89	7.26	28.74	9.47
四季豆	Kidney Beans	3.26	5.11	7.37	11.28
红富士苹果	Hongfushi Apple	4.76	−3.86	−0.30	−2.99
香蕉	Banana	3.31	5.46	−2.07	0.31
橙子	Orange	4.40	−3.49	0.45	−3.54

2—27 全国农产品集贸市场月度价格走势(2007年10月)
Monthly RMF Prices of the Agricultural Products(Oct. 2007)

品 种	Categories	价 格(元/公斤) Price (yuan/ kg)	价格走势 Increase rate 本月比上月上涨 Increase rate over the last month(%)	本月比上年同月上涨 Increase rate over the same month of the preceding year (%))	1—10月比上年同期上涨 Jan. -Oct. increase rate over the same period of the preceding year (%)
籼稻	Long-grained nonglutinous rice	1.71	0.12	12.52	11.42
优质籼稻	High quality long-grained nonglutinous rice	1.94	−0.08	9.88	9.38
粳稻	Round-grained rice	1.97	−0.39	6.46	5.90
小麦	Wheat	1.64	0.86	11.45	8.97
玉米	Corn	1.64	−1.05	19.29	16.70
大豆	Soybeans	4.07	3.75	17.33	11.42
籼米	Polished long-grained nonglutinous rice	2.85	0.25	10.35	9.02
优质籼米	High quality polished long-grained nonglutinous rice	3.40	1.00	9.80	8.73
粳米	Polished round-grained rice	3.28	0.89	6.05	5.81
面粉	Wheat flour	2.61	−0.12	11.04	8.93
棉花(籽棉)	Cotton (unginned cotton)	6.18	4.00	15.60	14.73
花生仁	Peanut kernel	8.67	1.70	24.46	19.65
油菜籽	Rapeseeds	3.85	2.88	44.84	37.20
花生油	Peanut oil	14.51	2.26	33.00	22.60
菜籽油	Rape oil	10.53	1.41	46.40	32.89
豆油	Soybean oil	9.35	1.45	39.65	27.46
烤烟	Flue-cured tobacco	12.87	−0.25	5.60	6.49
活猪	Hog	12.92	−2.56	68.29	59.82
仔猪	Piglet	20.57	−2.18	124.61	80.56
猪肉	Pork	21.15	−3.61	61.96	51.31
牛肉	Beef	24.09	2.60	30.95	18.35
羊肉	Mutton	26.46	2.48	37.26	23.81
活鸡	Live chicken	13.52	−1.68	27.30	29.05
鸡蛋	Eggs	8.25	−2.29	20.85	26.53
草鱼	Grass carp	10.13	−1.17	9.98	4.96
鲤鱼	Carp	9.44	−0.78	13.78	10.52
鲢鱼	Silver carp	7.88	−1.71	10.61	5.03
带鱼	Hairtail	11.31	−0.04	5.73	4.34
大白菜	Chinese cabbage	1.58	−12.45	43.81	15.79
黄瓜	Cucumber	3.02	35.72	55.29	17.43
西红柿	Tomato	3.18	16.61	42.26	13.89
菜椒	Green bell	3.34	15.30	41.57	18.77
四季豆	Kidney Beans	3.81	16.74	45.36	19.62
红富士苹果	Hongfushi Apple	4.62	−3.13	5.20	3.27
香蕉	Banana	3.39	2.22	−1.61	−0.92
橙子	Orange	4.32	−1.69	3.24	−1.77

2—28 全国农产品集贸市场月度价格走势(2007年11月)
Monthly RMF Prices of the Agricultural Products (Nov. 2007)

品 种 Categories		价 格(元/公斤) Price (yuan/ kg)	价格走势 Increase rate		
			本月比上月上涨 Increase rate over the last month(%)	本月比上年同月上涨 Increase rate over the same month of the preceding year (%))	1—11月比上年同期上涨 Jan.-Nov. increase rate over the same period of the preceding year (%)
籼稻	Long-grained nonglutinous rice	1.72	0.97	12.78	11.48
优质籼稻	High quality long-grained nonglutinous rice	1.95	0.79	9.84	9.37
粳稻	Round-grained rice	1.95	−1.01	5.59	5.59
小麦	Wheat	1.66	1.20	9.45	8.81
玉米	Corn	1.62	−1.35	16.12	16.12
大豆	Soybeans	4.53	11.21	31.01	15.03
籼米	Polished long-grained nonglutinous rice	2.87	0.70	10.32	9.14
优质籼米	High quality polished long-grained nonglutinous rice	3.41	0.45	10.00	8.85
粳米	Polished round-grained rice	3.31	0.79	6.42	5.86
面粉	Wheat flour	2.66	1.86	10.13	9.04
棉花(籽棉)	Cotton (unginned cotton)	6.30	1.94	17.88	15.80
花生仁	Peanut kernel	9.24	6.59	30.56	20.91
油菜籽	Rapeseeds	3.93	1.94	46.70	37.71
花生油	Peanut oil	15.62	7.67	40.05	24.25
菜籽油	Rape oil	11.39	8.15	53.08	34.82
豆油	Soybean oil	10.32	10.42	43.19	29.00
烤烟	Flue-cured tobacco	13.35	3.75	9.90	7.84
活猪	Hog	13.78	6.63	70.09	60.13
仔猪	Piglet	21.61	5.05	122.44	84.77
猪肉	Pork	22.37	5.79	65.37	52.74
牛肉	Beef	25.04	3.97	34.72	19.88
羊肉	Mutton	27.64	4.46	39.78	25.32
活鸡	Live chicken	13.49	−0.27	25.43	28.80
鸡蛋	Eggs	8.09	−1.84	15.90	25.77
草鱼	Grass carp	9.94	−1.84	8.25	4.72
鲤鱼	Carp	9.40	−0.41	13.51	10.46
鲢鱼	Silver carp	7.87	−0.14	10.75	5.05
带鱼	Hairtail	11.38	0.58	6.90	4.53
大白菜	Chinese cabbage	1.39	−11.87	42.80	14.98
黄瓜	Cucumber	3.33	10.46	42.59	16.75
西红柿	Tomato	3.25	2.29	31.30	13.11
菜椒	Green bell	4.15	24.45	58.08	21.76
四季豆	Kidney Beans	4.49	17.74	43.61	19.96
红富士苹果	Hongfushi Apple	4.69	1.56	11.55	5.60
香蕉	Banana	3.45	1.79	2.05	0.24
橙子	Orange	4.21	−2.69	0.82	−2.09

2—29 全国农产品集贸市场月度价格走势(2007年12月)
Monthly RMF Prices of the Agricultural Products(Dec. 2007)

品 种	Categories	价 格(元/公斤) Price (yuan/ kg)	价格走势 Increase rate 本月比上月上涨 Increase rate over the last month(%)	本月比上年同月上涨 Increase rate over the same month of the preceding year (%))	1—12月比上年同期上涨 Jan.-Dec. increase rate over the same period of the preceding year (%)
籼稻	Long-grained nonglutinous rice	1.76	1.97	11.13	11.25
优质籼稻	High quality long-grained nonglutinous rice	1.99	1.90	9.33	9.29
粳稻	Round-grained rice	1.93	−0.66	2.86	4.82
小麦	Wheat	1.70	2.12	7.97	8.68
玉米	Corn	1.66	2.33	13.70	15.61
大豆	Soybeans	4.83	6.66	35.69	17.16
籼米	Polished long-grained nonglutinous rice	2.92	1.73	9.42	9.16
优质籼米	High quality polished long-grained nonglutinous rice	3.45	1.12	8.27	8.80
粳米	Polished round-grained rice	3.31	−0.04	3.09	5.62
面粉	Wheat flour	2.72	2.24	8.83	9.02
棉花(籽棉)	Cotton (unginned cotton)	6.32	0.41	17.49	16.03
花生仁	Peanut kernel	9.65	4.41	32.54	21.64
油菜籽	Rapeseeds	4.03	2.71	36.59	36.09
花生油	Peanut oil	16.24	3.96	37.14	25.43
菜籽油	Rape oil	12.06	5.86	45.02	35.80
豆油	Soybean oil	10.72	3.81	36.56	29.73
烤烟	Flue-cured tobacco	13.74	2.94	9.26	8.17
活猪	Hog	14.95	8.50	68.85	60.19
仔猪	Piglet	23.78	10.04	121.98	88.49
猪肉	Pork	23.97	7.15	64.34	53.89
牛肉	Beef	26.53	5.92	39.72	21.61
羊肉	Mutton	29.11	5.33	40.11	26.66
活鸡	Live chicken	13.61	0.90	20.38	28.24
鸡蛋	Eggs	7.98	−1.36	7.67	24.59
草鱼	Grass carp	10.21	2.73	9.61	4.77
鲤鱼	Carp	9.49	0.97	14.08	10.53
鲢鱼	Silver carp	8.02	1.89	11.97	5.17
带鱼	Hairtail	11.35	−0.22	5.10	4.40
大白菜	Chinese cabbage	1.25	−10.39	20.24	12.05
黄瓜	Cucumber	3.51	5.26	7.91	13.85
西红柿	Tomato	3.42	5.21	11.15	11.55
菜椒	Green bell	4.46	7.55	37.89	21.03
四季豆	Kidney Beans	4.53	0.92	24.74	18.39
红富士苹果	Hongfushi Apple	4.79	2.20	12.47	6.64
香蕉	Banana	3.59	4.18	3.83	1.02
橙子	Orange	3.97	−5.50	0.20	−2.26

2－30 2007年各地区农产品集贸市场价格
Annual RMF Prices of Agricultural Products by Region(2007)

（单位：元/公斤） （Unit：yuan/ kg）

地区 Region	粮食 Grain					
	籼稻 Long-grain nonglutinous rice	优质籼稻 High quality long-grain nonglutinous rice	粳稻 Round-grain rice	小麦 Wheat	玉米 Corn	大豆 Soybeans
北京 Beijing						4.51
天津 Tianjin	1.98	2.07	2.25	1.63	1.52	4.37
河北 Hebei				1.57	1.48	3.93
山西 Shanxi				1.57	1.44	3.75
内蒙古 Inner Mongolia				1.52	1.36	4.03
辽宁 Liaoning			1.95	1.95	1.36	3.57
吉林 Jilin			2.02		1.23	3.49
黑龙江 Heilongjiang			1.94		1.20	3.29
上海 Shanghai						
江苏 Jiangsu	1.66	1.68	1.78	1.45	1.59	3.50
浙江 Zhejiang	1.84	1.87	2.06	1.78	1.92	3.68
安徽 Anhui	1.57	1.70	1.86	1.46	1.51	3.53
福建 Fujian	1.74	1.95	1.87	1.72	1.75	4.37
江西 Jiangxi	1.60	1.78				3.88
山东 Shandong			2.02	1.54	1.53	3.71
河南 Henan				1.49	1.48	3.60
湖北 Hubei	1.53	1.67	1.69	1.39	1.57	3.91
湖南 Hunan	1.57	1.76	1.79		1.55	4.26
广东 Guangdong	1.72	1.78		2.93	3.82	5.25
广西 Guangxi	1.77	2.31	2.09	2.45	1.72	4.57
海南 Hainan	1.76	2.10			4.50	4.40
重庆 Chongqing	1.56	2.16	2.72	1.51	1.63	4.44
四川 Sichuan	1.62	1.86	1.64	1.49	1.59	3.78
贵州 Guizhou	1.71	2.03	1.75	1.49	1.45	3.81
云南 Yunnan	1.53	2.33	1.86	1.54	1.54	4.03
西藏 Tibet						
陕西 Shaanxi				1.40	1.37	3.49
甘肃 Gansu				1.55	1.48	3.07
青海 Qinghai						
宁夏 Ningxia	2.00	2.06	1.93	1.81	1.46	4.17
新疆 Xinjiang				1.55	1.32	2.98

2—30 续表 1

continued 1

地区 Region		粮食 Grain				油料 Oil-bearing crops	
		籼米 Milled long-grain nonglutinous rice	优质籼米 High quality milled long-grain nonglutinous rice	粳米 Milled round-grain rice	面粉 Wheat flour	花生仁 Peanut kernel	油菜籽 Rapeseeds
北京	Beijing			3.04	2.28	7.76	
天津	Tianjin	3.63	3.83	3.36	2.39	9.13	
河北	Hebei	2.43	2.83	3.18	2.18	8.19	3.80
山西	Shanxi			3.55	2.13	8.05	
内蒙古	Inner Mongolia	3.32	3.50	2.70	2.29	8.17	3.73
辽宁	Liaoning			3.00	2.76	8.48	
吉林	Jilin			2.98	2.91	8.10	
黑龙江	Heilongjiang			3.13	2.62	8.10	
上海	Shanghai	2.80		3.28	2.95		
江苏	Jiangsu	2.69	2.81	2.94	2.47	7.87	3.29
浙江	Zhejiang	2.66	2.81	3.08	2.45	7.75	2.83
安徽	Anhui	2.60	2.94	3.10	2.38	7.80	3.16
福建	Fujian	2.82	3.31	3.52	2.81	8.81	5.87
江西	Jiangxi	2.68	3.19		3.00	7.68	3.08
山东	Shandong			3.17	2.18	7.56	2.87
河南	Henan	2.80	3.37	3.31	2.07	7.80	3.15
湖北	Hubei	2.73	3.19	3.11	2.60	8.21	3.05
湖南	Hunan	2.85	3.40	3.27	3.23	8.27	3.66
广东	Guangdong	3.42	3.56	3.87	3.46	8.96	
广西	Guangxi	2.87	3.54	3.12	2.97	8.03	
海南	Hainan	2.76	3.40		3.31	8.63	
重庆	Chongqing	2.73	3.89	4.59	3.67	8.55	3.20
四川	Sichuan	2.76	3.26	3.42	2.69	8.64	3.55
贵州	Guizhou	2.78	3.38	3.03	2.66	8.33	2.99
云南	Yunnan	2.69	3.55	3.13	2.76	8.67	3.47
西藏	Tibet						
陕西	Shaanxi	3.00	3.58	3.53	2.27	8.05	
甘肃	Gansu	2.83	3.11	3.52	2.14	7.72	3.53
青海	Qinghai		3.59	3.93	2.42	9.27	
宁夏	Ningxia			3.15	2.56	8.79	
新疆	Xinjiang			3.42	2.25	8.81	3.96

2—30 续表 2 continued 2

地 区 Region		棉 花（籽棉）Cotton（unginned cotton）	食用油 Edible oil			烤 烟 Flue-cured tobacco
			花生油 Peanut oil	菜籽油 Rape oill	豆 油 Soybean oil	
北 京	Beijing				6.43	12.83
天 津	Tianjin	7.89	13.33	7.81	8.45	15.92
河 北	Hebei	5.68	14.06	9.91	9.08	
山 西	Shanxi	6.57			8.90	
内蒙古	Inner Mongolia		9.08	10.63	9.99	9.27
辽 宁	Liaoning	8.83	12.35		9.04	
吉 林	Jilin				9.04	12.17
黑龙江	Heilongjiang				8.90	15.83
上 海	Shanghai			9.52	9.51	
江 苏	Jiangsu	5.28	11.57	8.66	8.49	19.41
浙 江	Zhejiang	4.40	14.49	8.67	8.85	
安 徽	Anhui	5.58	11.31	9.31	9.52	10.00
福 建	Fujian		14.74	10.31	8.93	
江 西	Jiangxi	5.63	13.79	10.66	9.48	
山 东	Shandong	6.05	13.40	5.82	8.50	9.00
河 南	Henan	5.64	12.34	8.95	8.82	6.92
湖 北	Hubei	5.41	11.25	8.97	8.97	
湖 南	Hunan		13.24	10.16	8.77	10.23
广 东	Guangdong		16.83	10.54	15.67	24.23
广 西	Guangxi		15.97	11.75		19.14
海 南	Hainan		17.58	7.92	8.57	12.00
重 庆	Chongqing		15.64	10.35	3.36	7.51
四 川	Sichuan			10.82		9.08
贵 州	Guizhou		12.46	10.22	7.93	
云 南	Yunnan		13.33	10.31	9.83	23.96
西 藏	Tibet					
陕 西	Shaanxi		14.59	9.19	10.00	
甘 肃	Gansu	5.30	9.96	10.68	10.66	7.08
青 海	Qinghai			9.87		
宁 夏	Ningxia			9.64		
新 疆	Xinjiang			10.11		

2—30 续表 3 continued 3

地区 Region	畜产品 Livestock products						
	活猪 Hog	仔猪 Piglet	猪肉 Pork	牛肉 Beef	羊肉 Mutton	活鸡 Live chicken	鸡蛋 Eggs
北京 Beijing	12.07	19.42	18.07	21.38	25.63		6.68
天津 Tianjin	10.92	15.15	19.92	21.79	26.79	8.70	6.45
河北 Hebei	11.50	15.95	18.55	20.70	24.32	9.88	6.46
山西 Shanxi	11.78	24.66	18.00	19.63	23.63	10.71	6.41
内蒙古 Inner Mongolia	10.67	17.84	17.71	19.15	20.40	10.43	6.79
辽宁 Liaoning	11.80	23.47	19.38	21.89	23.82	14.48	6.55
吉林 Jilin	11.34	20.08	17.30	20.15	22.01	11.92	6.66
黑龙江 Heilongjiang	11.71	22.03	18.73	21.12	22.18	10.07	6.37
上海 Shanghai			20.63	24.79		13.84	7.33
江苏 Jiangsu	11.08	11.41	19.12	23.20	24.94	10.54	7.10
浙江 Zhejiang	13.01	14.66	20.59	27.96	27.92	12.22	7.83
安徽 Anhui	11.94	14.07	19.89	23.42	24.09	11.20	8.23
福建 Fujian	12.80	16.85	19.60	27.28	31.69	20.00	11.49
江西 Jiangxi	12.66	15.60	20.20	22.71	23.58	14.16	9.85
山东 Shandong	11.72	12.79	19.23	22.11	26.51	9.51	6.48
河南 Henan	11.48	15.83	18.74	22.35	25.12	9.45	6.48
湖北 Hubei	11.69	20.17	20.25	21.05	19.22	11.30	8.26
湖南 Hunan	11.62	18.00	19.47	22.88	26.68	14.34	9.19
广东 Guangdong	12.52	13.24	20.34	24.08	23.27	15.95	8.92
广西 Guangxi	11.70	14.40	20.24	23.45	28.81	17.50	8.66
海南 Hainan	9.71	17.24	21.37	23.88	34.50	15.94	8.60
重庆 Chongqing	10.55	12.59	18.67	19.92	21.36	20.63	8.98
四川 Sichuan	10.94	14.51	17.39	21.98	21.37	16.15	10.33
贵州 Guizhou	11.34	14.69	18.16	20.98	22.60	15.29	11.15
云南 Yunnan	11.23	16.31	18.06	22.59	24.17	13.95	9.24
西藏 Tibet							
陕西 Shaanxi	11.06	24.05	17.68	20.93	22.58	11.93	6.95
甘肃 Gansu	11.19	23.21	17.44	20.46	20.71	13.58	7.13
青海 Qinghai	11.49	33.50	17.63	22.50	21.38	13.63	7.68
宁夏 Ningxia	11.42	21.55	17.01	21.88	23.54	14.99	7.05
新疆 Xinjiang	10.16	21.46	17.45	19.30	23.80	12.65	6.93

2—30 续表 4 continued 4

地区 Region	水产品 Aquatic products				水果 Fruits		
	草鱼 Grass carp	鲤鱼 Carp	鲢鱼 Silver carp	带鱼 Hairtail	红富士苹果 Hongfushi Apple	香蕉 Banana	橙子 Orange
北京 Beijing	9.89	8.35	6.76	11.13	4.53	3.75	
天津 Tianjin	10.96	8.25	5.68	8.48	4.59	3.43	3.84
河北 Hebei	10.16	9.01	6.02	10.35	3.05	3.38	3.80
山西 Shanxi	10.85	10.19	8.46	10.91	3.11	3.88	
内蒙古 Inner Mongolia		10.08	7.00	8.70	3.54	4.12	4.61
辽宁 Liaoning	10.60	9.86	6.85	9.70	4.96	4.35	5.34
吉林 Jilin	10.29	9.58	7.14	9.67	4.91	4.49	6.06
黑龙江 Heilongjiang	7.95	9.83	6.75	8.83	5.10	4.46	
上海 Shanghai	10.30	8.40	9.88	17.72	5.70	4.59	
江苏 Jiangsu	8.43	7.51	5.88	10.19	4.55	3.37	4.55
浙江 Zhejiang	9.52	8.70	6.40	17.58	5.84	3.22	9.36
安徽 Anhui	9.04	8.60	5.83	10.18	3.71	3.12	3.96
福建 Fujian	11.26	10.08	8.36	12.65	5.72	3.02	6.04
江西 Jiangxi	9.41	7.53	5.72	9.63	4.89	2.92	
山东 Shandong	8.91	9.21	6.55	9.67	3.12	3.23	3.88
河南 Henan	8.78	8.42	5.46	8.37	3.19	2.95	3.25
湖北 Hubei	7.85	6.02	4.36	12.13	5.06	3.96	4.01
湖南 Hunan	9.32	7.85	6.49		5.84	3.33	3.95
广东 Guangdong	10.64	8.14	7.57	16.55	6.46	2.43	4.45
广西 Guangxi	10.00	9.29	5.88	11.97	6.56	2.21	3.16
海南 Hainan	5.73	5.87	10.23	16.14	6.46	1.48	4.05
重庆 Chongqing	10.60	10.64	10.82	13.08	6.18	3.91	3.49
四川 Sichuan	10.00	10.19	15.85	11.58	5.22	3.76	2.51
贵州 Guizhou	11.99	12.25	19.16	11.53	4.25	3.14	2.86
云南 Yunnan	10.24	11.13	9.46	12.46	5.54	2.16	
西藏 Tibet							
陕西 Shaanxi	11.16	10.22	5.71	12.08	2.90	4.13	
甘肃 Gansu	12.08	10.79	10.15	12.20	4.17	4.21	3.68
青海 Qinghai	14.46	11.38	9.63	11.46	4.88	4.56	
宁夏 Ningxia	12.92	9.25	8.23	10.79	2.96	3.99	3.84
新疆 Xinjiang	11.76	9.63		12.00	4.02	4.54	

2—30 续表 5 continued 5

地 区 Region	蔬 菜 Vegetable				
	大白菜 Chinese cabbage	黄 瓜 Cucumber	西红柿 Tomato	菜 椒 Green bell	四季豆 Kidney Beans
北 京 Beijing	1.08	2.67	2.66	3.66	3.94
天 津 Tianjin	0.92	2.84	2.63	3.05	3.73
河 北 Hebei	0.99	2.63	2.53	3.44	3.97
山 西 Shanxi	1.04	3.14	2.86	3.70	4.00
内蒙古 Inner Mongolia	1.01	2.74	2.84	3.60	4.11
辽 宁 Liaoning	1.18	2.98	3.08	4.23	4.48
吉 林 Jilin	1.17	3.39	3.49	4.32	4.99
黑龙江 Heilongjiang	1.14	3.04	3.38	3.95	
上 海 Shanghai	2.19	3.95	4.01	4.55	5.53
江 苏 Jiangsu	1.51	2.91	3.07	2.84	3.45
浙 江 Zhejiang	1.91	3.93	4.33	4.91	5.99
安 徽 Anhui	1.38	2.58	2.96	3.06	2.81
福 建 Fujian	2.18	2.67	3.43	4.18	3.62
江 西 Jiangxi	1.87	2.73	3.15	3.45	3.21
山 东 Shandong	1.27	2.68	2.64	3.59	4.36
河 南 Henan	1.08	2.64	2.53	2.97	3.70
湖 北 Hubei	1.60	3.21	3.59	3.65	4.29
湖 南 Hunan	1.82	2.73	3.43	3.64	3.81
广 东 Guangdong	2.37	3.05	3.23	3.90	4.41
广 西 Guangxi	1.98	2.20	2.45	3.15	2.46
海 南 Hainan	2.48	1.70	3.33	3.39	3.24
重 庆 Chongqing	1.51	2.67	3.16	3.50	3.56
四 川 Sichuan	1.37	2.56	3.03	3.12	3.20
贵 州 Guizhou	1.54	2.25	2.65	3.02	2.74
云 南 Yunnan	1.36	2.33	2.31	3.42	2.48
西 藏 Tibet					
陕 西 Shaanxi	1.03	3.05	2.91	3.63	4.01
甘 肃 Gansu	0.94	2.86	2.65	4.07	4.57
青 海 Qinghai	1.45	3.63	3.14	6.61	
宁 夏 Ningxia	1.05	2.94	2.50	4.28	4.70
新 疆 Xinjiang	1.19	2.59	2.61	4.29	5.09

3

农产品批发市场价格

Prices of Agricultural Products at the Wholesale Market

3－1 2007年1月批发市场粮食和油料价格
Prices of Grain and Oil-bearing Crops at the Wholesale Market (Jan. 2007)

(单位:元/公斤) (Unit:yuan/kg)

农产品名称 Categories of agricultural products	等级 Grades	2005	2006	2007
白色硬质小麦 Hard white wheat	三等 Ⅲ	1.72	1.60	1.71
白色软质小麦 Soft white wheat	三等 Ⅲ	—	1.77	1.94
红色硬质小麦 Hard red wheat	三等 Ⅲ	1.75	1.66	1.80
红色软质小麦 Soft red wheat	三等 Ⅲ	1.80	1.75	1.85
混合小麦 Mixed wheat	三等 Ⅲ	1.60	1.52	1.51
市场销量第一品牌面粉 Flour that sell best at the market	一等 Ⅰ	2.33	2.32	2.47
市场销量第一品牌面粉 Flour that sell best at the market	标准粉 Standard flour	2.11	2.04	2.30
市场销量第一品牌早籼米 Milled early long-grain nonglutinous rice that sell best at the market	一等 Ⅰ	2.41	2.42	2.61
市场销量第一品牌晚籼米 Milled late long-grain nonglutinous rice that sell best at the market	一等 Ⅰ	2.57	2.46	2.78
市场销量第一品牌早粳米 Milled early medium to short-grain rice that sell best at the market	一等 Ⅰ	2.91	2.68	3.10
市场销量第一品牌晚粳米 Milled late medium to short-grain rice that sell best at the market	一等 Ⅰ	2.82	2.91	3.11
市场销量第一品牌籼糯米 Milled long-grain glutinous rice that sell best at the market	一等 Ⅰ	2.95	3.33	3.47
市场销量第一品牌粳糯米 Milled round-grain glutinous rice that sell best at the market	一等 Ⅰ	2.95	3.22	3.64
白玉米 White corn	三等 Ⅲ	1.45	1.10	2.70
黄玉米 Yellow corn	三等 Ⅲ	—	1.42	1.56
混合玉米 Mixed corn	三等 Ⅲ	—	1.65	—
大豆 Soybean	合格 Up to grade	3.24	3.11	3.30
小米 Millet	合格 Up to grade	2.75	2.91	3.07
绿豆 Mung bean	合格 Up to grade	5.62	5.53	6.57
红小豆 Small red bean	合格 Up to grade	5.70	4.85	4.50
油菜籽 Rapeseed	合格 Up to grade		5.86	7.03
花生仁 Peanut kernel	合格 Up to grade	5.72	3.17	4.57
芝麻 Sesame	合格 Up to grade	10.89	9.78	10.95
大豆色拉油 Soybean salad oil	合格 Up to grade	6.87	6.24	7.99
花生色拉油 Peanut salad oil	合格 Up to grade	11.50	11.62	13.29
菜籽色拉油 Rapeseed salad oil	合格 Up to grade	6.87	6.30	7.83

3－2 2007年2月批发市场粮食和油料价格
Prices of Grain and Oil-bearing Crops at the Wholesale Market (Feb. 2007)

（单位：元/公斤） （Unit：yuan/kg）

农产品名称 Categories of agricultural products	等级 Grades	2005	2006	2007
白色硬质小麦 Hard white wheat	三等 Ⅲ	1.73	1.63	1.69
白色软质小麦 Soft white wheat	三等 Ⅲ	—	1.83	1.94
红色硬质小麦 Hard red wheat	三等 Ⅲ	1.68	1.70	1.80
红色软质小麦 Soft red wheat	三等 Ⅲ	1.80	1.77	1.90
混合小麦 Mixed wheat	三等 Ⅲ	1.62	1.52	1.54
市场销量第一品牌面粉 Flour that sell best at the market	一等 Ⅰ	2.31	2.34	2.45
市场销量第一品牌面粉 Flour that sell best at the market	标准粉 Standard flour	2.08	2.08	2.29
市场销量第一品牌早籼米 Milled early long-grain nonglutinous rice that sell best at the market	一等 Ⅰ	2.50	2.43	2.56
市场销量第一品牌晚籼米 Milled late long-grain nonglutinous rice that sell best at the market	一等 Ⅰ	2.58	2.53	2.67
市场销量第一品牌早粳米 Milled early medium to short-grain rice that sell best at the market	一等 Ⅰ	2.57	2.96	2.98
市场销量第一品牌晚粳米 Milled late medium to short-grain rice that sell best at the market	一等 Ⅰ	2.73	3.02	3.12
市场销量第一品牌籼糯米 Milled long-grain glutinous rice that sell best at the market	一等 Ⅰ	2.95	3.24	3.68
市场销量第一品牌粳糯米 Milled round-grain glutinous rice that sell best at the market	一等 Ⅰ	2.98	3.41	3.74
白玉米 White corn	三等 Ⅲ	1.40	1.10	2.45
黄玉米 Yellow corn	三等 Ⅲ	—	1.40	1.63
混合玉米 Mixed corn	三等 Ⅲ	—	1.70	—
大豆 Soybean	合格 Up to grade	3.23	3.13	3.24
小米 Millet	合格 Up to grade	2.76	2.97	3.11
绿豆 Mung bean	合格 Up to grade	5.64	5.66	6.56
红小豆 Small red bean	合格 Up to grade	5.58	4.64	4.62
油菜籽 Rapeseed	合格 Up to grade		6.04	7.06
花生仁 Peanut kernel	合格 Up to grade	5.58	3.10	4.50
芝麻 Sesame	合格 Up to grade	10.36	10.74	10.12
大豆色拉油 Soybean salad oil	合格 Up to grade	6.95	6.30	8.14
花生色拉油 Peanut salad oil	合格 Up to grade	10.73	11.46	14.03
菜籽色拉油 Rapeseed salad oil	合格 Up to grade	6.96	6.29	8.06

3—3 2007年3月批发市场粮食和油料价格
Prices of Grain and Oil-bearing Crops at the Wholesale Market (Mar. 2007)

(单位:元/公斤) (Unit: yuan/kg)

农产品名称 Categories of agricultural products	等级 Grades	2005	2006	2007
白色硬质小麦 Hard white wheat	三等 Ⅲ	1.68	1.65	1.75
白色软质小麦 Soft white wheat	三等 Ⅲ	2.00	1.77	1.91
红色硬质小麦 Hard red wheat	三等 Ⅲ	1.74	1.72	1.84
红色软质小麦 Soft red wheat	三等 Ⅲ	1.70	1.78	1.89
混合小麦 Mixed wheat	三等 Ⅲ	1.62	1.52	1.54
市场销量第一品牌面粉 Flour that sell best at the market	一等 Ⅰ	2.37	2.29	2.47
市场销量第一品牌面粉 Flour that sell best at the market	标准粉 Standard flour	2.09	2.07	2.27
市场销量第一品牌早籼米 Milled early long-grain nonglutinous rice that sell best at the market	一等 Ⅰ	2.50	2.44	2.58
市场销量第一品牌晚籼米 Milled late long-grain nonglutinous rice that sell best at the market	一等 Ⅰ	2.61	2.50	2.68
市场销量第一品牌早粳米 Milled early medium to short-grain rice that sell best at the market	一等 Ⅰ	2.74	2.96	3.19
市场销量第一品牌晚粳米 Milled late medium to short-grain rice that sell best at the market	一等 Ⅰ	2.84	2.95	3.08
市场销量第一品牌籼糯米 Milled long-grain glutinous rice that sell best at the market	一等 Ⅰ	2.95	3.43	3.76
市场销量第一品牌粳糯米 Milled round-grain glutinous rice that sell best at the market	一等 Ⅰ	2.99	3.38	3.80
白玉米 White corn	三等 Ⅲ	1.44	1.05	1.25
黄玉米 Yellow corn	三等 Ⅲ	—	1.42	1.63
混合玉米 Mixed corn	三等 Ⅲ	—	1.17	—
大豆 Soybean	合格 Up to grade	3.29	3.09	3.33
小米 Millet	合格 Up to grade	2.84	2.78	3.05
绿豆 Mung bean	合格 Up to grade	5.74	5.58	6.54
红小豆 Small red bean	合格 Up to grade	5.67	4.46	4.53
油菜籽 Rapeseed	合格 Up to grade	—	5.94	7.28
花生仁 Peanut kernel	合格 Up to grade	5.54	3.13	4.18
芝麻 Sesame	合格 Up to grade	10.84	10.69	9.88
大豆色拉油 Soybean salad oil	合格 Up to grade	6.81	6.30	7.94
花生色拉油 Peanut salad oil	合格 Up to grade	11.01	12.33	15.21
菜籽色拉油 Rapeseed salad oil	合格 Up to grade	6.93	6.26	8.13

3－4　2007年4月批发市场粮食和油料价格
Prices of Grain and Oil-bearing Crops at the Wholesale Market (Apr. 2007)

（单位：元/公斤）　　(Unit: yuan/kg)

农产品名称 Categories of agricultural products	等级 Grades	2005	2006	2007
白色硬质小麦 Hard white wheat	三等 Ⅲ	1.74	1.64	1.77
白色软质小麦 Soft white wheat	三等 Ⅲ	1.87	1.77	1.96
红色硬质小麦 Hard red wheat	三等 Ⅲ	1.78	1.71	1.86
红色软质小麦 Soft red wheat	三等 Ⅲ	1.75	1.75	1.93
混合小麦 Mixed wheat	三等 Ⅲ	1.62	1.51	1.55
市场销量第一品牌面粉 Flour that sell best at the market	一等 Ⅰ	2.29	2.33	2.52
市场销量第一品牌面粉 Flour that sell best at the market	标准粉 Standard flour	2.11	2.12	2.33
市场销量第一品牌早籼米 Milled early long-grain nonglutinous rice that sell best at the market	一等 Ⅰ	2.45	2.43	2.51
市场销量第一品牌晚籼米 Milled late long-grain nonglutinous rice that sell best at the market	一等 Ⅰ	2.54	2.52	2.67
市场销量第一品牌早粳米 Milled early medium to short-grain rice that sell best at the market	一等 Ⅰ	2.62	2.96	2.83
市场销量第一品牌晚粳米 Milled late medium to short-grain rice that sell best at the market	一等 Ⅰ	2.86	2.99	3.07
市场销量第一品牌籼糯米 Milled long-grain glutinous rice that sell best at the market	一等 Ⅰ	2.91	3.46	3.78
市场销量第一品牌粳糯米 Milled round-grain glutinous rice that sell best at the market	一等 Ⅰ	2.90	3.39	3.80
白玉米 White corn	三等 Ⅲ	1.36	1.05	1.25
黄玉米 Yellow corn	三等 Ⅲ	—	1.40	1.65
混合玉米 Mixed corn	三等 Ⅲ	—	1.12	—
大豆 Soybean	合格 Up to grade	3.29	3.06	3.33
小米 Millet	合格 Up to grade	2.82	2.90	3.04
绿豆 Mung bean	合格 Up to grade	5.83	5.81	6.73
红小豆 Small red bean	合格 Up to grade	5.93	4.31	5.10
油菜籽 Rapeseed	合格 Up to grade	—	6.15	7.63
花生仁 Peanut kernel	合格 Up to grade	5.61	3.13	4.18
芝麻 Sesame	合格 Up to grade	11.63	10.69	11.91
大豆色拉油 Soybean salad oil	合格 Up to grade	6.74	6.25	8.28
花生色拉油 Peanut salad oil	合格 Up to grade	11.19	11.46	16.97
菜籽色拉油 Rapeseed salad oil	合格 Up to grade	6.99	6.14	8.61

3—5　2007 年 5 月批发市场粮食和油料价格
Prices of Grain and Oil-bearing Crops at the Wholesale Market (May. 2007)

(单位:元/公斤)　　(Unit:yuan/kg)

农产品名称 Categories of agricultural products	等级 Grades	2005	2006	2007
白色硬质小麦 Hard white wheat	三等 Ⅲ	1.72	1.59	1.77
白色软质小麦 Soft white wheat	三等 Ⅲ	1.87	1.82	1.97
红色硬质小麦 Hard red wheat	三等 Ⅲ	1.75	1.71	1.87
红色软质小麦 Soft red wheat	三等 Ⅲ	1.75	1.72	1.93
混合小麦 Mixed wheat	三等 Ⅲ	1.62	1.50	1.57
市场销量第一品牌面粉 Flour that sell best at the market	一等 Ⅰ	2.28	2.29	2.47
市场销量第一品牌面粉 Flour that sell best at the market	标准粉 Standard flour	2.09	2.13	2.30
市场销量第一品牌早籼米 Milled early long-grain nonglutinous rice that sell best at the market	一等 Ⅰ	2.41	2.36	2.86
市场销量第一品牌晚籼米 Milled late long-grain nonglutinous rice that sell best at the market	一等 Ⅰ	2.52	2.45	2.90
市场销量第一品牌早粳米 Milled early medium to short-grain rice that sell best at the market	一等 Ⅰ	2.62	2.96	2.91
市场销量第一品牌晚粳米 Milled late medium to short-grain rice that sell best at the market	一等 Ⅰ	2.84	2.94	3.02
市场销量第一品牌籼糯米 Milled long-grain glutinous rice that sell best at the market	一等 Ⅰ	2.87	3.39	3.76
市场销量第一品牌粳糯米 Milled round-grain glutinous rice that sell best at the market	一等 Ⅰ	2.91	3.49	3.73
白玉米 White corn	三等 Ⅲ	1.37	1.73	—
黄玉米 Yellow corn	三等 Ⅲ	—	1.47	1.68
混合玉米 Mixed corn	三等 Ⅲ	—	1.20	—
大豆 Soybean	合格 Up to grade	3.37	3.09	3.32
小米 Millet	合格 Up to grade	2.86	2.93	3.01
绿豆 Mung bean	合格 Up to grade	5.79	6.16	6.95
红小豆 Small red bean	合格 Up to grade	5.70	4.27	4.85
油菜籽 Rapeseed	合格 Up to grade	—	6.45	7.88
花生仁 Peanut kernel	合格 Up to grade	5.65	3.21	4.18
芝麻 Sesame	合格 Up to grade	10.94	9.88	11.80
大豆色拉油 Soybean salad oil	合格 Up to grade	6.70	6.19	8.44
花生色拉油 Peanut salad oil	合格 Up to grade	11.22	11.23	17.11
菜籽色拉油 Rapeseed salad oil	合格 Up to grade	6.99	6.18	8.72

3－6 2007年6月批发市场粮食和油料价格
Prices of Grain and Oil-bearing Crops at the Wholesale Market (Jun. 2007)

(单位:元/公斤) (Unit:yuan/kg)

农产品名称 Categories of agricultural products	等级 Grades	2005	2006	2007
白色硬质小麦 Hard white wheat	三等 Ⅲ	1.68	1.60	1.73
白色软质小麦 Soft white wheat	三等 Ⅲ	1.77	1.83	1.97
红色硬质小麦 Hard red wheat	三等 Ⅲ	1.73	1.71	1.83
红色软质小麦 Soft red wheat	三等 Ⅲ	1.70	1.74	1.93
混合小麦 Mixed wheat	三等 Ⅲ	1.50	1.50	1.55
市场销量第一品牌面粉 Flour that sell best at the market	一等 Ⅰ	2.29	2.32	2.54
市场销量第一品牌面粉 Flour that sell best at the market	标准粉 Standard flour	2.08	2.13	2.33
市场销量第一品牌早籼米 Milled early long-grain nonglutinous rice that sell best at the market	一等 Ⅰ	2.33	2.48	2.55
市场销量第一品牌晚籼米 Milled late long-grain nonglutinous rice that sell best at the market	一等 Ⅰ	2.49	2.52	2.70
市场销量第一品牌早粳米 Milled early medium to short-grain rice that sell best at the market	一等 Ⅰ	2.73	2.99	2.91
市场销量第一品牌晚粳米 Milled late medium to short-grain rice that sell best at the market	一等 Ⅰ	2.86	2.98	3.03
市场销量第一品牌籼糯米 Milled long-grain glutinous rice that sell best at the market	一等 Ⅰ	2.89	3.57	3.77
市场销量第一品牌粳糯米 Milled round-grain glutinous rice that sell best at the market	一等 Ⅰ	2.96	3.62	3.79
白玉米 White corn	三等 Ⅲ	1.39	1.10	1.35
黄玉米 Yellow corn	三等 Ⅲ	—	1.51	1.74
混合玉米 Mixed corn	三等 Ⅲ	—	1.22	—
大豆 Soybean	合格 Up to grade	3.24	3.09	3.51
小米 Millet	合格 Up to grade	2.84	2.88	3.01
绿豆 Mung bean	合格 Up to grade	5.82	6.31	6.79
红小豆 Small red bean	合格 Up to grade	6.01	4.30	4.96
油菜籽 Rapeseed	合格 Up to grade		6.52	8.28
花生仁 Peanut kernel	合格 Up to grade	5.68	3.25	4.34
芝麻 Sesame	合格 Up to grade	10.79	10.66	11.74
大豆色拉油 Soybean salad oil	合格 Up to grade	6.68	6.24	8.97
花生色拉油 Peanut salad oil	合格 Up to grade	10.97	12.42	18.33
菜籽色拉油 Rapeseed salad oil	合格 Up to grade	6.82	6.26	9.22

3—7 2007年7月批发市场粮食和油料价格
Prices of Grain and Oil-bearing Crops and at the Wholesale Market (Jul. 2007)

(单位:元/公斤) (Unit:yuan/kg)

农产品名称 Categories of agricultural products	等级 Grades	2005	2006	2007
白色硬质小麦 Hard white wheat	三等 Ⅲ	1.68	1.60	1.74
白色软质小麦 Soft white wheat	三等 Ⅲ	1.80	1.83	1.82
红色硬质小麦 Hard red wheat	三等 Ⅲ	1.72	1.71	1.87
红色软质小麦 Soft red wheat	三等 Ⅲ	1.68	1.71	1.95
混合小麦 Mixed wheat	三等 Ⅲ	1.55	1.48	1.64
市场销量第一品牌面粉 Flour that sell best at the market	一等 Ⅰ	2.31	2.31	2.55
市场销量第一品牌面粉 Flour that sell best at the market	标准粉 Standard flour	2.10	2.06	2.37
市场销量第一品牌早籼米 Milled early long-grain nonglutinous rice that sell best at the market	一等 Ⅰ	2.27	2.42	2.89
市场销量第一品牌晚籼米 Milled late long-grain nonglutinous rice that sell best at the market	一等 Ⅰ	2.44	2.52	2.92
市场销量第一品牌早粳米 Milled early medium to short-grain rice that sell best at the market	一等 Ⅰ	2.63	2.81	2.90
市场销量第一品牌晚粳米 Milled late medium to short-grain rice that sell best at the market	一等 Ⅰ	2.84	2.98	3.05
市场销量第一品牌籼糯米 Milled long-grain glutinous rice that sell best at the market	一等 Ⅰ	2.90	3.81	3.82
市场销量第一品牌粳糯米 Milled round-grain glutinous rice that sell best at the market	一等 Ⅰ	2.96	3.86	4.09
白玉米 White corn	三等 Ⅲ	1.43	1.75	1.40
黄玉米 Yellow corn	三等 Ⅲ		1.50	1.72
混合玉米 Mixed corn	三等 Ⅲ	—	—	1.80
大豆 Soybean	合格 Up to grade	3.31	3.02	3.56
小米 Millet	合格 Up to grade	2.87	2.90	3.10
绿豆 Mung bean	合格 Up to grade	5.98	6.81	6.95
红小豆 Small red bean	合格 Up to grade	6.35	4.28	5.05
油菜籽 Rapeseed	合格 Up to grade	5.58	6.54	8.50
花生仁 Peanut kernel	合格 Up to grade	—	3.87	4.43
芝麻 Sesame	合格 Up to grade	10.57	10.11	12.06
大豆色拉油 Soybean salad oil	合格 Up to grade	6.54	6.19	9.24
花生色拉油 Peanut salad oil	合格 Up to grade	11.27	12.42	17.07
菜籽色拉油 Rapeseed salad oil	合格 Up to grade	6.68	6.14	9.94

3—8 2007年8月批发市场粮食和油料价格
Prices of Grain and Oil-bearing Crops at the Wholesale Market (Aug. 2007)

(单位:元/公斤) (Unit:yuan/kg)

农产品名称 Categories of agricultural products	等级 Grades	2005	2006	2007
白色硬质小麦 Hard white wheat	三等 Ⅲ	1.66	1.64	1.81
白色软质小麦 Soft white wheat	三等 Ⅲ	1.81	1.71	1.83
红色硬质小麦 Hard red wheat	三等 Ⅲ	1.71	1.72	1.97
红色软质小麦 Soft red wheat	三等 Ⅲ	1.69	1.75	1.97
混合小麦 Mixed wheat	三等 Ⅲ	1.54	1.51	1.68
市场销量第一品牌面粉 Flour that sell best at the market	一等 Ⅰ	2.28	2.29	2.57
市场销量第一品牌面粉 Flour that sell best at the market	标准粉 Standard flour	2.07	2.06	2.36
市场销量第一品牌早籼米 Milled early long-grain nonglutinous rice that sell best at the market	一等 Ⅰ	2.32	2.43	2.75
市场销量第一品牌晚籼米 Milled late long-grain nonglutinous rice that sell best at the market	一等 Ⅰ	2.46	2.53	2.78
市场销量第一品牌早粳米 Milled early medium to short-grain rice that sell best at the market	一等 Ⅰ	2.63	2.85	2.90
市场销量第一品牌晚粳米 Milled late medium to short-grain rice that sell best at the market	一等 Ⅰ	2.94	3.09	3.12
市场销量第一品牌籼糯米 Milled long-grain glutinous rice that sell best at the market	一等 Ⅰ	2.91	3.47	3.65
市场销量第一品牌粳糯米 Milled round-grain glutinous rice that sell best at the market	一等 Ⅰ	2.98	4.01	3.88
白玉米 White corn	三等 Ⅲ	1.37	1.78	1.50
黄玉米 Yellow corn	三等 Ⅲ	—	1.51	1.86
混合玉米 Mixed corn	三等 Ⅲ	—	—	2.90
大豆 Soybean	合格 Up to grade	3.31	3.09	3.77
小米 Millet	合格 Up to grade	2.93	2.90	3.37
绿豆 Mung bean	合格 Up to grade	5.90	6.61	6.55
红小豆 Small red bean	合格 Up to grade	6.00	4.25	4.72
油菜籽 Rapeseed	合格 Up to grade	5.89	6.60	8.15
花生仁 Peanut kernel	合格 Up to grade	—	3.92	4.48
芝麻 Sesame	合格 Up to grade	10.50	9.78	12.59
大豆色拉油 Soybean salad oil	合格 Up to grade	6.48	6.37	9.64
花生色拉油 Peanut salad oil	合格 Up to grade	10.80	11.27	17.39
菜籽色拉油 Rapeseed salad oil	合格 Up to grade	6.57	6.21	9.69

3－9　2007年9月批发市场粮食和油料价格
Prices of Grain and Oil-bearing Crops at the Wholesale Market (Sep. 2007)

(单位:元/公斤)　　(Unit: yuan/kg)

农产品名称 Categories of agricultural products	等级 Grades	2005	2006	2007
白色硬质小麦 Hard white wheat	三等 Ⅲ	1.61	1.64	1.80
白色软质小麦 Soft white wheat	三等 Ⅲ	1.83	1.71	1.85
红色硬质小麦 Hard red wheat	三等 Ⅲ	1.70	1.73	1.91
红色软质小麦 Soft red wheat	三等 Ⅲ	1.72	1.78	2.00
混合小麦 Mixed wheat	三等 Ⅲ	1.54	1.50	1.69
市场销量第一品牌面粉 Flour that sell best at the market	一等 Ⅰ	2.28	2.38	2.56
市场销量第一品牌面粉 Flour that sell best at the market	标准粉 Standard flour	2.07	2.14	2.36
市场销量第一品牌早籼米 Milled early long-grain nonglutinous rice that sell best at the market	一等 Ⅰ	2.31	2.49	2.73
市场销量第一品牌晚籼米 Milled late long-grain nonglutinous rice that sell best at the market	一等 Ⅰ	2.45	2.52	2.81
市场销量第一品牌早粳米 Milled early medium to short-grain rice that sell best at the market	一等 Ⅰ	2.63	3.26	2.98
市场销量第一品牌晚粳米 Milled late medium to short-grain rice that sell best at the market	一等 Ⅰ	2.95	3.15	3.09
市场销量第一品牌籼糯米 Milled long-grain glutinous rice that sell best at the market	一等 Ⅰ	2.93	3.35	3.72
市场销量第一品牌粳糯米 Milled round-grain glutinous rice that sell best at the market	一等 Ⅰ	3.07	3.81	4.00
白玉米 White corn	三等 Ⅲ	1.36	1.83	3.00
黄玉米 Yellow corn	三等 Ⅲ		1.54	1.83
混合玉米 Mixed corn	三等 Ⅲ		—	1.80
大豆 Soybean	合格 Up to grade	3.31	3.18	3.93
小米 Millet	合格 Up to grade	2.97	2.80	3.44
绿豆 Mung bean	合格 Up to grade	5.81	6.46	6.54
红小豆 Small red bean	合格 Up to grade	6.04	4.35	4.87
油菜籽 Rapeseed	合格 Up to grade	5.80	6.42	8.20
花生仁 Peanut kernel	合格 Up to grade		3.82	4.55
芝麻 Sesame	合格 Up to grade	10.53	9.78	11.01
大豆色拉油 Soybean salad oil	合格 Up to grade	6.29	6.43	9.35
花生色拉油 Peanut salad oil	合格 Up to grade	10.81	10.05	17.24
菜籽色拉油 Rapeseed salad oil	合格 Up to grade	6.52	6.40	9.72

3—10 2007年10月批发市场粮食和油料价格
Prices of Grain and Oil-bearing Crops at the Wholesale Market (Oct. 2007)

(单位:元/公斤) (Unit:yuan/kg)

农产品名称 Categories of agricultural products	等级 Grades	2005	2006	2007
白色硬质小麦 Hard white wheat	三等 Ⅲ	1.61	1.61	1.73
白色软质小麦 Soft white wheat	三等 Ⅲ	1.84	1.86	1.87
红色硬质小麦 Hard red wheat	三等 Ⅲ	1.70	1.74	1.81
红色软质小麦 Soft red wheat	三等 Ⅲ	1.75	1.77	1.85
混合小麦 Mixed wheat	三等 Ⅲ	1.55	1.52	1.66
市场销量第一品牌面粉 Flour that sell best at the market	一等 Ⅰ	2.27	2.31	2.51
市场销量第一品牌面粉 Flour that sell best at the market	标准粉 Standard flour	2.03	2.08	2.33
市场销量第一品牌早籼米 Milled early long-grain nonglutinous rice that sell best at the market	一等 Ⅰ	2.33	2.53	2.70
市场销量第一品牌晚籼米 Milled late long-grain nonglutinous rice that sell best at the market	一等 Ⅰ	2.43	2.53	2.70
市场销量第一品牌早粳米 Milled early medium to short-grain rice that sell best at the market	一等 Ⅰ	2.63	3.06	3.16
市场销量第一品牌晚粳米 Milled late medium to short-grain rice that sell best at the market	一等 Ⅰ	2.94	3.08	3.07
市场销量第一品牌籼糯米 Milled long-grain glutinous rice that sell best at the market	一等 Ⅰ	2.93	3.50	3.63
市场销量第一品牌粳糯米 Milled round-grain glutinous rice that sell best at the market	一等 Ⅰ	3.08	3.74	3.81
白玉米 White corn	三等 Ⅲ	1.33	1.80	2.35
黄玉米 Yellow corn	三等 Ⅲ	—	1.51	1.86
混合玉米 Mixed corn	三等 Ⅲ	—	—	1.95
大豆 Soybean	合格 Up to grade	3.14	3.11	4.09
小米 Millet	合格 Up to grade	2.92	2.98	3.78
绿豆 Mung bean	合格 Up to grade	5.55	6.27	6.83
红小豆 Small red bean	合格 Up to grade	5.55	4.36	5.41
油菜籽 Rapeseed	合格 Up to grade	—	6.32	8.53
花生仁 Peanut kernel	合格 Up to grade	5.75	3.90	4.51
芝麻 Sesame	合格 Up to grade	10.49	9.96	11.03
大豆色拉油 Soybean salad oil	合格 Up to grade	6.29	6.57	9.59
花生色拉油 Peanut salad oil	合格 Up to grade	11.23	11.03	18.09
菜籽色拉油 Rapeseed salad oil	合格 Up to grade	6.39	6.74	10.08

3－11 2007年11月批发市场粮食和油料价格
Prices of Grain and Oil-bearing Crops at the Wholesale Market (Nov. 2007)

(单位:元/公斤) (Unit: yuan/kg)

农产品名称 Categories of agricultural products	等级 Grades	2005	2006	2007
白色硬质小麦 Hard white wheat	三等 Ⅲ	1.61	1.64	1.79
白色软质小麦 Soft white wheat	三等 Ⅲ	1.77	1.86	1.87
红色硬质小麦 Hard red wheat	三等 Ⅲ	1.66	1.78	1.82
红色软质小麦 Soft red wheat	三等 Ⅲ	1.70	1.79	1.85
混合小麦 Mixed wheat	三等 Ⅲ	1.53	1.50	1.72
市场销量第一品牌面粉 Flour that sell best at the market	一等 Ⅰ	2.31	2.46	2.56
市场销量第一品牌面粉 Flour that sell best at the market	标准粉 Standard flour	2.04	2.25	2.36
市场销量第一品牌早籼米 Milled early long-grain nonglutinous rice that sell best at the market	一等 Ⅰ	2.34	2.60	2.69
市场销量第一品牌晚籼米 Milled late long-grain nonglutinous rice that sell best at the market	一等 Ⅰ	2.44	2.65	2.74
市场销量第一品牌早粳米 Milled early medium to short-grain rice that sell best at the market	一等 Ⅰ	2.66	3.07	3.07
市场销量第一品牌晚粳米 Milled late medium to short-grain rice that sell best at the market	一等 Ⅰ	2.92	3.08	3.08
市场销量第一品牌籼糯米 Milled long-grain glutinous rice that sell best at the market	一等 Ⅰ	3.03	3.57	3.65
市场销量第一品牌粳糯米 Milled round-grain glutinous rice that sell best at the market	一等 Ⅰ	3.24	3.68	3.83
白玉米 White corn	三等 Ⅲ	1.37	2.00	2.35
黄玉米 Yellow corn	三等 Ⅲ	—	1.56	1.95
混合玉米 Mixed corn	三等 Ⅲ	—	—	1.95
大豆 Soybean	合格 Up to grade	3.09	3.25	4.51
小米 Millet	合格 Up to grade	2.97	2.97	4.05
绿豆 Mung bean	合格 Up to grade	5.46	6.29	6.91
红小豆 Small red bean	合格 Up to grade	5.06	4.57	6.05
油菜籽 Rapeseed	合格 Up to grade	—	6.50	8.91
花生仁 Peanut kernel	合格 Up to grade	5.89	4.10	5.03
芝麻 Sesame	合格 Up to grade	9.88	10.27	11.87
大豆色拉油 Soybean salad oil	合格 Up to grade	6.30	7.44	10.53
花生色拉油 Peanut salad oil	合格 Up to grade	11.20	11.02	19.48
菜籽色拉油 Rapeseed salad oil	合格 Up to grade	6.38	7.36	11.13

3－12 2007年12月批发市场粮食和油料价格
Prices of Grain and Oil-bearing Crops at the Wholesale Market (Dec. 2007)

（单位：元/公斤） (Unit: yuan/kg)

农产品名称 Categories of agricultural products	等级 Grades	2005	2006	2007
白色硬质小麦 Hard white wheat	三等 Ⅲ	1.61	1.72	1.80
白色软质小麦 Soft white wheat	三等 Ⅲ	1.77	1.88	1.90
红色硬质小麦 Hard red wheat	三等 Ⅲ	1.67	1.81	1.84
红色软质小麦 Soft red wheat	三等 Ⅲ	1.77	1.84	1.88
混合小麦 Mixed wheat	三等 Ⅲ	1.53	1.59	1.77
市场销量第一品牌面粉 Flour that sell best at the market	一等 Ⅰ	2.30	2.47	2.64
市场销量第一品牌面粉 Flour that sell best at the market	标准粉 Standard flour	2.06	2.28	2.45
市场销量第一品牌早籼米 Milled early long-grain nonglutinous rice that sell best at the market	一等 Ⅰ	2.38	2.60	2.74
市场销量第一品牌晚籼米 Milled late long-grain nonglutinous rice that sell best at the market	一等 Ⅰ	2.45	2.72	2.77
市场销量第一品牌早粳米 Milled early medium to short-grain rice that sell best at the market	一等 Ⅰ	2.65	2.90	3.02
市场销量第一品牌晚粳米 Milled late medium to short-grain rice that sell best at the market	一等 Ⅰ	2.94	3.08	3.04
市场销量第一品牌籼糯米 Milled long-grain glutinous rice that sell best at the market	一等 Ⅰ	3.30	3.42	3.61
市场销量第一品牌粳糯米 Milled round-grain glutinous rice that sell best at the market	一等 Ⅰ	3.30	3.69	3.73
白玉米 White corn	三等 Ⅲ	1.38	2.65	2.33
黄玉米 Yellow corn	三等 Ⅲ	—	1.59	1.84
混合玉米 Mixed corn	三等 Ⅲ	—	—	2.87
大豆 Soybean	合格 Up to grade	3.10	3.35	4.66
小米 Millet	合格 Up to grade	2.86	3.02	4.14
绿豆 Mung bean	合格 Up to grade	5.43	6.28	6.94
红小豆 Small red bean	合格 Up to grade	4.91	4.55	6.12
油菜籽 Rapeseed	合格 Up to grade	—	6.86	9.25
花生仁 Peanut kernel	合格 Up to grade	5.94	4.38	5.08
芝麻 Sesame	合格 Up to grade	9.82	10.20	12.58
大豆色拉油 Soybean salad oil	合格 Up to grade	6.23	7.77	10.58
花生色拉油 Peanut salad oil	合格 Up to grade	11.25	12.77	19.94
菜籽色拉油 Rapeseed salad oil	合格 Up to grade	6.31	7.84	11.32

3－13　2007 年批发市场棉花价格
Prices of Cotton at the Wholesale Market in 2007

(单位:元/公斤)　　(Unit:yuan/kg)

棉花产品和等级 Cotton Products and Grades		2005		2006		2007	
		1月 Jan.	2月 Feb.	1月 Jan.	2月 Feb.	1月 Jan.	2月 Feb.
129 级皮棉	129 grade lint cotton	12400	13500	14850	15000	13475	13300
229 级皮棉	229 grade lint cotton	11990	12370	14558	14446	13183	13129
329 级皮棉	329 grade lint cotton	11541	11788	13967	14216	12753	12817
328 级皮棉	328 grade lint cotton	10950	11500	13950	13900	12560	12600
429 级皮棉	429 grade lint cotton	10700	11025	13533	13570	12017	12117
527 级皮棉	527 grade lint cotton	9667	10613	12700	12850	11500	11600

3－13 续表 1　　continued 1

棉花产品和等级 Cotton Products and Grades		2005		2006		2007	
		3月 Mar.	4月 Apr.	3月 Mar.	4月 Apr.	3月 Mar.	4月 Apr.
129 级皮棉	129 grade lint cotton	13150	13360	14650	14625	13233	13450
229 级皮棉	229 grade lint cotton	12690	12925	14221	14293	13220	13278
329 级皮棉	329 grade lint cotton	12127	12477	14118	13950	12857	12882
328 级皮棉	328 grade lint cotton	11650	11800	14000	13850	—	12600
429 级皮棉	429 grade lint cotton	11392	11800	13305	13175	11790	12322
527 级皮棉	527 grade lint cotton	10913	11150	12750	11900	—	11700

3—13 续表 2 continued 2

棉花产品和等级 Cotton Products and Grades		2005		2006		2007	
		5月 May	6月 Jun.	5月 May	6月 Jun.	5月 May	6月 Jun.
129 级皮棉	129 grade lint cotton	13704	13603	14625	14550	13525	14050
229 级皮棉	229 grade lint cotton	13475	13635	14286	14243	13267	13700
329 级皮棉	329 grade lint cotton	12827	13134	12875	13930	12904	22609
328 级皮棉	328 grade lint cotton	12750	12850	13700	13880	12750	13250
429 级皮棉	429 grade lint cotton	12283	12533	13500	13550	12301	13113
527 级皮棉	527 grade lint cotton	11771	11746	12550	12367	11750	12117

3—13 续表 3 continued 3

棉花产品和等级 Cotton Products and Grades		2005		2006		2007	
		7月 Jul.	8月 Aug.	7月 Jul.	8月 Aug.	7月 Jul.	8月 Aug.
129 级皮棉	129 grade lint cotton	13850	14200	14475	14294	14050	14317
229 级皮棉	229 grade lint cotton	13644	13714	14243	14165	13900	14314
329 级皮棉	329 grade lint cotton	13264	13330	13885	12745	13817	14204
328 级皮棉	328 grade lint cotton	13200	13300	13850	13900	13250	13675
429 级皮棉	429 grade lint cotton	12640	12500	13380	13467	13330	13710
527 级皮棉	527 grade lint cotton	11930	12300	12475	12475	12417	12583

3—13 续表 4 continued 4

棉花产品和等级 Cotton Products and Grades		2005		2006		2007	
		9 月 Sep.	10 月 Oct.	9 月 Sep.	10 月 Oct.	9 月 Sep.	10 月 Oct.
129 级皮棉	129 grade lint cotton	14400	14900	14463	14033	13788	14338
229 级皮棉	229 grade lint cotton	14100	14200	14157	13413	13686	14043
329 级皮棉	329 grade lint cotton	13513	14188	13967	12919	13673	13536
328 级皮棉	328 grade lint cotton	13800	14133	13900	13533	12925	13825
429 级皮棉	429 grade lint cotton	13100	13650	13280	12220	12930	13020
527 级皮棉	527 grade lint cotton	12550	13150	12475	11250	11983	12150

3—13 续表 5 continued 5

棉花产品和等级 Cotton Products and Grades		2005		2006		2007	
		11 月 Nov.	12 月 Dec.	11 月 Nov.	12 月 Dec.	11 月 Nov.	12 月 Dec.
129 级皮棉	129 grade lint cotton	15067	14867	13967	14067	14817	14817
229 级皮棉	229 grade lint cotton	14700	14590	13338	12900	14173	14190
329 级皮棉	329 grade lint cotton	14033	14077	12812	13005	13703	13633
328 级皮棉	328 grade lint cotton	14150	14025	13063	13100	13900	13667
429 级皮棉	429 grade lint cotton	13650	13425	12048	12025	13133	13083
527 级皮棉	527 grade lint cotton	12950	12700	11650	9750	12230	12500

3—14 2007年1月批发市场果品价格
Prices of Fruits at the Wholesale Market (Jan. 2007)

（单位：元/公斤） (Unit：yuan/kg)

农产品名称	Categories of Agricultural Products	等级 Grades	2005	2006	2007
香蕉	Bananas	中等 Middling	2.70	3.10	3.16
菠萝	Pineapples	中等 Middling	2.68	3.06	2.59
柑	Mandarin oranges	中等 Middling	2.60	3.00	2.80
桔	Tangerines	中等 Middling	2.47	2.81	3.45
橙	Oranges	中等 Middling	2.61	2.85	3.08
柚	Shaddocks	中等 Middling	2.14	3.13	3.03
红富士苹果	Hongfushi apples	中等 Middling	3.17	3.79	3.91
国光苹果	Guoguang apples	中等 Middling	2.04	3.34	3.93
雪花梨	Snowflake pears	中等 Middling	2.78	2.88	2.40
鸭梨	Ya-pears	中等 Middling	1.94	2.55	2.91
荔枝	Litchis	中等 Middling	—	16.00	10.00
龙眼	Longans	中等 Middling	11.84	10.47	12.12
芒果	Mangoes	中等 Middling	23.28	22.75	14.95
西瓜	Watermelons	中等 Middling	2.57	3.55	3.63
甜瓜	Muskmelons	中等 Middling	2.40	5.80	4.27
哈蜜瓜	Hami melons	中等 Middling	5.94	6.17	4.11
草莓	Strawferries	中等 Middling	8.65	10.82	8.80
桃	Peaches	中等 Middling	12.50	15.00	14.00
杏	Apricots	中等 Middling	—	—	—
猕猴桃	Yangtaoes	中等 Middling	2.90	3.49	2.83
葡萄	Grapes	中等 Middling	3.41	4.97	4.72
大枣	Chinese dates	中等 Middling	10.54	13.38	10.80
柿子	Persimmons	中等 Middling	3.98	3.96	2.73
山楂	Hawkthorns	中等 Middling	2.95	4.98	2.90
樱桃	Cherries	中等 Middling	—	—	37.00
圣女果	Little tomatoes	中等 Middling	3.80	4.69	3.31

3－15　2007年2月批发市场果品价格
Prices of Fruits at the Wholesale Market (Feb. 2007)

(单位:元/公斤)　　(Unit:yuan/kg)

农产品名称 Categories of Agricultural Products		等级 Grades	2005	2006	2007
香蕉	Bananas	中等 Middling	2.72	3.08	3.63
菠萝	Pineapples	中等 Middling	2.00	2.32	2.84
柑	Mandarin oranges	中等 Middling	2.39	2.83	3.30
桔	Tangerines	中等 Middling	2.64	3.68	4.75
橙	Oranges	中等 Middling	2.73	2.95	3.31
柚	Shaddocks	中等 Middling	2.36	3.37	3.06
红富士苹果	Hongfushi apples	中等 Middling	2.73	4.21	4.79
国光苹果	Guoguang apples	中等 Middling	2.45	2.70	4.85
雪花梨	Snowflake pears	中等 Middling	3.23	2.78	3.45
鸭梨	Ya-pears	中等 Middling	2.68	3.34	3.51
荔枝	Litchis	中等 Middling	3.00	—	10.00
龙眼	Longans	中等 Middling	12.09	11.56	14.70
芒果	Mangoes	中等 Middling	16.40	20.44	12.18
西瓜	Watermelons	中等 Middling	2.33	3.89	3.87
甜瓜	Muskmelons	中等 Middling	8.70	6.00	8.00
哈蜜瓜	Hami melons	中等 Middling	6.00	9.17	6.95
草莓	Strawferries	中等 Middling	7.78	9.43	8.83
桃	Peaches	中等 Middling	—	—	—
杏	Apricots	中等 Middling	6.00	—	—
猕猴桃	Yangtaoes	中等 Middling	3.21	3.62	3.55
葡萄	Grapes	中等 Middling	6.44	4.68	5.60
大枣	Chinese dates	中等 Middling	7.20	7.73	10.20
柿子	Persimmons	中等 Middling	3.50	2.33	5.50
山楂	Hawkthorns	中等 Middling	2.53	2.67	7.80
樱桃	Cherries	中等 Middling	—	—	—
圣女果	Little tomatoes	中等 Middling	3.54	4.35	4.23

3—16 2007年3月批发市场果品价格
Prices of Fruits at the Wholesale Market (Mar. 2007)

(单位:元/公斤) (Unit:yuan/kg)

农产品名称	Categories of Agricultural Products	等级 Grades	2005	2006	2007
香蕉	Bananas	中等 Middling	2.54	3.29	3.67
菠萝	Pineapples	中等 Middling	2.08	2.57	2.51
柑	Mandarin oranges	中等 Middling	2.16	3.06	3.22
桔	Tangerines	中等 Middling	1.99	3.30	3.92
橙	Oranges	中等 Middling	2.55	3.92	3.85
柚	Shaddocks	中等 Middling	2.66	2.96	3.40
红富士苹果	Hongfushi apples	中等 Middling	2.89	4.71	4.29
国光苹果	Guoguang apples	中等 Middling	2.02	3.53	4.72
雪花梨	Snowflake pears	中等 Middling	2.64	2.49	3.58
鸭梨	Ya-pears	中等 Middling	2.02	3.65	3.19
荔枝	Litchis	中等 Middling	—	15.00	10.00
龙眼	Longans	中等 Middling	10.90	15.20	13.69
芒果	Mangoes	中等 Middling	7.65	9.97	10.14
西瓜	Watermelons	中等 Middling	2.54	3.76	3.31
甜瓜	Muskmelons	中等 Middling	6.32	7.36	5.53
哈蜜瓜	Hami melons	中等 Middling	8.23	7.96	7.59
草莓	Strawferries	中等 Middling	7.92	9.74	8.31
桃	Peaches	中等 Middling	19.00	—	24.00
杏	Apricots	中等 Middling	5.00	10.00	—
猕猴桃	Yangtaoes	中等 Middling	3.90	4.55	4.26
葡萄	Grapes	中等 Middling	4.47	6.79	7.19
大枣	Chinese dates	中等 Middling	6.85	13.00	11.77
柿子	Persimmons	中等 Middling	1.00	10.00	—
山楂	Hawkthorns	中等 Middling	2.88	6.27	5.76
樱桃	Cherries	中等 Middling	—	48.00	—
圣女果	Little tomatoes	中等 Middling	3.29	4.91	3.57

3－17　2007年4月批发市场果品价格
Prices of Fruits at the Wholesale Market (Apr. 2007)

(单位:元/公斤)　　(Unit:yuan/kg)

农产品名称	Categories of Agricultural Products	等级 Grades	2005	2006	2007
香蕉	Bananas	中等 Middling	2.64	3.84	3.17
菠萝	Pineapples	中等 Middling	1.92	2.81	2.47
柑	Mandarin oranges	中等 Middling	2.51	3.90	2.88
桔	Tangerines	中等 Middling	2.37	3.23	3.42
橙	Oranges	中等 Middling	2.69	4.12	3.92
柚	Shaddocks	中等 Middling	2.01	3.40	3.45
红富士苹果	Hongfushi apples	中等 Middling	2.84	5.18	4.51
国光苹果	Guoguang apples	中等 Middling	2.53	5.70	3.64
雪花梨	Snowflake pears	中等 Middling	3.20	3.70	2.65
鸭梨	Ya-pears	中等 Middling	2.13	3.72	3.68
荔枝	Litchis	中等 Middling	16.00	25.14	10.60
龙眼	Longans	中等 Middling	11.68	14.10	12.22
芒果	Mangoes	中等 Middling	10.78	9.63	9.18
西瓜	Watermelons	中等 Middling	6.36	3.48	3.18
甜瓜	Muskmelons	中等 Middling	5.28	5.10	4.82
哈蜜瓜	Hami melons	中等 Middling	8.09	7.97	5.41
草莓	Strawferries	中等 Middling	6.00	7.91	7.23
桃	Peaches	中等 Middling	10.30	14.45	9.98
杏	Apricots	中等 Middling	11.75	18.20	12.00
猕猴桃	Yangtaoes	中等 Middling	9.12	7.38	4.88
葡萄	Grapes	中等 Middling	8.14	8.27	7.27
大枣	Chinese dates	中等 Middling	6.40	12.50	12.00
柿子	Persimmons	中等 Middling	3.50	—	—
山楂	Hawkthorns	中等 Middling	3.30	—	7.53
樱桃	Cherries	中等 Middling	33.50	27.20	28.60
圣女果	Little tomatoes	中等 Middling	4.04	4.58	4.19

3－18　2007 年 5 月批发市场果品价格
Prices of Fruits at the Wholesale Market (May 2007)

(单位:元/公斤)　　(Unit:yuan/kg)

农产品名称	Categories of Agricultural Products	等级 Grades	2005	2006	2007
香蕉	Bananas	中等 Middling	2.59	3.90	3.03
菠萝	Pineapples	中等 Middling	2.09	3.46	2.92
柑	Mandarin oranges	中等 Middling	2.67	2.20	2.80
桔	Tangerines	中等 Middling	3.50	3.00	3.22
橙	Oranges	中等 Middling	3.89	4.97	4.77
柚	Shaddocks	中等 Middling	2.26	4.27	4.83
红富士苹果	Hongfushi apples	中等 Middling	2.96	6.54	4.24
国光苹果	Guoguang apples	中等 Middling	2.38	5.88	3.07
雪花梨	Snowflake pears	中等 Middling	3.04	3.47	1.97
鸭梨	Ya-pears	中等 Middling	2.16	4.58	3.50
荔枝	Litchis	中等 Middling	10.41	12.61	13.54
龙眼	Longans	中等 Middling	13.03	14.11	14.40
芒果	Mangoes	中等 Middling	7.28	7.92	7.01
西瓜	Watermelons	中等 Middling	2.22	2.44	2.44
甜瓜	Muskmelons	中等 Middling	4.22	3.57	2.91
哈蜜瓜	Hami melons	中等 Middling	5.52	6.44	3.93
草莓	Strawferries	中等 Middling	4.69	6.16	6.24
桃	Peaches	中等 Middling	8.13	8.00	5.34
杏	Apricots	中等 Middling	7.43	6.88	7.75
猕猴桃	Yangtaoes	中等 Middling	6.32	7.42	7.53
葡萄	Grapes	中等 Middling	12.67	12.00	6.63
大枣	Chinese dates	中等 Middling	7.17	12.00	10.33
柿子	Persimmons	中等 Middling	—	10.00	1.20
山楂	Hawkthorns	中等 Middling	6.75	14.50	8.70
樱桃	Cherries	中等 Middling	20.93	22.38	29.13
圣女果	Little tomatoes	中等 Middling	3.67	4.61	3.84

3—19 2007年6月批发市场果品价格
Prices of Fruits at the Wholesale Market (Jun. 2007)

(单位:元/公斤) (Unit:yuan/kg)

农产品名称	Categories of Agricultural Products	等级 Grades	2005	2006	2007
香蕉	Bananas	中等 Middling	2.47	3.19	2.66
菠萝	Pineapples	中等 Middling	2.07	3.16	3.09
柑	Mandarin oranges	中等 Middling	1.60	2.80	3.37
桔	Tangerines	中等 Middling	—	15.00	1.35
橙	Oranges	中等 Middling	1.70	6.85	4.80
柚	Shaddocks	中等 Middling	1.00	5.07	6.70
红富士苹果	Hongfushi apples	中等 Middling	3.09	6.62	4.33
国光苹果	Guoguang apples	中等 Middling	2.00	7.00	3.55
雪花梨	Snowflake pears	中等 Middling	2.00	4.93	2.07
鸭梨	Ya-pears	中等 Middling	2.18	5.10	3.25
荔枝	Litchis	中等 Middling	6.28	7.92	7.97
龙眼	Longans	中等 Middling	11.32	15.20	11.20
芒果	Mangoes	中等 Middling	6.66	8.12	7.08
西瓜	Watermelons	中等 Middling	1.35	1.64	1.47
甜瓜	Muskmelons	中等 Middling	1.87	2.40	2.72
哈蜜瓜	Hami melons	中等 Middling	2.90	3.39	3.50
草莓	Strawferries	中等 Middling	5.50	8.50	4.18
桃	Peaches	中等 Middling	4.28	4.39	4.20
杏	Apricots	中等 Middling	2.61	2.40	2.90
猕猴桃	Yangtaoes	中等 Middling	10.51	32.00	7.44
葡萄	Grapes	中等 Middling	7.33	7.88	6.38
大枣	Chinese dates	中等 Middling	6.00	—	16.00
柿子	Persimmons	中等 Middling	—	—	1.10
山楂	Hawkthorns	中等 Middling	—	10.00	7.20
樱桃	Cherries	中等 Middling	19.63	22.47	17.82
圣女果	Little tomatoes	中等 Middling	2.72	3.37	3.09

3—20 2007年7月批发市场果品价格
Prices of Fruits at the Wholesale Market (Jul. 2007)

(单位:元/公斤) (Unit:yuan/kg)

农产品名称	Categories of Agricultural Products	等级 Grades	2005	2006	2007
香蕉	Bananas	中等 Middling	2.41	2.90	2.24
菠萝	Pineapples	中等 Middling	3.04	2.86	2.75
柑	Mandarin oranges	中等 Middling	4.00	2.60	2.48
桔	Tangerines	中等 Middling	3.60	4.40	5.34
橙	Oranges	中等 Middling	5.43	7.73	4.50
柚	Shaddocks	中等 Middling	3.00	6.00	5.95
红富士苹果	Hongfushi apples	中等 Middling	3.52	5.99	5.36
国光苹果	Guoguang apples	中等 Middling	3.20	4.53	5.50
雪花梨	Snowflake pears	中等 Middling	3.23	3.89	1.90
鸭梨	Ya-pears	中等 Middling	3.18	5.05	3.28
荔枝	Litchis	中等 Middling	6.00	6.91	6.30
龙眼	Longans	中等 Middling	10.80	11.08	7.89
芒果	Mangoes	中等 Middling	6.52	7.56	6.06
西瓜	Watermelons	中等 Middling	1.34	0.98	1.30
甜瓜	Muskmelons	中等 Middling	2.13	2.61	2.42
哈蜜瓜	Hami melons	中等 Middling	3.00	2.64	3.09
草莓	Strawferries	中等 Middling	—	6.00	2.95
桃	Peaches	中等 Middling	3.91	2.55	3.38
杏	Apricots	中等 Middling	2.06	3.07	3.83
猕猴桃	Yangtaoes	中等 Middling	7.01	5.54	8.23
葡萄	Grapes	中等 Middling	5.55	4.53	5.91
大枣	Chinese dates	中等 Middling	14.50	12.00	10.75
柿子	Persimmons	中等 Middling	6.00	—	1.10
山楂	Hawkthorns	中等 Middling	16.00	16.00	12.00
樱桃	Cherries	中等 Middling	18.00	21.75	13.33
圣女果	Little tomatoes	中等 Middling	2.86	2.93	3.52

3－21 2007年8月批发市场果品价格
Prices of Fruits at the Wholesale Market (Aug. 2007)

（单位：元/公斤） (Unit：yuan/kg)

农产品名称	Categories of Agricultural Products	等级 Grades	2005	2006	2007
香蕉	Bananas	中等 Middling	2.60	2.87	2.48
菠萝	Pineapples	中等 Middling	3.03	2.89	3.23
柑	Mandarin oranges	中等 Middling	4.00	2.65	2.00
桔	Tangerines	中等 Middling	2.87	2.60	5.84
橙	Oranges	中等 Middling	8.00	5.23	4.88
柚	Shaddocks	中等 Middling	2.95	3.60	5.35
红富士苹果	Hongfushi apples	中等 Middling	3.68	5.59	5.12
国光苹果	Guoguang apples	中等 Middling	2.73	3.65	6.60
雪花梨	Snowflake pears	中等 Middling	2.28	3.06	2.02
鸭梨	Ya-pears	中等 Middling	2.85	2.95	4.45
荔枝	Litchis	中等 Middling	5.20	9.00	4.87
龙眼	Longans	中等 Middling	8.01	10.06	7.95
芒果	Mangoes	中等 Middling	6.53	6.59	6.63
西瓜	Watermelons	中等 Middling	1.21	1.34	1.31
甜瓜	Muskmelons	中等 Middling	2.20	1.98	2.64
哈蜜瓜	Hami melons	中等 Middling	2.59	2.41	2.52
草莓	Strawferries	中等 Middling	—	7.00	—
桃	Peaches	中等 Middling	2.60	2.83	3.45
杏	Apricots	中等 Middling	3.00	2.53	3.08
猕猴桃	Yangtaoes	中等 Middling	3.19	5.10	5.26
葡萄	Grapes	中等 Middling	3.47	3.65	4.10
大枣	Chinese dates	中等 Middling	5.23	4.47	6.18
柿子	Persimmons	中等 Middling	4.70	4.15	3.30
山楂	Hawkthorns	中等 Middling	16.00	16.00	10.00
樱桃	Cherries	中等 Middling	18.00	40.00	12.00
圣女果	Little tomatoes	中等 Middling	2.96	2.68	3.63

3－22 2007年9月批发市场果品价格
Prices of Fruits at the Wholesale Market (Sep. 2007)

(单位:元/公斤) (Unit:yuan/kg)

农产品名称 Categories of Agricultural Products		等级 Grades	2005	2006	2007
香蕉	Bananas	中等 Middling	3.07	2.77	2.81
菠萝	Pineapples	中等 Middling	3.59	2.54	3.12
柑	Mandarin oranges	中等 Middling	3.60	2.20	1.93
桔	Tangerines	中等 Middling	2.11	1.99	2.59
橙	Oranges	中等 Middling	7.00	5.60	6.43
柚	Shaddocks	中等 Middling	2.42	2.65	3.13
红富士苹果	Hongfushi apples	中等 Middling	3.53	4.48	4.88
国光苹果	Guoguang apples	中等 Middling	3.24	2.51	5.90
雪花梨	Snowflake pears	中等 Middling	1.80	2.62	2.37
鸭梨	Ya-pears	中等 Middling	2.15	2.82	3.28
荔枝	Litchis	中等 Middling	10.00	8.00	6.50
龙眼	Longans	中等 Middling	10.28	10.80	9.93
芒果	Mangoes	中等 Middling	12.72	8.04	7.65
西瓜	Watermelons	中等 Middling	1.78	1.38	1.66
甜瓜	Muskmelons	中等 Middling	2.51	2.24	2.53
哈蜜瓜	Hami melons	中等 Middling	2.70	2.12	3.01
草莓	Strawferries	中等 Middling	—		19.00
桃	Peaches	中等 Middling	4.85	3.32	4.72
杏	Apricots	中等 Middling	—	2.50	—
猕猴桃	Yangtaoes	中等 Middling	3.00	3.41	4.97
葡萄	Grapes	中等 Middling	3.81	4.06	4.11
大枣	Chinese dates	中等 Middling	8.29	5.36	8.20
柿子	Persimmons	中等 Middling	2.97	2.19	2.33
山楂	Hawkthorns	中等 Middling	2.55	2.57	4.26
樱桃	Cherries	中等 Middling	—	—	—
圣女果	Little tomatoes	中等 Middling	2.94	3.28	3.87

3—23 2007年10月批发市场果品价格
Prices of Fruits at the Wholesale Market (Oct. 2007)

(单位:元/公斤) (Unit:yuan/kg)

农产品名称 Categories of Agricultural Products		等级 Grades	2005	2006	2007
香蕉	Bananas	中等 Middling	2.98	3.02	2.81
菠萝	Pineapples	中等 Middling	2.62	3.62	3.02
柑	Mandarin oranges	中等 Middling	3.15	2.36	2.43
桔	Tangerines	中等 Middling	2.32	2.41	2.35
橙	Oranges	中等 Middling	4.57	4.72	2.76
柚	Shaddocks	中等 Middling	2.60	2.86	2.86
红富士苹果	Hongfushi apples	中等 Middling	3.48	4.57	4.73
国光苹果	Guoguang apples	中等 Middling	2.58	3.36	5.10
雪花梨	Snowflake pears	中等 Middling	2.33	3.35	1.72
鸭梨	Ya-pears	中等 Middling	2.49	3.06	2.99
荔枝	Litchis	中等 Middling	8.00	8.00	8.00
龙眼	Longans	中等 Middling	11.50	12.13	11.78
芒果	Mangoes	中等 Middling	9.23	9.47	7.11
西瓜	Watermelons	中等 Middling	1.94	1.75	2.30
甜瓜	Muskmelons	中等 Middling	3.35	2.38	3.23
哈蜜瓜	Hami melons	中等 Middling	3.01	2.52	3.37
草莓	Strawferries	中等 Middling	—	—	20.00
桃	Peaches	中等 Middling	6.07	4.28	3.98
杏	Apricots	中等 Middling	—	2.50	—
猕猴桃	Yangtaoes	中等 Middling	3.22	4.13	4.64
葡萄	Grapes	中等 Middling	4.29	4.40	4.40
大枣	Chinese dates	中等 Middling	7.98	7.03	9.44
柿子	Persimmons	中等 Middling	2.30	2.88	2.61
山楂	Hawkthorns	中等 Middling	2.64	4.22	4.63
樱桃	Cherries	中等 Middling	—	—	—
圣女果	Little tomatoes	中等 Middling	3.42	3.29	4.33

3—24　2007年11月批发市场果品价格
Prices of Fruits at the Wholesale Market (Nov. 2007)

(单位:元/公斤)　　(Unit: yuan/kg)

农产品名称	Categories of Agricultural Products	等级 Grades	2005	2006	2007
香蕉	Bananas	中等 Middling	3.08	2.91	2.88
菠萝	Pineapples	中等 Middling	2.88	2.92	3.15
柑	Mandarin oranges	中等 Middling	3.40	2.40	2.60
桔	Tangerines	中等 Middling	2.39	2.52	2.53
橙	Oranges	中等 Middling	3.79	3.69	3.82
柚	Shaddocks	中等 Middling	2.40	2.97	3.11
红富士苹果	Hongfushi apples	中等 Middling	3.36	4.04	5.11
国光苹果	Guoguang apples	中等 Middling	2.78	3.70	3.20
雪花梨	Snowflake pears	中等 Middling	2.30	2.75	2.39
鸭梨	Ya-pears	中等 Middling	2.46	3.08	3.38
荔枝	Litchis	中等 Middling	12.00	7.35	8.00
龙眼	Longans	中等 Middling	10.65	10.92	11.88
芒果	Mangoes	中等 Middling	14.00	11.95	8.37
西瓜	Watermelons	中等 Middling	3.69	2.11	3.06
甜瓜	Muskmelons	中等 Middling	3.73	3.36	2.78
哈蜜瓜	Hami melons	中等 Middling	4.27	3.08	3.99
草莓	Strawferries	中等 Middling	12.00	13.50	8.00
桃	Peaches	中等 Middling	7.75	4.00	2.80
杏	Apricots	中等 Middling	—	2.80	—
猕猴桃	Yangtaoes	中等 Middling	3.26	3.38	4.79
葡萄	Grapes	中等 Middling	4.45	4.58	5.29
大枣	Chinese dates	中等 Middling	11.33	8.51	11.64
柿子	Persimmons	中等 Middling	2.82	3.19	3.65
山楂	Hawkthorns	中等 Middling	3.80	4.95	4.55
樱桃	Cherries	中等 Middling	—	—	—
圣女果	Little tomatoes	中等 Middling	3.51	3.40	4.37

3－25 2007年12月批发市场果品价格
Prices of Fruits at the Wholesale Market (Dec. 2007)

(单位:元/公斤) (Unit:yuan/kg)

农产品名称 Categories of Agricultural Products		等级 Grades	2005	2006	2007
香蕉	Bananas	中等 Middling	2.80	2.98	2.95
菠萝	Pineapples	中等 Middling	2.77	3.02	3.31
柑	Mandarin oranges	中等 Middling	2.70	3.21	3.37
桔	Tangerines	中等 Middling	2.46	3.10	2.76
橙	Oranges	中等 Middling	2.81	3.42	3.80
柚	Shaddocks	中等 Middling	2.97	3.21	2.87
红富士苹果	Hongfushi apples	中等 Middling	3.44	4.12	4.67
国光苹果	Guoguang apples	中等 Middling	3.23	3.48	3.64
雪花梨	Snowflake pears	中等 Middling	3.06	2.76	2.89
鸭梨	Ya-pears	中等 Middling	2.58	3.42	3.79
荔枝	Litchis	中等 Middling	14.00	7.40	10.00
龙眼	Longans	中等 Middling	10.24	11.88	11.75
芒果	Mangoes	中等 Middling	25.00	18.53	16.71
西瓜	Watermelons	中等 Middling	3.06	2.54	3.63
甜瓜	Muskmelons	中等 Middling	3.75	3.66	2.94
哈蜜瓜	Hami melons	中等 Middling	4.73	3.48	4.95
草莓	Strawferries	中等 Middling	14.71	9.84	16.75
桃	Peaches	中等 Middling	9.53	2.40	4.70
杏	Apricots	中等 Middling	—	—	—
猕猴桃	Yangtaoes	中等 Middling	3.23	3.24	5.88
葡萄	Grapes	中等 Middling	4.34	4.67	5.66
大枣	Chinese dates	中等 Middling	13.13	9.27	12.00
柿子	Persimmons	中等 Middling	3.62	2.95	2.52
山楂	Hawkthorns	中等 Middling	4.83	4.68	4.68
樱桃	Cherries	中等 Middling	—	—	—
圣女果	Little tomatoes	中等 Middling	3.84	3.55	5.58

3－26 2007年1月批发市场蔬菜价格

Prices of Vegetables at the Wholesale Market (Jan. 2007)

(单位:元/公斤) (Unit:yuan/kg)

农产品名称	Categories of Agricultural Products	等级 Grades	2006	2007
大白菜	Chinese cabbage	中等 Middling	0.99	0.56
小白菜	Small cabbage	中等 Middling	1.97	1.79
元白菜	Cabbage patch	中等 Middling	1.51	0.83
菠菜	Spinach	中等 Middling	2.64	1.74
油菜	Cole	中等 Middling	2.26	1.74
芹菜	Celery	中等 Middling	2.18	1.34
油麦菜	Sautéed Vegetable	中等 Middling	2.60	2.63
空心菜	Water convolvulus	中等 Middling	3.74	2.83
莴笋	Lettuce	中等 Middling	2.63	1.02
黄瓜	Cucumber	中等 Middling	3.81	2.22
冬瓜	White gourd	中等 Middling	1.66	0.90
南瓜	Cushaw	中等 Middling	1.85	1.45
西葫芦	Pumpkin	中等 Middling	3.10	2.04
苦瓜	Balsam pear	中等 Middling	6.64	4.25
丝瓜	Towel gourd	中等 Middling	4.25	3.84
萝卜	Radish	中等 Middling	1.00	0.71
胡萝卜	Carrot	中等 Middling	1.34	0.91
土豆	Potato	中等 Middling	1.27	1.33
菜花	Cauliflower	中等 Middling	2.45	2.14
茄子	Aubergine	中等 Middling	3.82	2.53
西红柿	Tomato	中等 Middling	3.40	2.02
辣椒	Capsicum	中等 Middling	4.27	2.50
青椒	Green pepper	中等 Middling	4.06	2.56
大葱	Green Chinese onion	中等 Middling	1.74	1.17
洋葱	Onion	中等 Middling	1.06	2.05
韭菜	Leek	中等 Middling	3.81	2.46
四季豆	Kidney bean	中等 Middling	3.82	3.20
豇豆	Cowpea	中等 Middling	4.76	4.67

3－27 2007年2月批发市场蔬菜价格
Prices of Vegetables at the Wholesale Market (Feb. 2007)

(单位:元/公斤) (Unit:yuan/kg)

农产品名称 Categories of Agricultural Products		等级 Grades	2006	2007
大白菜	Chinese cabbage	中等 Middling	0.83	0.60
小白菜	Small cabbage	中等 Middling	1.41	1.55
元白菜	Cabbage patch	中等 Middling	1.07	0.82
菠菜	Spinach	中等 Middling	1.77	1.64
油菜	Cole	中等 Middling	1.62	1.65
芹菜	Celery	中等 Middling	1.83	1.52
油麦菜	Sautéed Vegetable	中等 Middling	2.27	2.35
空心菜	Water convolvulus	中等 Middling	2.94	4.13
莴笋	Lettuce	中等 Middling	1.51	1.40
黄瓜	Cucumber	中等 Middling	2.51	2.91
冬瓜	White gourd	中等 Middling	1.81	1.03
南瓜	Cushaw	中等 Middling	1.87	1.61
西葫芦	Pumpkin	中等 Middling	2.16	2.16
苦瓜	Balsam pear	中等 Middling	6.12	5.83
丝瓜	Towel gourd	中等 Middling	4.01	4.85
萝卜	Radish	中等 Middling	0.91	0.77
胡萝卜	Carrot	中等 Middling	1.29	0.83
土豆	Potato	中等 Middling	1.21	1.40
菜花	Cauliflower	中等 Middling	1.83	2.13
茄子	Aubergine	中等 Middling	2.64	2.71
西红柿	Tomato	中等 Middling	2.35	2.51
辣椒	Capsicum	中等 Middling	3.18	2.99
青椒	Green pepper	中等 Middling	3.17	3.16
大葱	Green Chinese onion	中等 Middling	1.35	1.27
洋葱	Onion	中等 Middling	1.03	1.97
韭菜	Leek	中等 Middling	1.96	2.08
四季豆	Kidney bean	中等 Middling	4.01	3.94
豇豆	Cowpea	中等 Middling	4.31	5.67

3－28 2007年3月批发市场蔬菜价格
Prices of Vegetables at the Wholesale Market (Mar. 2007)

(单位:元/公斤) (Unit:yuan/kg)

农产品名称 Categories of Agricultural Products		等级 Grades	2006	2007
大白菜	Chinese cabbage	中等 Middling	0.84	0.65
小白菜	Small cabbage	中等 Middling	1.38	1.61
元白菜	Cabbage patch	中等 Middling	0.91	0.66
菠菜	Spinach	中等 Middling	1.59	1.69
油菜	Cole	中等 Middling	1.52	1.63
芹菜	Celery	中等 Middling	1.42	1.20
油麦菜	Sautéed Vegetable	中等 Middling	2.35	3.00
空心菜	Water convolvulus	中等 Middling	5.09	2.96
莴笋	Lettuce	中等 Middling	1.47	1.57
黄瓜	Cucumber	中等 Middling	2.51	2.66
冬瓜	White gourd	中等 Middling	1.87	1.19
南瓜	Cushaw	中等 Middling	1.97	1.73
西葫芦	Pumpkin	中等 Middling	1.99	2.33
苦瓜	Balsam pear	中等 Middling	5.66	4.89
丝瓜	Towel gourd	中等 Middling	4.68	4.48
萝卜	Radish	中等 Middling	0.89	0.68
胡萝卜	Carrot	中等 Middling	1.52	0.88
土豆	Potato	中等 Middling	1.39	1.33
菜花	Cauliflower	中等 Middling	1.78	1.68
茄子	Aubergine	中等 Middling	3.05	2.66
西红柿	Tomato	中等 Middling	3.18	2.30
辣椒	Capsicum	中等 Middling	3.62	3.67
青椒	Green pepper	中等 Middling	3.66	3.69
大葱	Green Chinese onion	中等 Middling	1.42	1.09
洋葱	Onion	中等 Middling	1.01	1.86
韭菜	Leek	中等 Middling	1.94	2.08
四季豆	Kidney bean	中等 Middling	4.20	4.09
豇豆	Cowpea	中等 Middling	5.64	6.11

3—29 2007年4月批发市场蔬菜价格
Prices of Vegetables at the Wholesale Market (Apr. 2007)

(单位:元/公斤) (Unit:yuan/kg)

农产品名称 Categories of Agricultural Products		等级 Grades	2006	2007
大白菜	Chinese cabbage	中等 Middling	0.99	0.98
小白菜	Small cabbage	中等 Middling	1.97	1.44
元白菜	Cabbage patch	中等 Middling	1.51	0.82
菠菜	Spinach	中等 Middling	2.64	1.73
油菜	Cole	中等 Middling	2.26	1.32
芹菜	Celery	中等 Middling	2.18	1.49
油麦菜	Sautéed Vegetable	中等 Middling	2.60	2.03
空心菜	Water convolvulus	中等 Middling	3.74	3.04
莴笋	Lettuce	中等 Middling	2.63	1.27
黄瓜	Cucumber	中等 Middling	3.81	2.07
冬瓜	White gourd	中等 Middling	1.66	1.52
南瓜	Cushaw	中等 Middling	1.85	1.99
西葫芦	Pumpkin	中等 Middling	3.10	1.64
苦瓜	Balsam pear	中等 Middling	6.64	4.48
丝瓜	Towel gourd	中等 Middling	4.25	3.62
萝卜	Radish	中等 Middling	1.00	0.78
胡萝卜	Carrot	中等 Middling	1.34	1.07
土豆	Potato	中等 Middling	1.27	1.38
菜花	Cauliflower	中等 Middling	2.45	1.84
茄子	Aubergine	中等 Middling	3.82	2.97
西红柿	Tomato	中等 Middling	3.40	2.37
辣椒	Capsicum	中等 Middling	4.27	3.81
青椒	Green pepper	中等 Middling	4.06	3.95
大葱	Green Chinese onion	中等 Middling	1.74	1.09
洋葱	Onion	中等 Middling	1.06	1.66
韭菜	Leek	中等 Middling	3.81	1.93
四季豆	Kidney bean	中等 Middling	3.82	3.88
豇豆	Cowpea	中等 Middling	4.76	4.65

3—30 2007年5月批发市场蔬菜价格
Prices of Vegetables at the Wholesale Market (May 2007)

(单位:元/公斤) (Unit:yuan/kg)

农产品名称 Categories of Agricultural Products		等级 Grades	2006	2007
大白菜	Chinese cabbage	中等 Middling	0.83	0.78
小白菜	Small cabbage	中等 Middling	1.41	1.38
元白菜	Cabbage patch	中等 Middling	1.07	0.69
菠菜	Spinach	中等 Middling	1.77	1.87
油菜	Cole	中等 Middling	1.62	1.14
芹菜	Celery	中等 Middling	1.83	1.46
油麦菜	Sautéed Vegetable	中等 Middling	2.27	1.64
空心菜	Water convolvulus	中等 Middling	2.94	2.57
莴笋	Lettuce	中等 Middling	1.51	1.16
黄瓜	Cucumber	中等 Middling	2.51	1.45
冬瓜	White gourd	中等 Middling	1.81	1.44
南瓜	Cushaw	中等 Middling	1.87	1.91
西葫芦	Pumpkin	中等 Middling	2.16	1.14
苦瓜	Balsam pear	中等 Middling	6.12	3.60
丝瓜	Towel gourd	中等 Middling	4.01	3.29
萝卜	Radish	中等 Middling	0.91	0.77
胡萝卜	Carrot	中等 Middling	1.29	1.05
土豆	Potato	中等 Middling	1.21	1.42
菜花	Cauliflower	中等 Middling	1.83	1.63
茄子	Aubergine	中等 Middling	2.64	2.09
西红柿	Tomato	中等 Middling	2.35	1.86
辣椒	Capsicum	中等 Middling	3.18	2.89
青椒	Green pepper	中等 Middling	3.17	2.86
大葱	Green Chinese onion	中等 Middling	1.35	1.04
洋葱	Onion	中等 Middling	1.03	1.26
韭菜	Leek	中等 Middling	1.96	1.41
四季豆	Kidney bean	中等 Middling	4.01	2.58
豇豆	Cowpea	中等 Middling	4.31	3.72

3—31 2007年6月批发市场蔬菜价格
Prices of Vegetables at the Wholesale Market (Jun. 2007)

（单位：元/公斤） (Unit：yuan/kg)

农产品名称 Categories of Agricultural Products		等级 Grades	2006	2007
大白菜	Chinese cabbage	中等 Middling	0.84	1.13
小白菜	Small cabbage	中等 Middling	1.38	1.56
元白菜	Cabbage patch	中等 Middling	0.91	0.89
菠菜	Spinach	中等 Middling	1.59	2.34
油菜	Cole	中等 Middling	1.52	1.44
芹菜	Celery	中等 Middling	1.42	1.74
油麦菜	Sautéed Vegetable	中等 Middling	2.35	1.80
空心菜	Water convolvulus	中等 Middling	5.09	2.02
莴笋	Lettuce	中等 Middling	1.47	1.29
黄瓜	Cucumber	中等 Middling	2.51	1.24
冬瓜	White gourd	中等 Middling	1.87	1.33
南瓜	Cushaw	中等 Middling	1.97	1.68
西葫芦	Pumpkin	中等 Middling	1.99	1.26
苦瓜	Balsam pear	中等 Middling	5.66	2.66
丝瓜	Towel gourd	中等 Middling	4.68	2.60
萝卜	Radish	中等 Middling	0.89	1.00
胡萝卜	Carrot	中等 Middling	1.52	1.08
土豆	Potato	中等 Middling	1.39	1.29
菜花	Cauliflower	中等 Middling	1.78	2.09
茄子	Aubergine	中等 Middling	3.05	2.04
西红柿	Tomato	中等 Middling	3.18	1.49
辣椒	Capsicum	中等 Middling	3.62	2.48
青椒	Green pepper	中等 Middling	3.66	2.39
大葱	Green Chinese onion	中等 Middling	1.42	1.17
洋葱	Onion	中等 Middling	1.01	1.38
韭菜	Leek	中等 Middling	1.94	1.69
四季豆	Kidney bean	中等 Middling	4.20	2.14
豇豆	Cowpea	中等 Middling	5.64	3.11

3－32　2007年7月批发市场蔬菜价格
Prices of Vegetables at the Wholesale Market (Jul. 2007)

（单位：元/公斤）　　　　(Unit: yuan/kg)

农产品名称 Categories of Agricultural Products		等级 Grades	2006	2007
大白菜	Chinese cabbage	中等 Middling	0.70	1.30
小白菜	Small cabbage	中等 Middling	1.36	1.76
元白菜	Cabbage patch	中等 Middling	0.50	1.07
菠菜	Spinach	中等 Middling	2.61	3.04
油菜	Cole	中等 Middling	1.40	1.27
芹菜	Celery	中等 Middling	1.28	1.92
油麦菜	Sautéed Vegetable	中等 Middling	1.60	1.79
空心菜	Water convolvulus	中等 Middling	1.24	1.66
莴笋	Lettuce	中等 Middling	1.20	1.64
黄瓜	Cucumber	中等 Middling	0.96	1.36
冬瓜	White gourd	中等 Middling	0.72	0.88
南瓜	Cushaw	中等 Middling	1.00	1.37
西葫芦	Pumpkin	中等 Middling	0.77	1.09
苦瓜	Balsam pear	中等 Middling	1.71	1.95
丝瓜	Towel gourd	中等 Middling	1.84	2.09
萝卜	Radish	中等 Middling	0.88	1.16
胡萝卜	Carrot	中等 Middling	1.88	1.15
土豆	Potato	中等 Middling	1.11	1.21
菜花	Cauliflower	中等 Middling	1.79	2.07
茄子	Aubergine	中等 Middling	0.95	1.64
西红柿	Tomato	中等 Middling	1.10	1.88
辣椒	Capsicum	中等 Middling	1.92	2.49
青椒	Green pepper	中等 Middling	1.44	2.16
大葱	Green Chinese onion	中等 Middling	1.26	1.29
洋葱	Onion	中等 Middling	1.06	0.74
韭菜	Leek	中等 Middling	1.65	1.79
四季豆	Kidney bean	中等 Middling	2.04	2.18
豇豆	Cowpea	中等 Middling	1.92	2.35

3—33 2007年8月批发市场蔬菜价格
Prices of Vegetables at the Wholesale Market (Aug. 2007)

(单位:元/公斤) (Unit: yuan/kg)

农产品名称 Categories of Agricultural Products		等级 Grades	2006	2007
大白菜	Chinese cabbage	中等 Middling	0.84	1.30
小白菜	Small cabbage	中等 Middling	1.56	1.86
元白菜	Cabbage patch	中等 Middling	0.70	1.35
菠菜	Spinach	中等 Middling	3.67	3.76
油菜	Cole	中等 Middling	1.57	2.20
芹菜	Celery	中等 Middling	1.35	1.91
油麦菜	Sautéed Vegetable	中等 Middling	2.06	2.76
空心菜	Water convolvulus	中等 Middling	1.35	1.79
莴笋	Lettuce	中等 Middling	1.38	1.95
黄瓜	Cucumber	中等 Middling	1.34	1.85
冬瓜	White gourd	中等 Middling	0.54	0.75
南瓜	Cushaw	中等 Middling	0.88	1.27
西葫芦	Pumpkin	中等 Middling	1.11	1.83
苦瓜	Balsam pear	中等 Middling	1.76	2.00
丝瓜	Towel gourd	中等 Middling	1.48	2.19
萝卜	Radish	中等 Middling	0.84	1.25
胡萝卜	Carrot	中等 Middling	1.18	1.44
土豆	Potato	中等 Middling	1.05	1.45
菜花	Cauliflower	中等 Middling	1.80	2.26
茄子	Aubergine	中等 Middling	0.87	1.80
西红柿	Tomato	中等 Middling	1.14	2.12
辣椒	Capsicum	中等 Middling	1.42	2.37
青椒	Green pepper	中等 Middling	1.36	2.19
大葱	Green Chinese onion	中等 Middling	1.16	1.72
洋葱	Onion	中等 Middling	1.26	0.90
韭菜	Leek	中等 Middling	1.66	1.86
四季豆	Kidney bean	中等 Middling	2.07	2.58
豇豆	Cowpea	中等 Middling	1.94	2.58

3－34 2007年9月批发市场蔬菜价格
Prices of Vegetables at the Wholesale Market (Sep. 2007)

(单位:元/公斤) (Unit:yuan/kg)

农产品名称	Categories of Agricultural Products	等级 Grades	2006	2007
大白菜	Chinese cabbage	中等 Middling	1.23	0.98
小白菜	Small cabbage	中等 Middling	1.72	1.56
元白菜	Cabbage patch	中等 Middling	0.86	1.03
菠菜	Spinach	中等 Middling	2.88	3.33
油菜	Cole	中等 Middling	1.61	2.01
芹菜	Celery	中等 Middling	1.69	1.75
油麦菜	Sautéed Vegetable	中等 Middling	2.24	2.73
空心菜	Water convolvulus	中等 Middling	1.94	1.94
莴笋	Lettuce	中等 Middling	1.58	1.54
黄瓜	Cucumber	中等 Middling	1.75	1.70
冬瓜	White gourd	中等 Middling	0.60	0.70
南瓜	Cushaw	中等 Middling	0.98	1.27
西葫芦	Pumpkin	中等 Middling	1.53	1.51
苦瓜	Balsam pear	中等 Middling	2.29	2.56
丝瓜	Towel gourd	中等 Middling	2.33	2.13
萝卜	Radish	中等 Middling	0.93	1.12
胡萝卜	Carrot	中等 Middling	1.29	1.60
土豆	Potato	中等 Middling	1.08	1.36
菜花	Cauliflower	中等 Middling	2.03	2.20
茄子	Aubergine	中等 Middling	1.45	1.87
西红柿	Tomato	中等 Middling	1.73	2.03
辣椒	Capsicum	中等 Middling	1.76	2.55
青椒	Green pepper	中等 Middling	1.61	2.10
大葱	Green Chinese onion	中等 Middling	1.37	1.75
洋葱	Onion	中等 Middling	1.60	1.06
韭菜	Leek	中等 Middling	1.86	1.88
四季豆	Kidney bean	中等 Middling	2.62	2.76
豇豆	Cowpea	中等 Middling	2.66	2.58

3－35 2007年10月批发市场蔬菜价格
Prices of Vegetables at the Wholesale Market (Oct. 2007)

(单位:元/公斤) (Unit:yuan/kg)

农产品名称 Categories of Agricultural Products		等级 Grades	2006	2007
大白菜	Chinese cabbage	中等 Middling	0.65	1.05
小白菜	Small cabbage	中等 Middling	1.06	1.85
元白菜	Cabbage patch	中等 Middling	0.65	1.30
菠菜	Spinach	中等 Middling	1.65	3.35
油菜	Cole	中等 Middling	1.04	2.30
芹菜	Celery	中等 Middling	1.24	2.18
油麦菜	Sautéed Vegetable	中等 Middling	1.45	3.11
空心菜	Water convolvulus	中等 Middling	1.77	2.53
莴笋	Lettuce	中等 Middling	1.18	1.78
黄瓜	Cucumber	中等 Middling	1.35	2.83
冬瓜	White gourd	中等 Middling	0.58	0.87
南瓜	Cushaw	中等 Middling	0.92	1.42
西葫芦	Pumpkin	中等 Middling	0.97	2.30
苦瓜	Balsam pear	中等 Middling	2.42	4.30
丝瓜	Towel gourd	中等 Middling	2.27	4.26
萝卜	Radish	中等 Middling	0.78	1.11
胡萝卜	Carrot	中等 Middling	1.18	1.79
土豆	Potato	中等 Middling	1.14	1.36
菜花	Cauliflower	中等 Middling	1.13	2.85
茄子	Aubergine	中等 Middling	1.22	2.77
西红柿	Tomato	中等 Middling	1.65	2.78
辣椒	Capsicum	中等 Middling	1.80	3.00
青椒	Green pepper	中等 Middling	1.81	2.79
大葱	Green Chinese onion	中等 Middling	1.24	1.95
洋葱	Onion	中等 Middling	1.73	1.06
韭菜	Leek	中等 Middling	1.95	2.60
四季豆	Kidney bean	中等 Middling	1.81	3.32
豇豆	Cowpea	中等 Middling	2.52	3.82

3－36 2007年11月批发市场蔬菜价格
Prices of Vegetables at the Wholesale Market (Nov. 2007)

(单位:元/公斤) (Unit:yuan/kg)

农产品名称 Categories of Agricultural Products		等级 Grades	2006	2007
大白菜	Chinese cabbage	中等 Middling	0.53	0.97
小白菜	Small cabbage	中等 Middling	1.03	1.34
元白菜	Cabbage patch	中等 Middling	0.69	1.33
菠菜	Spinach	中等 Middling	1.52	2.73
油菜	Cole	中等 Middling	1.36	2.02
芹菜	Celery	中等 Middling	1.19	2.07
油麦菜	Sautéed Vegetable	中等 Middling	1.64	2.52
空心菜	Water convolvulus	中等 Middling	2.06	2.56
莴笋	Lettuce	中等 Middling	1.12	1.60
黄瓜	Cucumber	中等 Middling	1.78	2.88
冬瓜	White gourd	中等 Middling	0.51	1.14
南瓜	Cushaw	中等 Middling	1.03	1.52
西葫芦	Pumpkin	中等 Middling	1.32	2.29
苦瓜	Balsam pear	中等 Middling	3.23	4.60
丝瓜	Towel gourd	中等 Middling	2.54	3.65
萝卜	Radish	中等 Middling	0.57	0.99
胡萝卜	Carrot	中等 Middling	0.91	1.72
土豆	Potato	中等 Middling	1.23	1.37
菜花	Cauliflower	中等 Middling	1.14	2.63
茄子	Aubergine	中等 Middling	1.43	3.00
西红柿	Tomato	中等 Middling	1.60	2.49
辣椒	Capsicum	中等 Middling	1.93	3.68
青椒	Green pepper	中等 Middling	1.76	3.64
大葱	Green Chinese onion	中等 Middling	1.22	2.28
洋葱	Onion	中等 Middling	1.75	1.11
韭菜	Leek	中等 Middling	2.43	2.68
四季豆	Kidney bean	中等 Middling	2.51	3.73
豇豆	Cowpea	中等 Middling	4.02	4.31

3－37 2007年12月批发市场蔬菜价格
Prices of Vegetables at the Wholesale Market (Dec. 2007)

(单位:元/公斤) (Unit: yuan/kg)

农产品名称 Categories of Agricultural Products		等级 Grades	2006	2007
大白菜	Chinese cabbage	中等 Middling	0.65	0.84
小白菜	Small cabbage	中等 Middling	1.42	1.32
元白菜	Cabbage patch	中等 Middling	0.72	1.07
菠菜	Spinach	中等 Middling	1.84	2.19
油菜	Cole	中等 Middling	1.75	1.78
芹菜	Celery	中等 Middling	1.39	1.61
油麦菜	Sautéed Vegetable	中等 Middling	2.36	1.95
空心菜	Water convolvulus	中等 Middling	2.70	2.17
莴笋	Lettuce	中等 Middling	1.18	1.66
黄瓜	Cucumber	中等 Middling	2.78	2.83
冬瓜	White gourd	中等 Middling	0.71	1.64
南瓜	Cushaw	中等 Middling	1.22	1.90
西葫芦	Pumpkin	中等 Middling	2.09	2.41
苦瓜	Balsam pear	中等 Middling	4.14	5.06
丝瓜	Towel gourd	中等 Middling	3.83	4.16
萝卜	Radish	中等 Middling	0.66	1.02
胡萝卜	Carrot	中等 Middling	1.00	1.66
土豆	Potato	中等 Middling	1.30	1.34
菜花	Cauliflower	中等 Middling	1.79	2.13
茄子	Aubergine	中等 Middling	2.35	3.10
西红柿	Tomato	中等 Middling	2.30	2.53
辣椒	Capsicum	中等 Middling	2.24	3.69
青椒	Green pepper	中等 Middling	2.34	3.56
大葱	Green Chinese onion	中等 Middling	1.27	2.68
洋葱	Onion	中等 Middling	1.99	1.13
韭菜	Leek	中等 Middling	3.40	3.03
四季豆	Kidney bean	中等 Middling	3.05	3.42
豇豆	Cowpea	中等 Middling	4.38	4.58

3－38 2007年1月批发市场肉、禽、蛋价格
Prices of Meats,Poultries and Eggs at the Wholesale Market (Jan. 2007)

(单位:元/公斤) (Unit:yuan/kg)

农产品名称 Categories of Agricultural Products		等级 Grades	2006	2007
牛肉(胴体)	Beef carcass	合格 Up to grade	16.87	15.94
羊肉(胴体)	Mutton carcass	合格 Up to grade	17.27	17.98
白条猪(胴体)	Pork carcass	合格 Up to grade	10.55	12.49
后臀尖	Pork hind leg	合格 Up to grade	12.40	14.00
里脊肉	Pork fillet	合格 Up to grade	15.90	16.76
白条鸡(胴体)	Chicken carcass	合格 Up to grade	8.64	9.70
活草鸡(土鸡)	Live local chicken	合格 Up to grade	16.33	14.20
活杂交鸡	Live intercross chicken	合格 Up to grade	12.00	8.38
活三黄鸡	Live sanhuang chicken	合格 Up to grade	9.92	10.25
活乌鸡	Live black chicken	合格 Up to grade	14.17	16.25
活鸭	Live duck	合格 Up to grade	16.00	11.50
鲜鸡蛋	Fresh egg	合格 Up to grade	4.86	6.57
鲜鸭蛋	Fresh duck egg	合格 Up to grade	7.66	8.93

3－39 2007年2月批发市场肉、禽、蛋价格
Prices of Meats,Poultries and Eggs at the Wholesale Market (Feb. 2007)

(单位:元/公斤) (Unit:yuan/kg)

农产品名称 Categories of Agricultural Products		等级 Grades	2006	2007
牛肉(胴体)	Beef carcass	合格 Up to grade	15.22	17.80
羊肉(胴体)	Mutton carcass	合格 Up to grade	15.98	18.08
白条猪(胴体)	Pork carcass	合格 Up to grade	10.04	12.24
后臀尖	Pork hind leg	合格 Up to grade	11.96	13.60
里脊肉	Pork fillet	合格 Up to grade	15.12	16.16
白条鸡(胴体)	Chicken carcass	合格 Up to grade	9.08	10.33
活草鸡(土鸡)	Live local chicken	合格 Up to grade	15.50	13.50
活杂交鸡	Live intercross chicken	合格 Up to grade	11.20	9.50
活三黄鸡	Live sanhuang chicken	合格 Up to grade	10.81	10.40
活乌鸡	Live black chicken	合格 Up to grade	14.60	16.93
活鸭	Live duck	合格 Up to grade	13.17	13.17
鲜鸡蛋	Fresh egg	合格 Up to grade	4.68	6.68
鲜鸭蛋	Fresh duck egg	合格 Up to grade	7.58	9.83

3－40　2007年3月批发市场肉、禽、蛋价格
Prices of Meats, Poultries and Eggs at the Wholesale Market (Mar. 2007)

（单位：元/公斤）　　(Unit: yuan/kg)

农产品名称	Categories of Agricultural Products	等级 Grades	2006	2007
牛肉(胴体)	Beef carcass	合格 Up to grade	15.83	16.56
羊肉(胴体)	Mutton carcass	合格 Up to grade	16.48	17.99
白条猪(胴体)	Pork carcass	合格 Up to grade	9.47	12.31
后臀尖	Pork hind leg	合格 Up to grade	11.30	13.19
里脊肉	Pork fillet	合格 Up to grade	14.48	15.83
白条鸡(胴体)	Chicken carcass	合格 Up to grade	8.34	10.13
活草鸡(土鸡)	Live local chicken	合格 Up to grade	14.63	20.00
活杂交鸡	Live intercross chicken	合格 Up to grade	10.58	12.50
活三黄鸡	Live sanhuang chicken	合格 Up to grade	9.47	10.53
活乌鸡	Live black chicken	合格 Up to grade	13.80	15.67
活鸭	Live duck	合格 Up to grade	14.10	16.33
鲜鸡蛋	Fresh egg	合格 Up to grade	4.74	5.84
鲜鸭蛋	Fresh duck egg	合格 Up to grade	7.55	9.66

3－41　2007年4月批发市场肉、禽、蛋价格
Prices of Meats, Poultries and Eggs at the Wholesale Market (Apr. 2007)

（单位：元/公斤）　　(Unit: yuan/kg)

农产品名称	Categories of Agricultural Products	等级 Grades	2006	2007
牛肉(胴体)	Beef carcass	合格 Up to grade	15.85	17.66
羊肉(胴体)	Mutton carcass	合格 Up to grade	16.41	19.09
白条猪(胴体)	Pork carcass	合格 Up to grade	9.35	12.87
后臀尖	Pork hind leg	合格 Up to grade	11.32	14.44
里脊肉	Pork fillet	合格 Up to grade	14.05	16.70
白条鸡(胴体)	Chicken carcass	合格 Up to grade	9.44	9.97
活草鸡(土鸡)	Live local chicken	合格 Up to grade	13.69	18.00
活杂交鸡	Live intercross chicken	合格 Up to grade	10.03	8.50
活三黄鸡	Live sanhuang chicken	合格 Up to grade	10.53	9.68
活乌鸡	Live black chicken	合格 Up to grade	14.03	16.90
活鸭	Live duck	合格 Up to grade	13.28	20.50
鲜鸡蛋	Fresh egg	合格 Up to grade	4.72	6.99
鲜鸭蛋	Fresh duck egg	合格 Up to grade	7.21	9.68

3—42　2007年5月批发市场肉、禽、蛋价格
Prices of Meats, Poultries and Eggs at the Wholesale Market (May 2007)

(单位:元/公斤)　　(Unit: yuan/kg)

农产品名称 Categories of Agricultural Products		等级 Grades	2006	2007
牛肉(胴体)	Beef carcass	合格 Up to grade	16.22	18.31
羊肉(胴体)	Mutton carcass	合格 Up to grade	16.73	19.68
白条猪(胴体)	Pork carcass	合格 Up to grade	8.81	15.07
后臀尖	Pork hind leg	合格 Up to grade	10.62	17.12
里脊肉	Pork fillet	合格 Up to grade	13.35	18.40
白条鸡(胴体)	Chicken carcass	合格 Up to grade	8.23	10.97
活草鸡(土鸡)	Live local chicken	合格 Up to grade	12.03	18.20
活杂交鸡	Live intercross chicken	合格 Up to grade	8.80	10.00
活三黄鸡	Live sanhuang chicken	合格 Up to grade	8.98	10.93
活乌鸡	Live black chicken	合格 Up to grade	14.39	17.15
活鸭	Live duck	合格 Up to grade	10.38	20.00
鲜鸡蛋	Fresh egg	合格 Up to grade	4.79	7.50
鲜鸭蛋	Fresh duck egg	合格 Up to grade	7.13	10.52

3—43　2007年6月批发市场肉、禽、蛋价格
Prices of Meats, Poultries and Eggs at the Wholesale Market (Jun. 2007)

(单位:元/公斤)　　(Unit: yuan/kg)

农产品名称 Categories of Agricultural Products		等级 Grades	2006	2007
牛肉(胴体)	Beef carcass	合格 Up to grade	16.72	19.00
羊肉(胴体)	Mutton carcass	合格 Up to grade	16.43	21.93
白条猪(胴体)	Pork carcass	合格 Up to grade	8.61	15.80
后臀尖	Pork hind leg	合格 Up to grade	10.28	17.88
里脊肉	Pork fillet	合格 Up to grade	16.40	20.25
白条鸡(胴体)	Chicken carcass	合格 Up to grade	8.50	11.12
活草鸡(土鸡)	Live local chicken	合格 Up to grade	13.69	17.84
活杂交鸡	Live intercross chicken	合格 Up to grade	9.78	10.20
活三黄鸡	Live sanhuang chicken	合格 Up to grade	9.46	11.03
活乌鸡	Live black chicken	合格 Up to grade	15.57	18.75
活鸭	Live duck	合格 Up to grade	13.05	19.25
鲜鸡蛋	Fresh egg	合格 Up to grade	4.87	7.16
鲜鸭蛋	Fresh duck egg	合格 Up to grade	6.94	10.60

3－44 2007年7月批发市场肉、禽、蛋价格
Prices of Meats, Poultries and Eggs at the Wholesale Market (Jul. 2007)

(单位:元/公斤) (Unit: yuan/kg)

农产品名称	Categories of Agricultural Products	等级 Grades	2006	2007
牛肉(胴体)	Beef carcass	合格 Up to grade	17.00	18.83
羊肉(胴体)	Mutton carcass	合格 Up to grade	16.53	21.91
白条猪(胴体)	Pork carcass	合格 Up to grade	9.00	19.59
后臀尖	Pork hind leg	合格 Up to grade	11.10	22.40
里脊肉	Pork fillet	合格 Up to grade	15.77	24.75
白条鸡(胴体)	Chicken carcass	合格 Up to grade	9.03	11.93
活草鸡(土鸡)	Live local chicken	合格 Up to grade	14.14	18.50
活杂交鸡	Live intercross chicken	合格 Up to grade	10.43	11.83
活三黄鸡	Live sanhuang chicken	合格 Up to grade	10.17	12.07
活乌鸡	Live black chicken	合格 Up to grade	14.73	18.93
活鸭	Live duck	合格 Up to grade	11.78	18.67
鲜鸡蛋	Fresh egg	合格 Up to grade	4.88	7.18
鲜鸭蛋	Fresh duck egg	合格 Up to grade	7.06	11.48

3－45 2007年8月批发市场肉、禽、蛋价格
Prices of Meats, Poultries and Eggs at the Wholesale Market (Aug. 2007)

(单位:元/公斤) (Unit: yuan/kg)

农产品名称	Categories of Agricultural Products	等级 Grades	2006	2007
牛肉(胴体)	Beef carcass	合格 Up to grade	16.28	20.89
羊肉(胴体)	Mutton carcass	合格 Up to grade	16.59	22.42
白条猪(胴体)	Pork carcass	合格 Up to grade	9.97	19.54
后臀尖	Pork hind leg	合格 Up to grade	11.90	21.88
里脊肉	Pork fillet	合格 Up to grade	15.60	24.85
白条鸡(胴体)	Chicken carcass	合格 Up to grade	9.87	12.49
活草鸡(土鸡)	Live local chicken	合格 Up to grade	14.10	18.43
活杂交鸡	Live intercross chicken	合格 Up to grade	8.63	12.20
活三黄鸡	Live sanhuang chicken	合格 Up to grade	10.40	12.13
活乌鸡	Live black chicken	合格 Up to grade	15.03	19.25
活鸭	Live duck	合格 Up to grade	8.73	12.83
鲜鸡蛋	Fresh egg	合格 Up to grade	5.41	7.58
鲜鸭蛋	Fresh duck egg	合格 Up to grade	7.57	11.18

3—46 2007 年 9 月批发市场肉、禽、蛋价格
Prices of Meats,Poultries and Eggs at the Wholesale Market (Sep. 2007)

(单位:元/公斤) (Unit:yuan/kg)

农产品名称	Categories of Agricultural Products	等级 Grades	2006	2007
牛肉(胴体)	Beef carcass	合格 Up to grade	15.82	20.95
羊肉(胴体)	Mutton carcass	合格 Up to grade	15.82	23.05
白条猪(胴体)	Pork carcass	合格 Up to grade	10.59	16.69
后臀尖	Pork hind leg	合格 Up to grade	12.45	20.06
里脊肉	Pork fillet	合格 Up to grade	15.90	22.91
白条鸡(胴体)	Chicken carcass	合格 Up to grade	9.05	11.29
活草鸡(土鸡)	Live local chicken	合格 Up to grade	14.25	18.94
活杂交鸡	Live intercross chicken	合格 Up to grade	9.80	14.00
活三黄鸡	Live sanhuang chicken	合格 Up to grade	11.00	11.50
活乌鸡	Live black chicken	合格 Up to grade	16.03	17.55
活鸭	Live duck	合格 Up to grade	12.48	19.00
鲜鸡蛋	Fresh egg	合格 Up to grade	6.22	7.56
鲜鸭蛋	Fresh duck egg	合格 Up to grade	8.04	10.11

3—47 2007 年 10 月批发市场肉、禽、蛋价格
Prices of Meats,Poultries and Eggs at the Wholesale Market (Oct. 2007)

(单位:元/公斤) (Unit:yuan/kg)

农产品名称	Categories of Agricultural Products	等级 Grades	2006	2007
牛肉(胴体)	Beef carcass	合格 Up to grade	16.01	21.78
羊肉(胴体)	Mutton carcass	合格 Up to grade	16.29	23.60
白条猪(胴体)	Pork carcass	合格 Up to grade	10.92	18.04
后臀尖	Pork hind leg	合格 Up to grade	12.52	20.18
里脊肉	Pork fillet	合格 Up to grade	15.67	23.53
白条鸡(胴体)	Chicken carcass	合格 Up to grade	10.28	11.73
活草鸡(土鸡)	Live local chicken	合格 Up to grade	13.08	19.44
活杂交鸡	Live intercross chicken	合格 Up to grade	9.10	11.00
活三黄鸡	Live sanhuang chicken	合格 Up to grade	10.64	10.58
活乌鸡	Live black chicken	合格 Up to grade	15.00	18.00
活鸭	Live duck	合格 Up to grade	11.38	11.75
鲜鸡蛋	Fresh egg	合格 Up to grade	6.05	6.96
鲜鸭蛋	Fresh duck egg	合格 Up to grade	8.65	11.05

3—48 2007年11月批发市场肉、禽、蛋价格
Prices of Meats, Poultries and Eggs at the Wholesale Market (Nov. 2007)

(单位:元/公斤) (Unit: yuan/kg)

农产品名称 Categories of Agricultural Products		等级 Grades	2006	2007
牛肉(胴体)	Beef carcass	合格 Up to grade	15.95	23.00
羊肉(胴体)	Mutton carcass	合格 Up to grade	15.98	24.33
白条猪(胴体)	Pork carcass	合格 Up to grade	11.62	18.83
后臀尖	Pork hind leg	合格 Up to grade	13.00	21.32
里脊肉	Pork fillet	合格 Up to grade	15.83	24.53
白条鸡(胴体)	Chicken carcass	合格 Up to grade	10.94	11.94
活草鸡(土鸡)	Live local chicken	合格 Up to grade	12.75	19.55
活杂交鸡	Live intercross chicken	合格 Up to grade	9.38	10.27
活三黄鸡	Live sanhuang chicken	合格 Up to grade	10.78	9.55
活乌鸡	Live black chicken	合格 Up to grade	15.40	16.80
活鸭	Live duck	合格 Up to grade	12.40	11.75
鲜鸡蛋	Fresh egg	合格 Up to grade	6.45	6.81
鲜鸭蛋	Fresh duck egg	合格 Up to grade	8.21	10.87

3—49 2007年12月批发市场肉、禽、蛋价格
Prices of Meats, Poultries and Eggs at the Wholesale Market (Dec. 2007)

(单位:元/公斤) (Unit: yuan/kg)

农产品名称 Categories of Agricultural Products		等级 Grades	2006	2007
牛肉(胴体)	Beef carcass	合格 Up to grade	17.22	24.55
羊肉(胴体)	Mutton carcass	合格 Up to grade	18.42	25.96
白条猪(胴体)	Pork carcass	合格 Up to grade	12.74	20.23
后臀尖	Pork hind leg	合格 Up to grade	15.00	23.76
里脊肉	Pork fillet	合格 Up to grade	16.13	25.67
白条鸡(胴体)	Chicken carcass	合格 Up to grade	9.85	11.96
活草鸡(土鸡)	Live local chicken	合格 Up to grade	16.33	18.04
活杂交鸡	Live intercross chicken	合格 Up to grade	9.50	9.37
活三黄鸡	Live sanhuang chicken	合格 Up to grade	11.02	9.80
活乌鸡	Live black chicken	合格 Up to grade	16.40	16.70
活鸭	Live duck	合格 Up to grade	12.60	11.50
鲜鸡蛋	Fresh egg	合格 Up to grade	6.63	6.72
鲜鸭蛋	Fresh duck egg	合格 Up to grade	8.60	9.93

3—50 2007年1月批发市场水产品价格
Prices of Fishery Products at the Wholesale Market (Jan. 2007)

(单位:元/公斤) (Unit:yuan/kg)

农产品名称	Categories of Agricultural Products	等级 Grades	2006	2007
青鱼	Black carp	750克以上 Weighed above 750 gram	15.78	16.38
草鱼	Grass carp	750克以上 Weighed above 750 gram	8.54	8.11
鲢鱼	Silver carp	750克以上 Weighed above 750 gram	7.19	7.62
鲤鱼	Carp	750克以上 Weighed above 750 gram	8.03	7.66
鲫鱼	Crucian carp	250克以上 Weighed above 250 gram	9.37	8.84
武昌鱼	Blunt-snout bream	250克以上 Weighed above 250 gram	15.09	11.36
罗非鱼	Tilapia	250克以上 Weighed above 250 gram	17.00	12.77
鲶鱼	Oriental sheatfish	750克以上 Weighed above 750 gram	11.70	10.63
大黄鱼	Large yellow croaker	中等 Middling	26.86	25.88
小黄鱼	Small yellow croaker	中等 Middling	15.86	18.26
带鱼	Hairtail	中等 Middling	13.25	13.45
龙虾	Lobster	中等 Middling	347.50	380.00
基围虾	Shrimp	中等 Middling	102.56	83.36
大闸蟹	Steamed crab	中等 Middling	99.50	91.40
对虾	Prawn	中等 Middling	95.61	109.69
扇贝	Scallop	中等 Middling	24.07	20.12
墨鱼	Inkfish	中等 Middling	27.66	30.05
鱿鱼	Squid	中等 Middling	18.83	16.40
海蜇	Jellyfish	中等 Middling	34.33	26.00
海参	Sea cucumber	中等 Middling	186.80	73.07
甲鱼	Soft-shelled turtle	中等 Middling	51.00	57.71
乌龟	Tortoise	中等 Middling	43.00	41.00
黄鳝	Ricefield ell	中等 Middling	38.33	32.33
牛蛙	Bullfrog	中等 Middling	15.32	12.67
海带(干品)	Kelp(dried)	中等 Middling	5.66	6.81

3－51 2007年2月批发市场水产品价格
Prices of Fishery Products at the Wholesale Market (Feb. 2007)

(单位:元/公斤) (Unit:yuan/kg)

农产品名称 Categories of Agricultural Products		等级 Grades	2006	2007
青鱼	Black carp	750克以上 Weighed above 750 gram	13.23	16.40
草鱼	Grass carp	750克以上 Weighed above 750 gram	8.09	8.33
鲢鱼	Silver carp	750克以上 Weighed above 750 gram	6.18	7.69
鲤鱼	Carp	750克以上 Weighed above 750 gram	7.87	9.02
鲫鱼	Crucian carp	250克以上 Weighed above 250 gram	9.16	9.34
武昌鱼	Blunt-snout bream	250克以上 Weighed above 250 gram	11.66	11.84
罗非鱼	Tilapia	250克以上 Weighed above 250 gram	12.58	13.02
鲶鱼	Oriental sheatfish	750克以上 Weighed above 750 gram	10.85	12.32
大黄鱼	Large yellow croaker	中等 Middling	24.90	29.37
小黄鱼	Small yellow croaker	中等 Middling	14.04	18.77
带鱼	Hairtail	中等 Middling	12.67	14.23
龙虾	Lobster	中等 Middling	350.00	427.50
基围虾	Shrimp	中等 Middling	94.90	110.70
大闸蟹	Steamed crab	中等 Middling	80.83	96.70
对虾	Prawn	中等 Middling	102.46	112.78
扇贝	Scallop	中等 Middling	24.41	21.44
墨鱼	Inkfish	中等 Middling	30.66	32.07
鱿鱼	Squid	中等 Middling	24.43	21.82
海蜇	Jellyfish	中等 Middling	25.45	23.25
海参	Sea cucumber	中等 Middling	109.66	232.83
甲鱼	Soft-shelled turtle	中等 Middling	47.46	64.28
乌龟	Tortoise	中等 Middling	35.00	48.00
黄鳝	Ricefield ell	中等 Middling	36.50	36.25
牛蛙	Bullfrog	中等 Middling	18.75	13.25
海带(干品)	Kelp(dried)	中等 Middling	6.49	6.18

3—52 2007年3月批发市场水产品价格
Prices of Fishery Products at the Wholesale Market (Mar. 2007)

(单位:元/公斤) (Unit:yuan/kg)

农产品名称	Categories of Agricultural Products	等级 Grades	2006	2007
青鱼	Black carp	750克以上 Weighed above 750 gram	15.03	14.15
草鱼	Grass carp	750克以上 Weighed above 750 gram	8.06	8.39
鲢鱼	Silver carp	750克以上 Weighed above 750 gram	7.20	7.17
鲤鱼	Carp	750克以上 Weighed above 750 gram	7.44	7.50
鲫鱼	Crucian carp	250克以上 Weighed above 250 gram	8.24	9.06
武昌鱼	Blunt-snout bream	250克以上 Weighed above 250 gram	12.00	11.14
罗非鱼	Tilapia	250克以上 Weighed above 250 gram	17.07	18.25
鲶鱼	Oriental sheatfish	750克以上 Weighed above 750 gram	12.47	8.97
大黄鱼	Large yellow croaker	中等 Middling	23.62	30.00
小黄鱼	Small yellow croaker	中等 Middling	14.79	17.17
带鱼	Hairtail	中等 Middling	12.67	13.17
龙虾	Lobster	中等 Middling	350.00	275.00
基围虾	Shrimp	中等 Middling	93.03	84.67
大闸蟹	Steamed crab	中等 Middling	81.00	73.00
对虾	Prawn	中等 Middling	93.59	65.00
扇贝	Scallop	中等 Middling	21.75	23.17
墨鱼	Inkfish	中等 Middling	25.79	31.00
鱿鱼	Squid	中等 Middling	27.83	18.92
海蜇	Jellyfish	中等 Middling	30.54	22.42
海参	Sea cucumber	中等 Middling	178.16	173.50
甲鱼	Soft-shelled turtle	中等 Middling	55.16	52.83
乌龟	Tortoise	中等 Middling	41.33	46.00
黄鳝	Ricefield ell	中等 Middling	39.07	36.60
牛蛙	Bullfrog	中等 Middling	12.60	13.60
海带(干品)	Kelp(dried)	中等 Middling	5.23	6.78

3－53 2007年4月批发市场水产品价格
Prices of Fishery Products at the Wholesale Market (Apr. 2007)

（单位：元/公斤） （Unit：yuan/kg）

农产品名称 Categories of Agricultural Products		等级 Grades	2006	2007
青鱼	Black carp	750克以上 Weighed above 750 gram	12.43	14.85
草鱼	Grass carp	750克以上 Weighed above 750 gram	8.10	9.53
鲢鱼	Silver carp	750克以上 Weighed above 750 gram	6.96	6.89
鲤鱼	Carp	750克以上 Weighed above 750 gram	7.52	9.05
鲫鱼	Crucian carp	250克以上 Weighed above 250 gram	8.69	9.89
武昌鱼	Blunt-snout bream	250克以上 Weighed above 250 gram	13.43	10.94
罗非鱼	Tilapia	250克以上 Weighed above 250 gram	12.69	14.01
鲶鱼	Oriental sheatfish	750克以上 Weighed above 750 gram	10.84	9.16
大黄鱼	Large yellow croaker	中等 Middling	24.58	27.31
小黄鱼	Small yellow croaker	中等 Middling	14.07	14.79
带鱼	Hairtail	中等 Middling	12.06	10.52
龙虾	Lobster	中等 Middling	262.00	222.00
基围虾	Shrimp	中等 Middling	66.28	73.60
大闸蟹	Steamed crab	中等 Middling	69.60	72.83
对虾	Prawn	中等 Middling	143.48	98.51
扇贝	Scallop	中等 Middling	22.31	18.83
墨鱼	Inkfish	中等 Middling	26.11	29.56
鱿鱼	Squid	中等 Middling	16.27	17.68
海蜇	Jellyfish	中等 Middling	21.89	21.58
海参	Sea cucumber	中等 Middling	50.68	179.26
甲鱼	Soft-shelled turtle	中等 Middling	54.18	59.24
乌龟	Tortoise	中等 Middling	48.33	36.67
黄鳝	Ricefield ell	中等 Middling	33.20	35.60
牛蛙	Bullfrog	中等 Middling	12.50	14.40
海带(干品)	Kelp(dried)	中等 Middling	5.59	5.89

3－54　2007年5月批发市场水产品价格
Prices of Fishery Products at the Wholesale Market (May 2007)

（单位：元/公斤）　　(Unit：yuan/kg)

农产品名称 Categories of Agricultural Products		等级 Grades	2006	2007
青鱼	Black carp	750克以上 Weighed above 750 gram	13.04	17.67
草鱼	Grass carp	750克以上 Weighed above 750 gram	8.37	8.47
鲢鱼	Silver carp	750克以上 Weighed above 750 gram	6.68	7.01
鲤鱼	Carp	750克以上 Weighed above 750 gram	7.80	8.59
鲫鱼	Crucian carp	250克以上 Weighed above 250 gram	8.63	9.51
武昌鱼	Blunt-snout bream	250克以上 Weighed above 250 gram	11.23	11.37
罗非鱼	Tilapia	250克以上 Weighed above 250 gram	14.97	17.35
鲶鱼	Oriental sheatfish	750克以上 Weighed above 750 gram	10.55	9.24
大黄鱼	Large yellow croaker	中等 Middling	24.22	29.26
小黄鱼	Small yellow croaker	中等 Middling	15.38	17.61
带鱼	Hairtail	中等 Middling	12.51	12.73
龙虾	Lobster	中等 Middling	295.00	254.20
基围虾	Shrimp	中等 Middling	69.76	71.31
大闸蟹	Steamed crab	中等 Middling	74.83	101.60
对虾	Prawn	中等 Middling	129.90	109.90
扇贝	Scallop	中等 Middling	19.13	19.06
墨鱼	Inkfish	中等 Middling	25.39	31.06
鱿鱼	Squid	中等 Middling	17.47	19.46
海蜇	Jellyfish	中等 Middling	22.57	24.75
海参	Sea cucumber	中等 Middling	170.52	191.24
甲鱼	Soft-shelled turtle	中等 Middling	50.74	50.69
乌龟	Tortoise	中等 Middling	41.33	38.00
黄鳝	Ricefield ell	中等 Middling	32.33	33.60
牛蛙	Bullfrog	中等 Middling	12.00	21.60
海带(干品)	Kelp(dried)	中等 Middling	5.11	6.03

3—55 2007年6月批发市场水产品价格
Prices of Fishery Products at the Wholesale Market (Jun. 2007)

(单位:元/公斤) (Unit:yuan/kg)

农产品名称 Categories of Agricultural Products		等级 Grades	2006	2007
青鱼	Black carp	750克以上 Weighed above 750 gram	12.80	16.60
草鱼	Grass carp	750克以上 Weighed above 750 gram	8.58	8.83
鲢鱼	Silver carp	750克以上 Weighed above 750 gram	6.41	7.92
鲤鱼	Carp	750克以上 Weighed above 750 gram	8.10	9.37
鲫鱼	Crucian carp	250克以上 Weighed above 250 gram	9.74	10.46
武昌鱼	Blunt-snout bream	250克以上 Weighed above 250 gram	12.06	11.90
罗非鱼	Tilapia	250克以上 Weighed above 250 gram	16.99	14.85
鲶鱼	Oriental sheatfish	750克以上 Weighed above 750 gram	11.08	12.80
大黄鱼	Large yellow croaker	中等 Middling	24.28	30.26
小黄鱼	Small yellow croaker	中等 Middling	15.46	16.58
带鱼	Hairtail	中等 Middling	12.98	13.81
龙虾	Lobster	中等 Middling	284.40	266.60
基围虾	Shrimp	中等 Middling	69.55	68.03
大闸蟹	Steamed crab	中等 Middling	95.20	107.20
对虾	Prawn	中等 Middling	130.42	101.07
扇贝	Scallop	中等 Middling	18.97	17.76
墨鱼	Inkfish	中等 Middling	26.06	30.91
鱿鱼	Squid	中等 Middling	17.39	21.60
海蜇	Jellyfish	中等 Middling	20.20	19.42
海参	Sea cucumber	中等 Middling	175.28	195.44
甲鱼	Soft-shelled turtle	中等 Middling	46.90	53.26
乌龟	Tortoise	中等 Middling	47.00	41.00
黄鳝	Ricefield ell	中等 Middling	28.50	36.60
牛蛙	Bullfrog	中等 Middling	10.20	23.60
海带(干品)	Kelp(dried)	中等 Middling	5.08	6.12

3－56 2007年7月批发市场水产品价格
Prices of Fishery Products at the Wholesale Market (Jul. 2007)

(单位:元/公斤) (Unit:yuan/kg)

农产品名称	Categories of Agricultural Products	等级 Grades	2006	2007
青鱼	Black carp	750克以上 Weighed above 750 gram	14.08	17.50
草鱼	Grass carp	750克以上 Weighed above 750 gram	9.09	9.14
鲢鱼	Silver carp	750克以上 Weighed above 750 gram	7.07	8.19
鲤鱼	Carp	750克以上 Weighed above 750 gram	8.87	9.97
鲫鱼	Crucian carp	250克以上 Weighed above 250 gram	9.51	10.73
武昌鱼	Blunt-snout bream	250克以上 Weighed above 250 gram	12.40	12.39
罗非鱼	Tilapia	250克以上 Weighed above 250 gram	17.28	15.01
鲶鱼	Oriental sheatfish	750克以上 Weighed above 750 gram	9.62	13.20
大黄鱼	Large yellow croaker	中等 Middling	24.45	29.98
小黄鱼	Small yellow croaker	中等 Middling	15.83	16.90
带鱼	Hairtail	中等 Middling	12.98	14.69
龙虾	Lobster	中等 Middling	294.40	269.60
基围虾	Shrimp	中等 Middling	53.64	58.20
大闸蟹	Steamed crab	中等 Middling	100.20	77.25
对虾	Prawn	中等 Middling	128.60	102.57
扇贝	Scallop	中等 Middling	18.24	16.56
墨鱼	Inkfish	中等 Middling	25.78	32.64
鱿鱼	Squid	中等 Middling	18.20	22.39
海蜇	Jellyfish	中等 Middling	20.43	20.75
海参	Sea cucumber	中等 Middling	156.72	187.64
甲鱼	Soft-shelled turtle	中等 Middling	48.73	52.54
乌龟	Tortoise	中等 Middling	46.00	36.00
黄鳝	Ricefield ell	中等 Middling	28.40	36.00
牛蛙	Bullfrog	中等 Middling	10.00	23.80
海带(干品)	Kelp(dried)	中等 Middling	5.12	6.42

3－57　2007年8月批发市场水产品价格
Prices of Fishery Products at the Wholesale Market (Aug. 2007)

（单位:元/公斤）　　(Unit:yuan/kg)

农产品名称	Categories of Agricultural Products	等级 Grades	2006	2007
青鱼	Black carp	750克以上 Weighed above 750 gram	14.52	17.55
草鱼	Grass carp	750克以上 Weighed above 750 gram	8.61	8.77
鲢鱼	Silver carp	750克以上 Weighed above 750 gram	6.78	8.20
鲤鱼	Carp	750克以上 Weighed above 750 gram	7.92	8.78
鲫鱼	Crucian carp	250克以上 Weighed above 250 gram	9.10	9.94
武昌鱼	Blunt-snout bream	250克以上 Weighed above 250 gram	15.23	10.60
罗非鱼	Tilapia	250克以上 Weighed above 250 gram	14.50	16.38
鲶鱼	Oriental sheatfish	750克以上 Weighed above 750 gram	9.08	14.26
大黄鱼	Large yellow croaker	中等 Middling	25.41	28.20
小黄鱼	Small yellow croaker	中等 Middling	15.83	17.25
带鱼	Hairtail	中等 Middling	12.43	13.58
龙虾	Lobster	中等 Middling	312.00	301.60
基围虾	Shrimp	中等 Middling	53.60	49.70
大闸蟹	Steamed crab	中等 Middling	100.20	103.50
对虾	Prawn	中等 Middling	108.03	91.08
扇贝	Scallop	中等 Middling	17.95	17.82
墨鱼	Inkfish	中等 Middling	25.91	34.08
鱿鱼	Squid	中等 Middling	17.43	21.04
海蜇	Jellyfish	中等 Middling	21.33	26.70
海参	Sea cucumber	中等 Middling	155.72	211.24
甲鱼	Soft-shelled turtle	中等 Middling	48.04	42.80
乌龟	Tortoise	中等 Middling	45.00	40.00
黄鳝	Ricefield ell	中等 Middling	32.80	38.80
牛蛙	Bullfrog	中等 Middling	12.80	19.20
海带(干品)	Kelp(dried)	中等 Middling	5.19	6.18

3－58　2007 年 9 月批发市场水产品价格
Prices of Fishery Products at the Wholesale Market (Sep. 2007)

（单位：元/公斤）　　(Unit：yuan/kg)

农产品名称 Categories of Agricultural Products		等级 Grades	2006	2007
青鱼	Black carp	750 克以上 Weighed above 750 gram	14.13	19.95
草鱼	Grass carp	750 克以上 Weighed above 750 gram	8.27	9.41
鲢鱼	Silver carp	750 克以上 Weighed above 750 gram	6.17	8.67
鲤鱼	Carp	750 克以上 Weighed above 750 gram	8.13	9.41
鲫鱼	Crucian carp	250 克以上 Weighed above 250 gram	9.18	10.79
武昌鱼	Blunt-snout bream	250 克以上 Weighed above 250 gram	13.07	12.17
罗非鱼	Tilapia	250 克以上 Weighed above 250 gram	12.51	15.92
鲶鱼	Oriental sheatfish	750 克以上 Weighed above 750 gram	8.41	13.21
大黄鱼	Large yellow croaker	中等 Middling	25.78	34.67
小黄鱼	Small yellow croaker	中等 Middling	13.35	18.92
带鱼	Hairtail	中等 Middling	10.45	13.11
龙虾	Lobster	中等 Middling	270.00	327.20
基围虾	Shrimp	中等 Middling	53.84	65.44
大闸蟹	Steamed crab	中等 Middling	71.40	118.83
对虾	Prawn	中等 Middling	99.89	91.19
扇贝	Scallop	中等 Middling	16.34	17.59
墨鱼	Inkfish	中等 Middling	25.44	33.04
鱿鱼	Squid	中等 Middling	13.23	18.73
海蜇	Jellyfish	中等 Middling	24.13	25.75
海参	Sea cucumber	中等 Middling	59.40	228.80
甲鱼	Soft-shelled turtle	中等 Middling	54.05	50.67
乌龟	Tortoise	中等 Middling	40.00	40.00
黄鳝	Ricefield ell	中等 Middling	31.33	36.60
牛蛙	Bullfrog	中等 Middling	14.87	16.40
海带(干品)	Kelp(dried)	中等 Middling	5.46	7.31

3—59 2007年10月批发市场水产品价格
Prices of Fishery Products at the Wholesale Market
(Oct. 2007)

(单位:元/公斤) (Unit:yuan/kg)

农产品名称	Categories of Agricultural Products	等级 Grades	2006	2007
青鱼	Black carp	750克以上 Weighed above 750 gram	14.52	16.96
草鱼	Grass carp	750克以上 Weighed above 750 gram	8.18	9.48
鲢鱼	Silver carp	750克以上 Weighed above 750 gram	6.92	8.37
鲤鱼	Carp	750克以上 Weighed above 750 gram	7.95	9.22
鲫鱼	Crucian carp	250克以上 Weighed above 250 gram	8.69	10.83
武昌鱼	Blunt-snout bream	250克以上 Weighed above 250 gram	11.88	11.90
罗非鱼	Tilapia	250克以上 Weighed above 250 gram	13.84	15.65
鲶鱼	Oriental sheatfish	750克以上 Weighed above 750 gram	9.90	10.87
大黄鱼	Large yellow croaker	中等 Middling	26.39	34.92
小黄鱼	Small yellow croaker	中等 Middling	16.42	19.92
带鱼	Hairtail	中等 Middling	13.03	12.33
龙虾	Lobster	中等 Middling	306.00	387.50
基围虾	Shrimp	中等 Middling	62.41	70.46
大闸蟹	Steamed crab	中等 Middling	71.29	90.71
对虾	Prawn	中等 Middling	82.45	91.03
扇贝	Scallop	中等 Middling	17.47	19.26
墨鱼	Inkfish	中等 Middling	26.41	32.74
鱿鱼	Squid	中等 Middling	15.82	16.86
海蜇	Jellyfish	中等 Middling	20.67	26.58
海参	Sea cucumber	中等 Middling	163.64	217.80
甲鱼	Soft-shelled turtle	中等 Middling	50.19	53.33
乌龟	Tortoise	中等 Middling	38.67	43.00
黄鳝	Ricefield ell	中等 Middling	32.80	35.60
牛蛙	Bullfrog	中等 Middling	14.00	12.10
海带(干品)	Kelp(dried)	中等 Middling	5.71	7.89

3－60 2007年11月批发市场水产品价格
Prices of Fishery Products at the Wholesale Market (Nov. 2007)

（单位：元/公斤） （Unit：yuan/kg）

农产品名称	Categories of Agricultural Products	等级 Grades	2006	2007
青鱼	Black carp	750克以上 Weighed above 750 gram	15.20	16.76
草鱼	Grass carp	750克以上 Weighed above 750 gram	8.18	9.43
鲢鱼	Silver carp	750克以上 Weighed above 750 gram	7.11	8.36
鲤鱼	Carp	750克以上 Weighed above 750 gram	7.80	9.49
鲫鱼	Crucian carp	250克以上 Weighed above 250 gram	8.67	10.44
武昌鱼	Blunt-snout bream	250克以上 Weighed above 250 gram	12.52	11.76
罗非鱼	Tilapia	250克以上 Weighed above 250 gram	14.33	15.15
鲶鱼	Oriental sheatfish	750克以上 Weighed above 750 gram	9.91	10.77
大黄鱼	Large yellow croaker	中等 Middling	28.65	35.75
小黄鱼	Small yellow croaker	中等 Middling	18.49	19.79
带鱼	Hairtail	中等 Middling	16.21	12.22
龙虾	Lobster	中等 Middling	285.00	400.00
基围虾	Shrimp	中等 Middling	62.31	93.76
大闸蟹	Steamed crab	中等 Middling	75.75	93.43
对虾	Prawn	中等 Middling	104.34	91.87
扇贝	Scallop	中等 Middling	16.92	20.42
墨鱼	Inkfish	中等 Middling	26.06	29.40
鱿鱼	Squid	中等 Middling	15.42	16.86
海蜇	Jellyfish	中等 Middling	21.10	30.75
海参	Sea cucumber	中等 Middling	58.65	227.20
甲鱼	Soft-shelled turtle	中等 Middling	51.89	59.17
乌龟	Tortoise	中等 Middling	38.67	53.00
黄鳝	Ricefield ell	中等 Middling	33.50	36.80
牛蛙	Bullfrog	中等 Middling	13.40	12.60
海带(干品)	Kelp(dried)	中等 Middling	6.17	7.98

3－61　2007年12月批发市场水产品价格
Prices of Fishery Products at the Wholesale Market (Dec. 2007)

（单位：元/公斤）　　(Unit：yuan/kg)

农产品名称 Categories of Agricultural Products		等级 Grades	2006	2007
青鱼	Black carp	750克以上 Weighed above 750 gram	14.23	19.40
草鱼	Grass carp	750克以上 Weighed above 750 gram	8.19	9.49
鲢鱼	Silver carp	750克以上 Weighed above 750 gram	7.05	8.80
鲤鱼	Carp	750克以上 Weighed above 750 gram	7.91	9.65
鲫鱼	Crucian carp	250克以上 Weighed above 250 gram	8.36	10.51
武昌鱼	Blunt-snout bream	250克以上 Weighed above 250 gram	12.52	11.92
罗非鱼	Tilapia	250克以上 Weighed above 250 gram	13.68	15.92
鲶鱼	Oriental sheatfish	750克以上 Weighed above 750 gram	10.93	11.06
大黄鱼	Large yellow croaker	中等 Middling	25.70	35.67
小黄鱼	Small yellow croaker	中等 Middling	15.75	19.22
带鱼	Hairtail	中等 Middling	13.32	12.39
龙虾	Lobster	中等 Middling	397.50	375.00
基围虾	Shrimp	中等 Middling	90.07	89.76
大闸蟹	Steamed crab	中等 Middling	82.57	97.93
对虾	Prawn	中等 Middling	96.02	97.16
扇贝	Scallop	中等 Middling	18.94	23.85
墨鱼	Inkfish	中等 Middling	25.61	30.83
鱿鱼	Squid	中等 Middling	15.77	17.14
海蜇	Jellyfish	中等 Middling	18.42	30.75
海参	Sea cucumber	中等 Middling	179.44	225.20
甲鱼	Soft-shelled turtle	中等 Middling	54.15	57.17
乌龟	Tortoise	中等 Middling	43.00	50.00
黄鳝	Ricefield ell	中等 Middling	34.20	37.20
牛蛙	Bullfrog	中等 Middling	13.08	11.00
海带(干品)	Kelp(dried)	中等 Middling	5.55	8.08

4

全国农产品价格调查方案

Programmes for the Survey of the Prices of Agricultural Products

4—1 农产品生产价格调查与指数编报方案

1. 调查目的

农产品生产价格是指农产品生产者第一手(直接)出售其产品时实际获得的单位产品价格。开展农产品生产价格调查是为了全面收集农产品生产价格资料,客观反映全国农产品生产价格水平和结构变动情况,满足农业与国民经济核算需要,为各级政府制定农业保护与农产品流通政策提供决策依据,向社会各界提供优质的农产品价格信息服务。

2. 调查对象

抽选的农业生产经营单位。

3. 调查方式

农产品生产价格调查采取抽样调查和重点调查相结合的调查方法。抽样调查将有农产品出售的农业生产经营单位列为调查对象,采取随机抽样的调查方法;对一些区域性比较强的农产品则采取在主产区主观选样的方法选择农业生产经营单位作为调查对象。

4. 调查内容

农产品生产价格调查的内容为被调查单位生产并出售的主要农产品,被调查单位在辅助调查员的指导下将在报告期出售的农产品的名称、出售数量、价格、金额即时记入农产品生产价格调查台帐(台帐表式附后)。

在充分征求部门、地方意见的基础上,根据新的行业分类标准,国家统计局农村司制定了《农产品参考目录》,各地必须执行全国统一的分类标准和代码。

5. 调查周期和数据上报

农产品生产价格调查周期为季度,执行日历年度。

《农产品生产价格基层表》数据由县调查队(统计局)根据住户台帐或住户日记帐数据整理、录入、计算、审核并于季度最后月的 25 日前从网上上报所在省(区、市)调查总队。季报表数据应包括农业生产经营单位在报告期出售的农产品的名称、产品代码、计量单位、出售数量、金额、价格以及相应的基期价格。基期价格由县队直接从相应的基期报表中过录。

《农产品生产价格指数表》综合定期报表由各省(区、市)调查总队上报国家统计局农村司,时间为季(年)度最后月的 25 日前。

6. 农产品生产价格的汇总方法

(1)调查单位每种农产品的平均价格(加权算术平均法)

某调查单位在报告期某产品出售金额之和除以报告期该产品出售数量之和。公式为:

$$p_i=\frac{\sum_{j=1}^{n}p_{ij}q_{ij}}{\sum_{j=1}^{n}q_{ij}}$$

式中,p_i 为第 i 个代表品的平均价格,p_{ij} 为第 i 个代表品第 j 次的出售价格,q_{ij} 为第 i 个代表品第 j 次的出售数量。

(2)全国及省(区、市)产品平均价格(加权算术平均法)

全部被调查单位报告期某产品出售金额之和除以报告期该产品出售数量之和。公式为:

$$P_i=\frac{\sum_{j=1}^{n}p_{ij}q_{ij}}{\sum_{j=1}^{n}q_{ij}}$$

式中,P_i 为第 i 个代表品的平均价格,p_{ij} 为第 i 个代表品第 j 个调查单位的出售价格,q_{ij} 为第 i 个代表品第 j 调查单位的出售数量。

7. 农产品代表产品的确定

(1)代表产品选择的原则和要求。

①农、林、牧、渔四大类、各中类以及 90%以上的小类均选有代表品,以使价格指数能较好地反映各类别价格变动情况。

②选择对国计民生影响大的产品,一般生产量和销售量大的产品对国计民生影响较大。

③选择稳定性强的产品,因为代表品一经确定,就要连续观察几年。

④选择具有发展前景的新产品作为代表品。

⑤具有地方特色的产品,虽然在全国比重不大,但具有地方特色,也应选为代表品。一些季节性强的产品从全年看比重不大,但在某些季节是当

地的主要产品，也要考虑进来，以确保全年和各季度平均价格及指数的代表性。

代表品一般稳定五年。在五年期间，若产品结构调整较快，以致影响代表性时，可提前进行修订。

(2)国家代表产品的选择

编制农产品生产价格指数是以代表产品(类别)的价格变动来反映全部农产品的价格变化趋势和变动幅度。确定科学、合理的代表品对于编制农产品生产价格指数具有重要意义。如果代表产品过少，会造成代表品不足、价格指数不准确；代表品过多，工作量过大，造成不必要的浪费。根据上述原则，在充分征求部门和地方意见的基础上，国家统计局制订了全国农产品生产价格调查的代表类别和代表产品。即《农产品参考目录》中用“*”所列示的农、林、牧、渔4个大类、14个中类、30个小类、180种代表品。上述代表产品代表的各类别销售额占当年全国农产品销售额的70%以上，具有足够的代表性。

(3)地方代表产品的选择

各省、自治区、直辖市执行全国统一的分类标准和代码，并根据国家下发的《农产品参考目录》，结合本地实际确定代表产品，包括目录中没有但在当地比较重要的产品。对于各地自行增加的代表品要报总队审定，取得统一编码。

8. 农产品代表品权数的计算

权数是衡量每种产品重要性的指标。由于每种产品在农业经济中的地位和作用不同，其价格变动对全部农产品价格变动的影响也有所不同。所以在计算价格指数时，要科学、合理地确定权数。

(1)权数确定的原则和要求

①只计算代表类别和代表产品的权数(如国家只给农产品参考目录中带※号的类别和产品分配权数)，其他产品不分配权数。

②采用2000－2002三年的资料平均计算权数，权数一般五年更换一次。在五年期间，若出现产品更新换代快，以致影响权数代表性的情况时，应及时进行合理修正。

③重点做好大类、中类权数和重要品种权数的审核。对生产量和销售量不大、资料又难以收集的商品，在计算其权数时，可先确定该商品所在类的类值，并确定该类别主要商品的权数，用分摊法将剩余的权数按其比例(重要程度的次序)分配给余下的商品。

④由于农产品生产与出售季节性比较强，为客观、准确地反映农业生产价格变动趋势和变动幅度，要对季度、季度累计和全年分别计算权数。

(2)权数的种类与资料来源

①商品(销售)权数：用于计算农产品生产价格指数

农产品商品(销售)权数主要利用农产品销售额进行计算，各种代表产品的商品(销售)权数合计为1000。权数资料来源于农村住户和农场的农产品出售金额资料，也可根据农村住户调查季报和帐页资料进行加工整理，或利用农产品产量与商品率资料推算。

②产值权数：用于缩减农业发展速度。

各种代表产品的产值权数合计为1000。产值权数资料取自农林牧渔业产值统计，或通过重点调查、部门资料进行推算。

9. 农产品生产价格指数的计算方法与步骤

农业生产价格指数是反映一定时期内，农产品生产者出售的农产品价格水平变动趋势及幅度的相对数。生产资料购买价格指数是反映农业生产者购买生产资料价格水平变动趋势及幅度的相对数。

(1)计算每个调查单位每个代表品的价格指数

$$k_{ij}=\frac{P_{ij1}}{P_{ij0}}$$

式中，k_{ij}为第j个调查单位第i个代表产品的个体指数，P_{ij1}为第j个调查单位第i个代表产品的报告期平均价格，P_{ij0}为第j个调查单位第i个代表产品的基期平均价格。

(2)计算代表品的价格指数K_i

$$K_i=\sqrt[n]{k_1\times k_2\times\cdots\cdots\times k_n}$$

式中，$k_1,k_2,\cdots k_n$分别为第 个代表产品在第1到第n个调查单位中的个体指数。

(3)计算小类价格指数

$$K=\frac{\sum K_iW_i}{\sum W_i}$$

其中：K为该小类指数，K_i为该小类下第i个代表品价格指数，W_i为第i个代表品的产值权数或销售额权数。

(4)计算中类价格指数

$$K=\frac{\sum K_iW_i}{\sum W_i}$$

其中：K为中类价格指数，K_i为该中类下第i个小类价格指数，W_i为第i个小类的产值权数或销售额权数。

大类及总指数的计算，同中类价格指数计算方法。

(5)季度累计价格指数的计算方法，与分季指数计算方法相同。

(6)国家和省级价格指数的计算方法一致。

10. 有关问题说明

(1)农产品生产价格是农业生产经营单位第一次出售其产品时所获得的价格，因此，所调查的代表品是由被调查单位生产且出售的农产品，外购再出售的农产品不作为调查内容。

(2)如果抽中的调查单位在调查时没有任何销售活动，该记录的各项观测值均为零，在季报时仍应保留该样本，同时上报空记录的个数，并说明情况。如确定该调查户或单位在半年内都不可能有销售活动，则应以样本附近或相似特征的调查对象替换。

(3)县队在数据录入、审核时，如果发现某调查单位某些代表产品报告期与基期价格变动幅度较大，应查询该调查单位出售的该代表品在品种、品质、销售条件等方面是否发生了改变，如果是由于上述非价格变动因素引起的，则应该剔除非价格变动因素，使报告期与基期代表品同质可比；如果新的产品已成为市场主流，则一般应调整基期价格。调整的方法可以相邻农户或地域的同质产品价格代替，如果缺乏相邻农户或地域的同质产品价格，也可以为空。

Programme for the Survey of the Producers Prices of Agricultural Products and for the Estimation of the Price Indices

I. The Purpose of the Survey

The producers prices of agricultural products refer to the actual prices per unit of agricultural products at which the producers of the agricultural products directly sell them. The purpose of conducting the survey of producers' prices of agricultural products is to comprehensively collect the data on the producers' prices of agricultural products, objectively reflect the situations of the level and structural changes of the producers' prices of agricultural products, meet the needs of conducting the agricultural accounts and national accounts, provide the government at different levels with the base data for making the policies of protecting agriculture and circulation of agricultural products and provide the various social circles with the high quality information on the prices of agricultural products.

II. The Respondents of the Survey

The respondents of the survey are the units engaged in the agricultural production and management.

III. The Procedures of the Survey

The method of sample survey combined with the method of key-unit survey is used in the survey of producers' prices of agricultural products. In the sample survey, the units engaged in the agricultural production and management are listed as the respondents of the survey and the method of random sample survey is used. For the agricultural products, which grow mainly in certain areas, the respondents of the survey are selected in the major producing areas with the subjective sampling method.

IV. The Contents of the Survey

The contents of the survey of producers' prices of agricultural products include the data on the main agricultural products produced and sold by the respondents of the survey. Under the guidance of the auxiliary enumerators, the respondents of the survey should timely keep records on the names, quantities, prices and amount of the agricultural products sold in the reporting period in the accounts of the survey of producers' prices of agricultural products or the households' journals.

After soliciting the opinions of various departments and regions, the Department of Rural Survey, National Bureau of Statistics of China (DRS/NBS) has worked out the Reference Catalogue of Agricultural Products in accordance with the new Standard Classification of Economic Sectors. The national unified standard classification and their codes should be implemented in different regions.

V. The Cycle of the Survey and the Data Reporting to the Higher Authorities

The cycle of the survey of producers' prices of agricultural products is a quarter. The calendar year is implemented.

The data in the Questionnaires of the Grassroots Units on the Producers' Prices of Agricultural Products are processed, made entries, calculated and checked by the county survey organizations (bureaus of statistics) in accordance with the households' accounts or journals. They are finally reported to the provincial survey organizations by means of internets. The quarterly data should include the names, codes, calculation units, quantity sold, amount and prices of the agricultural products sold by the units engaged in the agricultural production and management in the reporting period as well as the concerned prices in the base period. The prices in the base period are directly copied by the county survey organizations from the corresponding questionnaires of the grassroots units.

The periodic tabulated tables on the producers' prices of agricultural products and their indices are reported by the provincial survey organizations directly to DRS/NBS before 25th in the last month of the quarter.

VI. The method of tabulating the data on the producers' prices of agricultural products

1. The average price of a certain agricultural product in a unit surveyed equals to the sum of money obtained by the unit in selling the agricultural product in the reporting period divided by the total quantity of the agricultural product sold in the same period. (This is the method of weighted arithmetic average). The formula for the calculation is given below:

$$p_i = \frac{\sum_{j=1}^{n} p_{ij} q_{ij}}{\sum_{j=1}^{n} q_{ij}}$$

where p_i stands for the average price of the ith representative product; p_{ij} stands for the selling price of the ith representative product at the jth time and q_{ij} stands for the quantity of the ith representative product. sold at the jth time.

2. The average price of a certain agricultural product in a certain province (autonomous region or municipality) and in the whole country equals to the sum of money obtained in selling the agricultural product in the reporting period in all the units surveyed divided by the total quantity of the agricultural product sold in the same period. (This is the method of weighted arithmetic average). The formula for the calculation is given below:

$$P_i = \frac{\sum_{i=1}^{n} p_{ij} q_{ij}}{\sum_{j=1}^{n} q_{ij}}$$

where p_i stands for the average price of the ith representative product; p_{ij} stands for the selling price of the ith representative product of the jth unit and q_{ij} stands for the quantity of the ith representative product sold by the jth unit.

VII. The Determination of the Representative Agricultural Products

1. The principles and requirements for the selection of representative products:

(1) The representative products should be selected from the four major divisions, namely farming, forestry, animal husbandry and fishery, and from the various divisions and more than 90% of the groups, so that the price indices can better reflect the changes of the prices in different categories.

(2) The products which have great importance to the national economy and people's livelihood should be selected. The products, which have large yields and sales, are generally the products important to the national economy and people's livelihood.

(3) We should select the products steadily produced, because they should be surveyed continuously for several years after they are selected.

(4) The new products, which have good prospect for the future development, should be selected.

(5) The products, which have local characteristics, should be selected though their proportion to the total output in the whole country is not large. The products only produced in certain seasons should be selected too, because though not large in the proportion to the annual output, they are main products in certain seasons in the localities. The annual and quarterly average prices and their indices can be representative only when they are included.

The representative products should not changed generally in the period of five years after they are selected. However, if the structure of the products is readjusted quite quickly in the period of five years so that the products formerly selected are no longer representative, the list of representative products can be revised ahead of time.

2. The selection of the representative products of the whole country

The purpose of the calculation of the indices of the producers' prices of agricultural products is to reflect the change trend and change extent of the prices of all agricultural products with the data on the changes of the prices of representative products in different categories. The determination of representative products in a scientific and reasonable way is of great significance to the calculation of the indices of the of producers' prices of agricultural products. If the representative products are too few in number, it will result in the insufficiency of the representative products and the inaccuracy of the price indices. But if the representative products are too many in number, it will result in the too heavy workload and unnecessary waste. In accordance with the above-mentioned principles, after fully soliciting the opinions of the concerned departments and regions, NBS has worked out the representative categories and the representative products in the national survey of the producers' prices of agricultural products. They include the four major divisions, namely farming, forestry, animal husbandry and fishery, 14 divisions, 30 groups and 180 representative products, indicated with the symbol * in the Reference Catalogue of Agricultural Products. The sales of the various categories of the representative products account for more than 70% of the total sales of agricultural products in the whole country in the year. Therfore the categories and agricultural products selected are sufficiently representative.

3. The selection of the representative products in different regions

The provincial survey organizations determine the representative products in the regions in accordance with the Reference Catalogue of Agricultural Products, in the light of the local actual conditions while implementing the national unified classifications and codes, including those relatively important products in the regions, though they are not included in the national Catalogue. The representative products supplemented by the regions should be reported to NBS for examination, so as to have the unified codes.

VIII. The calculation of the weights of the representative agricultural products

Weights are the indicators measuring the importance of different products. Because each product is different in its position and role in the agricultural economy, the influence of its price change over the price change of all agricultural products is different too. Therefore, we should determine the weights in a scientific and reasonable way in the calculation of price indices.

1. The principles and requirements in determining the weights

(1) Only the weights of the representative categories and the representative products are calculated. NBS only distributes the weights of the categories and products indicated with the symbol * in the Reference Catalogue of Agricultural Products. As for the other products, no weights are distributed.

(2) The weights are calculated as averages of the data of the three years 2000 — 2002. The weights are generally changed once in every five years. If the old products are quickly renewed or upgraded by the new ones in the five years so that the formerly determined weights are no longer representative, the weights should be timely revised in a reasonable way.

(3) Attention should be mainly paid to the examination of the weights of the major divisions and divisions as well as the weights of important products. As for the commodity, which is not large in its yield and sales and is difficult to collect the data, we can firstly determine the weight of the category, to which the commodity belongs, secondly determine the weights of the main commodities in that category and finally distribute the remainder of the weight of the category to the other commodities in that category in a proportional way, namely in the order of their importance.

(4) Because the agricultural products are generally produced and sold in different seasons, we should calculate the weights for the quarter, for the accumulative data from the beginning of the year to the quarter and for the whole year respectively, so as to objectively and accurately reflect

the change trend and change extent of the producers' prices of agricultural products.

2. Kinds of weights and data sources

(1) Weights of sales of the commodities: They are used to calculate the indices of the producers' prices of agricultural products.

The weights of sales of the commodities are calculated mainly on the basis of the data on the sales of agricultural products. The sum of the weights of sales of the various representative agricultural products equals to 100. The data sources for the calculation are the data on the sales of agricultural products of the rural households and farms. We can also process the data on the basis of the quarterly report of the survey of rural households and the concerned accounts or estimate on the basis of the data on the yields of agricultural products and their commodity rate.

(2) Weights of output value. They are used to deflate the agricultural growth rate.

The sum of the output values of various representative products equals to 100. The data sources for the calculation of weights of output value are the statistical data on the output value of farming, forestry, animal husbandry and fishery. We can also estimate on the basis of the data of key-unit survey or the data from the concerned departments.

IX. The Methods and Steps for the Estimation of the Indices of the Producers' Prices of Agricultural Products

The indices of the producers' prices of agricultural products are relative numbers, which reflect the trends and extents of the changes of the producers' prices of agricultural products sold by the producers in a certain period.

1. The calculation of the price index of each product in each unit surveyed

$$k_{ij}=\frac{P_{ij1}}{P_{ij0}}$$

where K_y stands for the individual price index of the ith representative product in the jth unit surveyed; P_{y1} stands for the average price of the ith representative product in the jth unit surveyed in the reporting period and P_{y0} stands for the average price of the ith representative product in the jth unit surveyed in the base period.

2. The calculation of the price index of the representative product Ki

$$K_i=\sqrt[n]{k_1\times k_2\times\cdots\cdots\times k_n}$$

where K_1, K_2, … K_n stands respectively for the individual price index of the ith representative product in the first, the second … the. nth unit surveyed.

3. The calculation of the price index of the group

$$K=\frac{\sum K_iW_i}{\sum W_i}$$

Where K stands for the price index of the group, K_i stands for the price index of the ith representative product in the group and W_i stands for the weight of output value or the weight of sales of the ith representative product.

4. The calculation of the price index of the division

$$K=\frac{\sum K_iW_i}{\sum W_i}$$

where K stands for the price index of the division, K_i stands for the price index of the ith group in the division and W_i stands for the weight of output value or the weight of sales of the ith group.

The calculation of the price index of the division and the calculation of the general price index are similar as that of the division.

5. The method for the calculation of the price index in the period from the beginning of the year to the end of the quarter is similar to the calculation of the quarterly price index.

6. The method for the calculation of the national price index is similar to the calculation of the provincial price index.

X. The Treatment of Some Problems

1. The producers' prices of agricultural products are the prices at which the units engaged in the agricultural production and management sell the products for the first time. Therefore the representative product surveyed refers to the agricul-

tural product produced and sold by the unit surveyed. The agricultural product purchased from other units and resold should not be included in the survey.

2. If the selected unit in the sample survey has no activities of sales, the observed value on sales is zero, the data of the sample unit should be still included in the quarterly report and the situations should be reported to the higher authorities. If the selected household or unit in the sample survey will definitely have no activities of sales in the future half year, the household or unit should be replaced by the household or unit in the nearby areas or other respondent, which has the similar characteristics.

3. In the course of making data-entries and examination and verifying data, if the statisticians in the county survey organizations find that the change extents of the prices of certain representative products in a certain unit surveyed between the reporting period and the base period are relatively large, they should inquire if there is any change in the variety, quality or selling condition of the representative product. If the change is caused by non-price factors, the non-price factors should be removed, so as to make the representative product in the reporting period comparable with that in the base period. If the new product represents the main trend in the market, its price in the base period should be readjusted. In the readjustment, the price of the product of the same quality in the neighboring agricultural household or the neighboring area can take its place. If no price of the product of the same quality in the neighboring agricultural household or the neighboring area can be found, the data in the base period can be blank.

4—2　农产品集贸市场价格调查方案

1. 调查目的

农产品集贸市场价格是指全国农产品主产区集贸市场主要农产品的成交价格。开展农产品集贸市场价格调查旨在收集农产品集贸市场价格资料，准确把握全国大宗农产品在主产区的价格走势，为提高我国农产品主产区的区域优势和市场竞争力服务。

2. 调查内容

农产品集贸市场价格调查内容包括农牧渔业36种主要产品的集贸市场价格（调查品种见《农产品集贸价格调查表》）。

3. 调查对象

农产品集贸市场价格调查的统计范围为全国选中的农产品主产县。

4. 调查周期与数据上报

（1）农产品集贸市场价格调查周期为月报。

（2）采价时间为每月20日左右，即每月19—21日内任一工作日。

（3）数据上报时间：价格资料由各省（区、市）调查总队每月25日前上报国家统计局农村司。

5. 采价办法

（1）各省（区、市）对调查品种要统一口径，不得随意变换。所有调查品种的采价范围都是指一般普通商品、中等规格。经过加工，带有品牌包装的商品不在调查之列；经过分拣后加入精美包装作为礼品出售的农产品也不在调查之内。

（2）对于固定采价集市上没有的品种（如稻谷、活猪和籽棉等），为了保证调查数据的完整性，可采取以下几种办法：（1）可到其他有出售的市场取得价格；（2）仅在调查日当天无出售的产品，可根据上一日的情况采价；（3）原粮和籽棉可用市场上的大米和皮棉按当地的折算比率取得或到大米和籽棉加工点取得；（4）活猪价格可到农户或屠宰场取得；（5）当地不生产、也不从外地调入的产品价格就空缺。

（3）对同一品种不同等级价格的采价不好把握时，可用交易量较大的三个以上摊位价格的简单平均价作为该产品的价格。对同一品种、同一摊位、同一等级成交价格不一致时，用交易量较大的成交价作为该摊位、该产品的价格。

（4）食用油：采普通散装油价格。

（5）猪、牛、羊肉如市场上出售的是带骨肉，采价时需按当地比率折成去骨价。

（6）水产品：淡水鱼要求是采活鱼价格；带鱼可采死鱼价（包括每条规格在0.5—1公斤重的冷冻带鱼段）。

（7）蔬菜：采新鲜蔬菜价格。

（8）水果：采新鲜水果价格。

6. 填报说明

（1）农产品集贸市场价格调查表由省（区、市）调查总队报送。

（2）产品代码与计量单位：产品代码按M405表规定填报；单价单位为元/公斤（如采价时为“元/斤”应换算为元/公斤）。

（3）价格数据保留两位小数。

（4）如部分产品缺项，单价项应空缺（不要补“0”）。

（5）各省（区、市）调查总队对农产品集贸市场价格调查数据不作汇总处理，通过统计系统内网直接上报以调查县为单位的集贸市场价格原始数据。

（6）严格数据审核。当月单价与上月或上年同月相比增减幅度较大时应进行认真核实、确认，并随《农产品集贸市场价格调查上报表》报送文字说明。

（7）开展农产品市场价格专题分析，有关农副产品价格的重大信息与研究报告，及时报送文字材料。

（8）年度价格走势分析与调查数据质量评估报告随12月价格报表一同报送。

7. 指标解释

（1）籼稻：水稻的一种，茎秆较高较软，叶子黄绿色，稻穗上的籽粒较稀，稻粒长而细。

（2）优质籼稻：经过杂交育种改良后的籼稻。

（3）粳稻：水稻的一种，茎秆较矮，叶子较窄，深绿色，稻粒短而粗。

（4）玉米：一年生草本植物，茎高二、三米，叶子长而大，子实比黄豆稍大。

(5)籼米：籼稻碾出的米，黏性小。

(6)优质籼米：优质籼稻碾出的米。

(7)粳米：粳稻碾出的米，黏性较大。

(8)面粉：小麦磨成的粉，调查规格品是普通标准粉。

(9)籽棉：是指棉农从棉枝上摘下的、未经轧花加工除籽的棉花。籽棉经过加工后去掉棉籽的棉花叫皮棉。籽棉加工成皮棉的比例一般是 10:3，即 10 公斤籽棉可加工成 3 公斤皮棉。

(10)花生仁：去壳的生花生。

(11)活猪：待宰的肥猪(也称毛猪，一般在 65 公斤以上)。

(12)仔猪：待育肥的普通小猪(一般指 10 公斤以下刚断奶的猪)。

(13)草鱼：身体圆筒形，微绿色，生活在淡水中，吃水草。

(14)鲤鱼：身体侧扁，背部苍黑色，腹部黄白色，嘴边有须一对，淡水鱼。

(15)鲢鱼：身体侧扁，鳞细，背部青黑色，腹部白色，淡水鱼。

(16)菜椒：也称柿子椒。

(17)四季豆：部分地区也称扁豆。

(18)中等：产品规格栏的“中等”有两种含义。原粮的“中等”是指国家规定的中准级，其他品种的“中等”是指市场实际交易数量较多的质量等级。

Programme for the Survey of the Prices of Agricultural Products at the Rural Market Fairs

I. The Purpose of the Survey

The prices of agricultural products at the rural market fairs refer to the unit prices of main agricultural products, which have been stricken bargains at the rural market fairs in major producing areas in China. The purpose of conducting the survey of the prices of agricultural products at the rural market fairs is to collect the data on the prices of agricultural products at the rural market fairs, accurately keep abreast of the change trend of the prices of the staple agricultural products in the major producing areas in the whole country and serve for the purpose of improving the regional superiority and competitive power at the market of the major producing areas of agricultural products in China and their competitive power at the market.

II. The contents of the survey

The contents of the survey of the prices of agricultural products at the rural market fairs include prices of 36 main agricultural products of farming, forestry, animal husbandry and the fishery at the rural market fairs (As for the variety surveyed, see the questionnaires used in the survey of the prices of agricultural products at the rural market fairs).

III. Respondents of the survey

The statistical coverage of the survey of the prices of agricultural products at the rural market fairs includes the major producing counties of agricultural products selected in the sample survey in the whole country.

IV. Cycle of the Survey and Data Reporting

1. The cycle of the survey of the prices of agricultural products at the rural market fairs is a month.

2. The date for collecting the price data is about the 20th of every month, namely any working day in the period 19—21st.

3. The date for reporting data: The price data are reported by the provincial survey organizations to the Department of Rural Survey before the 25th of every month.

V. Methods for Collecting the Data on Prices

1. The provincial survey organizations should pay attention that the specifications of the varieties surveyed should be unified in different time and should not be changed at will. All the varieties listed for collecting their prices refer to the ordinary commodities with medium standard. Those commodities, which have been processed and packaged with brands, are not to be surveyed. The agricultural products, which have been picked out, beautifully packaged and sold as gifts, are also not to be surveyed.

2. For the varieties (such as paddy, live pig and un-ginned cotton, etc.) not sold at the specified rural market fairs for collecting price data, the following methods can be adopted so as to ensure the complete data coverage: (1) The price data can be collected from the other market fairs, at which these varieties are sold; (2) For the varieties, which are not sold only on the day for the survey, the data on their prices on the preceding day can be collected; (3) The data on the prices of the un-husked rice and un-ginned cotton can be converted on the basis of the data on the prices of husked rice and ginned cotton at the market with the local conversion rate or can be collected from the spots where the un-husked rice or un-ginned cotton are processed into husked rice or ginned cotton; (4) The data on the price of live pig can be collected from the rural households or slaughter house; (5) For the products neither produced in

the locality nor transported from other places, their price data can be blank.

3. When it is not easy to make decision for collecting the price data of the same variety with different grades, the simple average of the prices of more than three vendor's stands which have relatively bigger sales volumes can be taken as the price of that variety. When the prices at which the bargains are stricken are not the same for the same grade, same variety at the same vendor's stand, the price at which the bargain is stricken with the biggest sales volume can be taken as the price of that variety at that vendor's stand.

4. For edible vegetable oil, the price in bulk and in ordinary grade can be collected.

5. For pork, beef and mutton, if they are sold with bones, their prices without bones can be estimated with the local conversion rate.

6. For aquatic products, the prices of live fish should be taken for the freshwater fish while the price of dead fish can be taken for the hairtail, including the frozen hairtail segments with the weight of 0.5—1 kg for each hairtail.

7. For vegetable, the prices of fresh vegetable should be collected.

8. For fruits, the prices of fresh fruits should be collected.

VI. Instructions

1. The questionnaires for the survey of the prices of agricultural products at the rural market fairs should be reported by the provincial survey organizations.

2. Codes of products and units of calculation: The codes of products should be filled out in accordance with the stipulations for Table M405. The unit for calculation of the unit price is yuan/kg.

3. Two decimals are required to be kept in price data.

4. If the data of parts of products are unavailable, the item on unit price should be blank.

5. The provincial survey organizations should not tabulate the survey data on the prices of agricultural products at the rural market fairs, but should directly report the original data on the prices of agricultural products at the rural market fairs in every county by the means of the internet.

6. The data should be strictly examined and verified. When the unit price of the month increases or decreases by a quite big margin as compared with the previous month or the same month in the previous year, it should be seriously checked and confirmed.

7. The annual analysis report on the change trend of prices and appraisal report on the quality of survey data should be reported along with the price questionnaires of December.

VII. Explanatory Notes on Indicators

1. Long-grained non-glutinous rice: a kind of paddy rice with quite tall and soft stem and its leaves are yellowish-green. The grains are sparsely grown in the ears of rice. The grains of rice are long and thin.

2. High quality long-grained non-glutinous rice: The improved non-glutinous rice after cross-breeding.

3. Round-grained rice: a kind of paddy rice. Its stalk is comparatively low. Its leaves are comparatively narrow and deep green. The grains of rice are short and wide.

4. Maize: an annual herb. Its stalk is 2—3 meter tall. Its leaves are long and large. Its grains are a little larger than soybeans.

5. Polished long-grained non-glutinous rice: rice husked from the long-grained non-glutinous rice. It has little stickiness.

6. High quality polished long-grained non-glutinous rice: rice husked from the high quality long-grained non-glutinous rice.

7. Polished round-grained rice: rice husked from the round-grained rice. It has comparatively high stickiness.

8. Wheat flour: powder husked from wheat. The specification for the survey is the ordinary standard flour.

9. Un-ginned cotton: refers to the cotton picked down by the cotton farmers from the cotton branches and un-ginned. When the un-ginned

cotton is ginned and the seeds are removed, it is called ginned cotton. 10 kg of un-ginned cotton can be generally processed into 3 kg of ginned cotton.

10. Peanut kernel: refers to the shelled peanut.

11. Live pig: refers to the grown pig to be slaughtered. Its weight is generally greater than 65 kg.

12. Piglet: refers to the ordinary young pig to be fattened up. It generally refers to the newly weaned pig. Its weight is generally less than 10 kg.

13. Grass carp: Its body is shaped like a cylinder and is greenish. It lives in freshwater and takes waterweeds as its food.

14. Carp: Its body is squad shaped. Its back is black and its belly is yellowish white. It has a pair of beard near its mouth. It is a kind of freshwater fish.

15. Silver carp: Its body is squad shaped. It has thin scales. Its back is greenish black and its belly is white. It is a kind of freshwater fish.

16. Sweet-bell: It is called Shizijiao or Caijiao in Chinese.

17. Kidney bean: It is called Sijidou or Biandou in different regions in Chinese.

18. Medium grade: There are two meanings. The medium grade of raw grain refers to the middle grade stipulated by the government. The medium grade of other products refers to the quality grade at which the bargain of a large quantity of products stricken.

4－3 农产品批发价格调查方案

1. 调查目的

农产品批发价格是指全国大中型农产品批发市场或从事农产品批发交易的经营单位进行农产品批发交易的成交价格。开展农产品批发价格调查旨在收集农产品批发价格资料，准确把握全国主要农产品价格走势与供求状况，满足各级政府和宏观决策部门研究制定农村经济政策的需要，为提高我国农产品市场竞争力服务。

2. 调查内容

农产品批发价格调查内容为农林牧渔业主要农产品的批发交易价格，调查品种分为粮油、棉花、蔬菜、果品、花卉、肉禽蛋、水产品和木材共八个类别。

3. 调查对象

农产品批发价格调查的对象为农产品批发市场或从事农产品批发交易的经营单位。调查网点根据交易品种和成交量综合确定，全国共调查 100 家农产品批发市场和经营单位。

4. 调查周期与上报日期

农产品批发价格调查周期为月报，批发价格上报日期为每月 25 日。

粮油、蔬菜、果品、花卉、肉禽蛋和水产品价格的采价日期为上报日的前一个工作日。棉花和木材价格的报告期为上月 25 日至当月 24 日。遇法定节假日，采价和上报日期顺延，按实际采价日期填报。

5. 调查方式

(1)粮油、蔬菜、果品、花卉、肉禽蛋和水产品的批发价格以市场内该种农产品最大批发商(摊位、商家或商号)单笔最大交易为准。最大交易量前三家为批发商调查样本，一般优先选择交易量最大的批发商作为采价对象，并在一年内保持相对稳定。

批发价格为采价日单笔最大交易量的成交价格。价格资料由调查员在采价日对批发商进行现场访问取得。

(2)棉花和木材批发价格按被抽中市场或经营单位在报告期内批发交易的全部成交情况填报。

批发价格为批发交易的加权平均价格。价格资料由被调查单位对报告期内相关产品的全部销售情况逐一分类登记，并定期整理、报送价格数据。

(3)实行全国统一的统计分类标准和编码。各地可根据需要适当增加调查指标，但不得改变指标排列顺序和编码。

6. 数据报送与汇总

(1)各省(区、市)调查总队通过统计系统内部信息传输系统(Openmail)直接报送批发市场和经营单位的价格资料。

(2)数据上报采用规定的 EXCEL 模板格式，价格保留两位小数。缺省指标可不予填报，但不得改变指标顺序和数据格式。

(3)批发价格数据汇总工作由国家统计局农村司负责。

Programme for the Survey of the Prices of Agricultural Products at the Wholesale Market

I. The Purpose of the Survey

The wholesale prices of agricultural products refer to the prices at which the bargain of the wholesale trade of agricultural products are stricken at the large and medium-sized wholesale market of agricultural products or at the units engaged in the wholesale trade of agricultural products. The purpose of conducting the survey of wholesale prices of agricultural products is to collect the data on the wholesale prices of agricultural products, accurately keep abreast of the change trend of prices of main agricultural products and the situation of their supply and demand in the whole country, so as to meet the needs of the government at different levels and the departments of macro-economic decision-making for formulating the rural economic policies.

II. The Contents of the Survey

The contents of the survey of wholesale prices of agricultural products include the prices of the main agricultural products in farming, forestry, livestock and fishery in the wholesale trade. The varieties surveyed are classified into the following eight categories: (1) grain and edible oil, (2) cotton, (3) vegetable, (4) fruits, (5) flowers, (6) meat, poultry and eggs, (7) aquatic products and (8) wood.

III. Respondents

The respondents of the survey of wholesale prices of agricultural products are the wholesale markets of agricultural products or the units engaged in the wholesale trade of agricultural products. The units to be surveyed are determined on the basis of the trade varieties and sales volume. A total of 100 wholesale markets of agricultural products and the units engaged in the wholesale trade of agricultural products are surveyed in the whole country.

IV. Survey Cycle and Reporting Date

The cycle of the survey of wholesale prices of agricultural products is a month. The date for reporting the wholesale prices is the 25th of every month.

The date for collecting the data on grain, edible oil, cotton, vegetable, fruits, flowers, meat, poultry, eggs and aquatic products is the working day preceding the reporting date. The period for reporting the data on the prices of cotton and wood is the period from the 25th of the previous month to the 24th of this month. When it happens to be a national festival or holiday, the date for collecting or reporting the price data is postponed correspondingly. The actual date for collecting the price data is to be reported.

V. Procedures of the Survey

(1) For the wholesale prices of grain, edible oil, cotton, vegetable, fruits, flowers, meat, poultry, eggs and aquatic products, the data on the price of the product of the largest individual trade at the largest vendor's stand, store or shop in the market are to be collected. The first three largest vendor's stands, stores and (or) shops are the sample units. The largest vendor's stand, store or shop in the market is generally to be selected to be the respondents. The respondents should be stable in a year.

The wholesale price refers to the price of the product of the largest individual trade on the day for collecting price data. The price data are collected by the enumerator from the wholesale vendor's stand, store or shop in the interview on the day for collecting price data.

(2) For the wholesale prices of cotton and wood, the price data should be filled out in the

light of the actual conditions of the wholesale trade of the selected market or the unit engaged in the trade in the reporting period.

The wholesale prices are the weighted average prices in the wholesale trade. The price data on the wholesale of the concerned products should be recorded one by one by the respondents in a classified way and should be periodically processed and reported.

(3) The national unified standard statistical classification and codes are implemented. The survey indicators can be implemented by the different regions in the light of their needs, but no changes should be made in the order and codes of the indicators.

VI. Data Reporting and Tabulation

(1) The NBS survey organizations in different regions should directly report the price data of the wholesale markets and the units engaged in the wholesale trade by means of the Open mail 1, an internal system of information transmission in the national statistical system.

(2) The stipulated format EXELL should be used in reporting data. Two decimals should be kept in the price data. The unavailable data can be left out but no changes should be made in the order of indicators and data format.

(3) The Department of Rural Survey, the National Bureau of Statistics (DRS/NBS) is responsible for the work of tabulation of the data on the wholesale prices.

附录　农产品参考目录

Appendix　Reference Catalogue of Agricultural Products

附录　农产品参考目录

Appendix Reference Catalogue of Agricultural Products

农产品类别与品名	Agricultural Products	生产价格代表产品 Representative Products for Producer Price of Agricultural Products	计量单位 Unit
一、农业产品	I. Farming products	*	
1. 谷物及其他作物	1. Cereal and other crops	*	
1. 1 谷物(原粮)	1. 1. Cereal (unprocessed food grains)	*	公斤 Kg
1. 1. 1 小　麦	1. 1. 1. Wheat	*	公斤 Kg
硬粒小麦	Hard-grained wheat	*	公斤 Kg
软粒小麦	Soft-grained wheat	*	公斤 Kg
混合小麦	Mixed wheat	*	公斤 Kg
其他小麦	Other wheat	*	公斤 Kg
1. 1. 2 稻　谷	1. 1. 2. Paddy	*	公斤 Kg
早籼稻	Early long grained nonglutinous rice	*	公斤 Kg
晚籼稻	Late long grained nonglutinous rice	*	公斤 Kg
粳稻	Round-grained rice	*	公斤 Kg
其他稻谷	Other paddy	*	公斤 Kg
1. 1. 3 玉　米	1. 1. 3. Maize (corn)	*	公斤 Kg
黄玉米	Yellow maize	*	公斤 Kg
白玉米	White maize	*	公斤 Kg
混合玉米	Mixed maize	*	公斤 Kg
其他玉米	Other maize		公斤 Kg
1. 1. 4 杂　粮	1. 1. 4. Coarse cereals	*	公斤 Kg
谷子	Millet	*	公斤 Kg
高粱	Chinese sorghum	*	公斤 Kg
大麦	Barley	*	公斤 Kg
荞麦	Buckwheat	*	公斤 Kg
元麦	Hull-less Barley	*	公斤 Kg
青稞	Highland barley	*	公斤 Kg
莜麦	Naked oats	*	公斤 Kg
燕麦	Oats	*	公斤 Kg
其他杂粮	Other coarse cereals		公斤 Kg
1. 1. 5 谷物副产品	1. 1. 5. By-products of cereals		公斤 Kg
小麦秸	Wheat straw		公斤 Kg
稻草	Rice straw		公斤 Kg
玉米秆	Corn stover		公斤 Kg
大麦秆	Barley straw		公斤 Kg
谷子秆	Millet stalk		公斤 Kg
高粱秆	Chinese sorghum stalk		公斤 Kg
1. 2 薯　类	1. 2. Potato	*	公斤 Kg
红薯	Sweet potato	*	公斤 Kg
马铃薯	White Potato	*	公斤 Kg
其他薯类	Other potatoes		公斤 Kg
薯藤	Potato vines		公斤 Kg

续表 1 continued 1

农产品类别与品名	Agricultural Products	生产价格代表产品 Representative Products for Producer Price of Agricultural Products	计量单位 Unit
1.3 油　料	1.3. Oil-bearing Crops	*	公斤 Kg
花生	Peanut	*	公斤 Kg
油菜籽	Rapeseeds	*	公斤 Kg
芝麻	Sesame	*	公斤 Kg
向日葵	Sunflower	*	公斤 Kg
胡麻籽	Flaxseeds		公斤 Kg
苏籽	Perillaseeds		公斤 Kg
其他油料作物	Other oil-bearing crops		公斤 Kg
花生蔓	Peanut vine		公斤 Kg
油菜籽杆	Rapeseed stalk		公斤 Kg
芝麻杆	Sesame stalk		公斤 Kg
向日葵杆	Sunflower stalk		公斤 Kg
胡麻籽杆	Flaxseed stalk		公斤 Kg
1.4 豆　类	1.4. Beans	*	公斤 Kg
大豆	Soybeans	*	公斤 Kg
绿豆	Mung beans	*	公斤 Kg
红小豆	Red beans	*	公斤 Kg
蚕豆	Broad beans	*	公斤 Kg
豌豆	Peas	*	公斤 Kg
芸豆	Kidney beans	*	公斤 Kg
其他杂豆	Other beans		公斤 Kg
豆秸	Beanstalk		公斤 Kg
1.5 棉花(籽棉)	1.5. Cotton (unginned cotton)	*	公斤 Kg
细绒棉	Thin-staple cotton	*	公斤 Kg
长绒棉	Long-staple cotton	*	公斤 Kg
棉籽	Cottonseeds		公斤 Kg
棉花杆	Cotton stalk		公斤 Kg
1.6 麻　类	1.6. Fiber crops	*	公斤 Kg
黄红麻	Jute and blueish dogbane	*	公斤 Kg
亚麻	Flax	*	公斤 Kg
苎麻	Ramie	*	公斤 Kg
线麻	Hamp		公斤 Kg
苘麻	Abutilon fibre		公斤 Kg
剑麻	Steel hemp		公斤 Kg
其他麻类	Other fiber crops		公斤 Kg
麻杆	Stalks of fiber crops		公斤 Kg
1.7 糖　类	1.7. Sugar crops	*	公斤 Kg
甘蔗	Sugarcane	*	公斤 Kg
甜菜	Beet	*	公斤 Kg
其他糖料	Other sugar crops		公斤 Kg
蔗尾	Top of sugarcane		公斤 Kg
甜叶菜	Beet leaves		公斤 Kg

续表 2 continued 2

农产品类别与品名	Agricultural Products	生产价格代表产品 Representative Products for Producer Price of Agricultural Products	计量单位 Unit
1.8 烟　草	1.8. Tobacco	*	公斤 Kg
烤烟叶	Flue-cured tobacco	*	公斤 Kg
晒烟叶	Sun-cured tobacco	*	公斤 Kg
白肋烟	Whiteerib tobacco		公斤 Kg
香料烟	Perfume tobacco		公斤 Kg
其他烟叶	Other tobacco		公斤 Kg
烟杆	Tobacco stalk		公斤 Kg
1.9 其他农作物	1.9. Other agricultural crops		公斤 Kg
青饲料	Greenfeed		公斤 Kg
牧草	Herbage		公斤 Kg
绿肥	Green manure		公斤 Kg
桑叶	Mulberry leaves		公斤 Kg
席草	Lepironia articulata.		公斤 Kg
蓖麻籽	Castor beans		公斤 Kg
除虫菊	Pyrethrum		公斤 Kg
薄荷油	Peppermint oil		公斤 Kg
莲子	Lotus seed		公斤 Kg
菖蒲	Calamus		公斤 Kg
苇子	Reed		公斤 Kg
菱角	Water caltrop		公斤 Kg
红黑瓜子	Red and black melon seed		公斤 Kg
龙须草	Agrimony		公斤 Kg
木薯	Tapioca		公斤 Kg
糜子	Mizi		公斤 Kg
黍子	Millet		公斤 Kg
蕉芋	Canna edulis Ker		公斤 Kg
野生植物的采集	Gathering of wild plants		公斤 Kg
未列明的其他农作物	Other agricultural crops		公斤 Kg
2. 蔬菜、园艺作物	2. Vegetable and Horticulture	*	
2.1 蔬菜	2.1. Vegetable	*	
2.1.1 叶菜类	2.1.1. Leaf vegetable	*	公斤 Kg
菠菜	Spinach	*	公斤 Kg
芹菜	Celery	*	公斤 Kg
大白菜	Chinese cabbage	*	公斤 Kg
元白菜	Cabbage	*	公斤 Kg
甘蓝	Wild cabbage	*	公斤 Kg
花椰菜	Cauliflower	*	公斤 Kg
莴笋	Asparagus lattuce	*	公斤 Kg
油菜	Rape	*	公斤 Kg
其他叶菜	Other leaf vegetable		公斤 Kg
2.1.2 瓜菜类	2.1.2. Gourd vegetable	*	公斤 Kg
黄瓜	Cucumber	*	公斤 Kg

续表 3 continued 3

农产品类别与品名	Agricultural Products	生产价格代表产品 Representative Products for Producer Price of Agricultural Products	计量单位 Unit
冬瓜	White gourd	*	公斤 Kg
西葫芦	Summer squash	*	公斤 Kg
苦瓜	Balsam pear	*	公斤 Kg
丝瓜	Towed gourd	*	公斤 Kg
南瓜	Pumpkin	*	公斤 Kg
打瓜	Citrullus lanatus		公斤 Kg
瓠子	Bottle gourd		公斤 Kg
其他瓜菜	Other gourd vegetable		公斤 Kg
2.1.3 块根、块茎菜类	2.1.3 Root and tuber vegetable	*	公斤 Kg
萝卜	Radish	*	公斤 Kg
胡萝卜	Carrot	*	公斤 Kg
生姜	Ginger	*	公斤 Kg
芋头	Eddo		公斤 Kg
苔干	Tribute vegetable		公斤 Kg
百合(根)	Lily (root)		公斤 Kg
芋艿	Taro		公斤 Kg
山药	Chinese yam		公斤 Kg
其他块根、块茎菜	Other root and tuber vegetable		公斤 Kg
2.1.4 茄果菜类	2.1.4. Eggplant, tomato and chili, etc.	*	公斤 Kg
茄子	Eggplant	*	公斤 Kg
西红柿	Tomato	*	公斤 Kg
辣椒	Chili	*	公斤 Kg
青椒	Sweetbell	*	公斤 Kg
其他茄果菜类	Others		公斤 Kg
2.1.5 葱蒜类	2.1.5 Onion and Garlic	*	公斤 Kg
大葱	Scallion	*	公斤 Kg
蒜苔	Garlic stalk	*	公斤 Kg
蒜头	Garlic head	*	公斤 Kg
洋葱	Onion		公斤 Kg
蒜苗	Garlic bolt		公斤 Kg
小葱	Shallot		公斤 Kg
韭菜	Fragrant-flowered garlic		公斤 Kg
其他葱蒜类	Others		公斤 Kg
2.1.6 菜用豆类	2.1.6. Garden beans	*	公斤 Kg
四季豆	Kidney beans	*	公斤 Kg
豇豆	Cowpeas	*	公斤 Kg
其他菜用豆	Other garden beans		公斤 Kg
2.1.7 水生菜类	2.1.7. Water vegetable	*	公斤 Kg
莲藕	Lotus root	*	公斤 Kg
茭白	Wild ruice stem	*	公斤 Kg
荸荠	Water chestnut		公斤 Kg
其他水生菜	Other water vegetable		公斤 Kg

续表 4 continued 4

农产品类别与品名	Agricultural Products	生产价格代表产品 Representative Products for Producer Price of Agricultural Products	计量单位 Unit
2.1.8 食用菌(干鲜混合)	2.1.8. Mushroom	*	公斤 Kg
香菇(干品)	Mushroom (dried)	*	公斤 Kg
蘑菇(鲜品)	Mushroom (fresh)	*	公斤 Kg
黑木耳(干品)	Black edible fungus (dried)	*	公斤 Kg
白木耳(干品)	Tremella (dried)	*	公斤 Kg
金针菇(鲜品)	Golden mushroom		公斤 Kg
猴头菌(干品)	Bearded tooth(dried)		公斤 Kg
平菇(鲜品)	Oyster mushroom		公斤 Kg
花菇(干品)	Black forest mushroom		公斤 Kg
其他食用菌	Other edible mushrooms		公斤 Kg
2.1.9 其他蔬菜	2.1.9. Other vegetable		公斤 Kg
椿芽	Chinese cedrela sprouts		公斤 Kg
黄花菜	Other vegetable		公斤 Kg
空心菜	Mater convolvulus		公斤 Kg
荷兰豆	Snow pea		公斤 Kg
芥菜	Mustard		公斤 Kg
莜麦菜	Naked oats		公斤 Kg
生菜	Lettuce		公斤 Kg
苋菜	Amaranth vegetable		公斤 Kg
未列明的其他蔬菜	Other vegetables		公斤 Kg
2.2 花 卉	2.2. Flowers	*	
2.2.1 鲜切花	2.2.1. Fresh flowers	*	枝 Branch
百合花	Lily	*	枝 Branch
康乃馨	Carnation	*	枝 Branch
满天星	June snow (serissa)	*	枝 Branch
勿忘我	Forgetmenot	*	枝 Branch
非洲菊	Flameray Gerbera	*	枝 Branch
玫瑰	Rugosa rose	*	枝 Branch
郁金香	Tulip	*	枝 Branch
情人草	Myosotis	*	枝 Branch
其他鲜切花	Other fresh flowers		枝 Branch
2.3 其他园艺作物	2.3. Other horticulture		
2.3.1 盆栽植物	2.3.1. Potted plant		盆 Pot
杜鹃	Cuckoo	*	盆 Pot
兰草	Orchid		盆 Pot
水仙	Asphodel		盆 Pot
菊	Chrysanthemum		盆 Pot
月季	China rose		盆 Pot
茉莉	Jasmine		盆 Pot
仙人掌(球)	Cacti		盆 Pot
夜来香	Evening primrose		盆 Pot
2.2.3 观赏苗木	2.2.3. Ornamental	*	株 Individual

续表 5　　continued 5

农产品类别与品名	Agricultural Products	生产价格代表产品 Representative Products for Producer Price of Agricultural Products	计量单位 Unit
香樟	Fragrant camphor		株 Individual
松柏	Coniferae		株 Individual
银杏	Gingkgo		株 Individual
茶花	Camellia		株 Individual
玉兰	Yulan		株 Individual
2.3.3 草坪草皮	2.3.3. Sod for lawn	*	平方米 Sq. m
2.3.9 其他园艺作物	2.3.9. Other horticulture		平方米 Sq. m
3. 水果、坚果、饮料和香料	3. Fruits, nuts, beverages and perfume	*	
3.1 水果、坚果	3.1. Fruits and nuts	*	公斤 Kg
3.1.1 园林水果	3.1.1. Garden fruits	*	公斤 Kg
苹果	Apple	*	公斤 Kg
红富士苹果	Hongfushi apple	*	公斤 Kg
国光苹果	Guoguang apple	*	公斤 Kg
秦冠苹果	Qinguan apple	*	公斤 Kg
香蕉苹果	Banana apple	*	公斤 Kg
金冠苹果	Jinguan apple		公斤 Kg
元帅苹果	Yuanshuai (Marshal) apple		公斤 Kg
新红星苹果	New Hongxing apple		公斤 Kg
其他苹果	Other apples		公斤 Kg
梨	Pear	*	公斤 Kg
雪花梨	Snowflake pear	*	公斤 Kg
鸭梨	Ya- pear:Chinese white pear	*	公斤 Kg
酥梨	Soft-pear:a kind of pear	*	公斤 Kg
香梨	Bergamot pear	*	公斤 Kg
苹果梨	Apple pear	*	公斤 Kg
冬果梨	Dongguo pear		公斤 Kg
其他梨	Other pears		公斤 Kg
柑桔	Citrus	*	公斤 Kg
柑	Mandarin orange	*	公斤 Kg
桔	Tangerine	*	公斤 Kg
橙	Orange	*	公斤 Kg
柚	Shaddock		公斤 Kg
其他柑桔	Others		公斤 Kg
其他水果	Other fruits	*	公斤 Kg
香蕉	Banana	*	公斤 Kg
菠萝	Pineapple	*	公斤 Kg
荔枝	Litchi	*	公斤 Kg
龙眼	Longan	*	公斤 Kg
芒果	Mango	*	公斤 Kg
木瓜	Papaya		公斤 Kg
橄榄	Chinese olive		公斤 Kg
桃	Peach	*	公斤 Kg

续表 6 continued 6

农产品类别与品名	Agricultural Products	生产价格代表产品 Representative Products for Producer Price of Agricultural Products	计量单位 Unit
杏	Apricot	*	公斤 Kg
杨梅	Waxberry	*	公斤 Kg
猕猴桃	Chinese goosebeery	*	公斤 Kg
葡萄	Grape	*	公斤 Kg
红枣	Red Chinese date	*	公斤 Kg
柿子	Persimmon	*	公斤 Kg
沙果	Sand fruit	*	公斤 Kg
李子	Plum	*	公斤 Kg
番石榴	Guava		公斤 Kg
枇杷	Loquat		公斤 Kg
青枣	Green Chinese date		公斤 Kg
青梅	Greengage		公斤 Kg
其他园林水果	Other garden fruits		公斤 Kg
3.1.2 瓜果类	3.1.2. Melon	*	公斤 Kg
西瓜	Watermelon	*	公斤 Kg
甜瓜	Cucumis melo	*	公斤 Kg
哈密瓜	Hami melon	*	公斤 Kg
香瓜	Musk melon	*	公斤 Kg
伊丽莎白瓜	Elizabeth melon	*	公斤 Kg
华莱士	Wallace melon	*	公斤 Kg
草莓	Strawberry	*	公斤 Kg
其他瓜果	Others		公斤 Kg
3.1.3 坚果类	3.1.3. Nuts	*	公斤 Kg
椰子	Coconut	*	公斤 Kg
腰果	Cashew	*	公斤 Kg
杏仁	Apricot kernel		公斤 Kg
槟榔	Areca		公斤 Kg
沙棘果	Seabuck thorn		公斤 Kg
其他坚果	Other nuts		公斤 Kg
3.2 茶及其他饮料(干品)	3.2. Tea and other beverages (dried)	*	
3.2.1 茶	3.2.1. Tea	*	
红毛茶	Black tea	*	公斤 Kg
率毛茶	Green tea	*	公斤 Kg
乌龙茶	Oolong tea	*	公斤 Kg
紧压茶原料	Raw material for pressed tea		公斤 Kg
其他茶	Others		公斤 Kg
3.2.2 可可和咖啡	3.2.2. Cocoa and Coffee	*	公斤 Kg
咖啡豆	Coffee bean	*	公斤 Kg
可可豆	Cocoa bean		公斤 Kg
3.2.3 其他饮料(干品)	3.2.3. Other beverages (dried)		公斤 Kg
3.3 香料作物	3.3. Perfume crops		公斤 Kg
月桂	Laurel		公斤 Kg

续表 7 continued 7

农产品类别与品名	Agricultural Products	生产价格代表产品 Representative Products for Producer Price of Agricultural Products	计量单位 Unit
丁香	Clove		公斤 Kg
茴香	Fennel		公斤 Kg
香茅草	Citronella		公斤 Kg
留兰香	Spearmint		公斤 Kg
薰衣草	English lavander		公斤 Kg
百里香	Chinese thyme		公斤 Kg
茉莉花	Jasmine		公斤 Kg
其他	Others		公斤 Kg
4. 中药材	3. Chinese medicinal materials	*	公斤 Kg
茯苓	Fuling (poris cocos)	*	公斤 Kg
党参	Tangshen (pilose asiabell)	*	公斤 Kg
当归	Chinese angelica	*	公斤 Kg
黄芪	Root of membranous milk vetch	*	公斤 Kg
金银花	Honeysuckle	*	公斤 Kg
人参	Ginseng	*	公斤 Kg
黄连	Rhizome of Chinese goldthread	*	公斤 Kg
甘草	Licorice root	*	公斤 Kg
贝母	Bulb of fritillary	*	公斤 Kg
红花	Safflower	*	公斤 Kg
元胡	Amur corydalis	*	公斤 Kg
枸杞	Fruit of Chinese wolfberry	*	公斤 Kg
砂仁	Villous amomum	*	公斤 Kg
菊花	Chrysanthemu	*	公斤 Kg
白术	Largehead atractyldes	*	公斤 Kg
半夏	Tuber of pinelia	*	公斤 Kg
麦冬	Tuber of dwarf lilyturf		公斤 Kg
三七	Pseudo-ginseng	*	公斤 Kg
西洋参	American ginseng		公斤 Kg
麻黄参	Chinese ephedra		公斤 Kg
玄参	Root of Zhejiang figwort		公斤 Kg
肉桂	Cinnamon		公斤 Kg
生地	Dried rhizome of rehmannia	*	公斤 Kg
厚朴	Bark of official magnolia		公斤 Kg
杜仲	Bark of eucommia		公斤 Kg
薄荷	Peppermint		公斤 Kg
枳壳	Trifoliate-orange		公斤 Kg
田七	Notoginseng		公斤 Kg
两面针	Shinleaf pricklyash		公斤 Kg
板蓝根	Root of common baphicacanthus		公斤 Kg
苦丁茶	Kudin crotoxylum (bitter tea tree)		公斤 Kg
罗汉果	Siraitia		公斤 Kg
藿香	Ageratum		公斤 Kg

续表 8 continued 8

农产品类别与品名	Agricultural Products	生产价格代表产品 Representative Products for Producer Price of Agricultural Products	计量单位 Unit
天麻	Tuber of elevated gastrodia		公斤 Kg
灵芝	Glossy ganoderma		公斤 Kg
穿心莲	Creat		公斤 Kg
桔梗	Rampion		公斤 Kg
白芍	Root of herbaceous peony		公斤 Kg
地黄	Glutinous rehmannia		公斤 Kg
干姜	Dried ginger		公斤 Kg
桂枝	Cassia twig		公斤 Kg
丹参	Root of red-rooted salvia		公斤 Kg
大青叶	Common conehead		公斤 Kg
白芷	Root of Dahurian angelica		公斤 Kg
川芎	Ligusticum wallichii		公斤 Kg
泽泻	Water-plaintain		公斤 Kg
附子	Monkshood		公斤 Kg
云木香	Common Aucklandia Root		公斤 Kg
牛夕	Root of bidentate achyranthes		公斤 Kg
凡皮	Fanpi：a kind of traditional chinese medicine		公斤 Kg
玉金	Yujin：a kind of traditional chinese medicine		公斤 Kg
牛膝	Twotooth achyranthes		公斤 Kg
虫草	Chinese caterpillar fungus		公斤 Kg
黄姜	Yellow ginger		公斤 Kg
太子参	Pseudostellaria heterphylla		公斤 Kg
其他药材	Other medicinal materials		公斤 Kg
二、林业产品	II. Forest products	*	
2.1 林木的培育和种植	2.1. Cultivation and planting of forest trees		
2.1.1 育种育苗	2.1.1. Breeding and growing seedlings		亩 mu
育苗面积	Growing seeding areas		亩 mu
2.1.2 造林	2.1.2. Afforestation		亩 mu
人工造林	Manual afforestation		亩 mu
飞机播种造林	Afforestation by airplane		亩 mu
2.1.3 抚育和管理	2.1.3 Breeding and administration		
零星植树	Sporadic tree planting		株 Individual
迹地更新	Slash regeneration		亩 mu
幼林抚育	Breeding of forest of young growth		亩 mu
成林抚育	Breeding of grown forest		亩 mu
2.2 竹木采运	2.2 Felling and transport of bamboo and wood	*	
2.2.1 木材采运	2.2.1 Felling and transport of wood	*	立方米 Stere
2.2.1.1 原木	2.2.1.1 Log	*	立方米 Stere
红松	Korean pine	*	立方米 Stere
落叶松	Larch	*	立方米 Stere
马尾松	Masson pine	*	立方米 Stere
杉木	China fir	*	立方米 Stere

续表 9 continued 9

农产品类别与品名	Agricultural Products	生产价格代表产品 Representative Products for Producer Price of Agricultural Products	计量单位 Unit
云南松	Yunnan pine	*	立方米 Stere
杨木	Poplar		立方米 Stere
桐木	Tung		立方米 Stere
油木	Youmu		立方米 Stere
桦木	Birch		立方米 Stere
2.2.1.2 薪材	2.2.1.2. Firewood		根 Bar
2.2.2 竹木采运	2.2.2. Felling and transport of bamboo	*	根 Bar
水竹	Water bamboo		根 Bar
斑竹	Mottled bamboo		根 Bar
毛竹(楠竹)	Mao bamboo	*	根 Bar
蒿竹	Hao Bamboo	*	根 Bar
淡竹	Henon bamboo		根 Bar
小杂竹	Small mixed baboo		根 Bar
其他竹材	Other bamboo		根 Bar
2.3 林产品的采集	2.3 Gathering of forest products	*	
2.3.1 天然和人工林的果实	2.3.1. Products of natural and artificial forest	*	公斤 Kg
橡胶	Rubber	*	公斤 Kg
生漆	Raw lacquer	*	公斤 Kg
紫胶	Shellac	*	公斤 Kg
白蜡	White wax		公斤 Kg
油桐籽	Seeds of tung oil tree	*	公斤 Kg
油棕籽	Fruits of oil palm		公斤 Kg
乌桕籽	Seeds of Chinese tallow tree	*	公斤 Kg
山苍籽	Seeds of mountain spicy tree		公斤 Kg
五倍籽	Chinese gall (gall nut)	*	公斤 Kg
油茶籽	Seeds of tea-oil tree	*	公斤 Kg
棕片	Palm fibre	*	公斤 Kg
松脂	Rosin	*	公斤 Kg
栲胶	Tannin extract	*	公斤 Kg
核桃	Walnut	*	公斤 Kg
板栗	Chinese chestnut	*	公斤 Kg
白果	Ginkgo	*	公斤 Kg
松子	Pine nut	*	公斤 Kg
花椒	Chinese prickly ash	*	公斤 Kg
八角	Anise	*	公斤 Kg
桂皮	Cassia bark	*	公斤 Kg
胡椒	Pepper	*	公斤 Kg
茴油	Fennel oil		公斤 Kg
桂油	Cassia oil		公斤 Kg
其他果实	Other products		公斤 Kg
2.3.2 其他林产品采集	2.3.2. Gathering of other wild plants		公斤 Kg
柳条	Willow twigs		公斤 Kg

续表 10 continued 10

农产品类别与品名	Agricultural Products	生产价格代表产品 Representative Products for Producer Price of Agricultural Products	计量单位 Unit
藤条	Rattan		公斤 Kg
竹笋干	Dried bamboo shoots		公斤 Kg
桉树叶	Eucalyptus leaves		公斤 Kg
葵叶	Mallow leaves		公斤 Kg
黄柏	Yellow cypress		公斤 Kg
茅草	Couch grass		公斤 Kg
未列明的其他林产品采集	Gathering of other wild plants		公斤 Kg
三、牧业(畜产品)	III. Animal products	*	
3.1 牲畜的饲养	3.1. Livestock raising	*	
3.1.1 牛的饲养	3.1.1. Cattle raising	*	公斤 Kg
活牛(毛重)	Live cattle (gross weight)	*	公斤 Kg
牛肉	Beef	*	公斤 Kg
3.1.2 羊的饲养	3.1.2. Sheep raising	*	公斤 Kg
活羊(毛重)	Live sheep	*	公斤 Kg
羊肉	Mutton	*	公斤 Kg
3.1.3 其他牲畜饲养	3.1.3. Other livestock raising		公斤 Kg
马	Horse		公斤 Kg
驴	Donkey		公斤 Kg
骡	Mule		公斤 Kg
骆驼	Camel		公斤 Kg
其他未列明的牲畜饲养	Other livestock raising		公斤 Kg
3.1.4 奶产品	3.1.4. Milk products	*	公斤 Kg
牛奶	Cow milk	*	公斤 Kg
羊奶	Sheep milk	*	公斤 Kg
其他奶类	Other milk		公斤 Kg
3.1.5 毛绒产品	3.1.5 Hair and down products	*	公斤 Kg
山羊毛	Goat's wool	*	公斤 Kg
绵羊毛	Sheep's wool	*	公斤 Kg
山羊绒	Cashmere	*	公斤 Kg
绵羊绒	Sheep's down		公斤 Kg
牦牛毛	Yak hair	*	公斤 Kg
牦牛绒	Yak down		公斤 Kg
骆驼绒	Camel hair cloth		公斤 Kg
马鬃	Horse's mane		公斤 Kg
马尾	Horse's tail		公斤 Kg
其他毛绒产品	Other Hair and down products		公斤 Kg
3.1.6 其他牲畜产品	3.1.6. Other animal products		公斤 Kg
3.2 猪的饲养	3.2. Pig raising	*	公斤 Kg
活猪(毛重)	Live pig (gross weight)	*	公斤 Kg
猪肉	Pork	*	公斤 Kg
猪鬃	Bristles		公斤 Kg
3.3 家禽	3.3. Poultry	*	公斤 Kg

续表 11 continued 11

农产品类别与品名	Agricultural Products	生产价格代表产品 Representative Products for Producer Price of Agricultural Products	计量单位 Unit
3.3.1 肉禽(毛重)	3.3.1. Poultry (gross weight)	*	公斤 Kg
鸡	Chicken	*	公斤 Kg
鸭	Duck	*	公斤 Kg
鹅	Goose	*	公斤 Kg
鹌鹑	Quail		公斤 Kg
其他家禽	Other poultry		公斤 Kg
3.3.2 禽蛋	3.3.2. Eggs	*	公斤 Kg
鸡蛋	Chicken's eggs	*	公斤 Kg
鸭蛋	Duck 's eggs	*	公斤 Kg
鹅蛋	Goose' s eggs	*	公斤 Kg
鹌鹑蛋	Quail 's eggs		公斤 Kg
其他蛋	Other eggs		公斤 Kg
3.3.3 羽绒	3.3.3. Eider down		公斤 Kg
鸭绒	Duck 's down		公斤 Kg
其他羽绒	Other down		公斤 Kg
3.4 狩猎和扑捉动物	3.4. Hunting and catching animals		张 Sheet
兽皮	Furs		张 Sheet
未列明的动物皮张	Furs not identified		张 Sheet
3.9 其他畜牧业	3.9. Other livestock husbandry		
3.9.1 各种鸟类	3.9.1. Birds		公斤 Kg
鸽子	Pigeon		公斤 Kg
火鸡	Turkey		公斤 Kg
山鸡	Pheasant		公斤 Kg
鸵鸟	Ostrich		公斤 Kg
其他鸟类	Other birds		公斤 Kg
3.9.2 家养动物	3.9.2. Domestic animals		公斤 Kg
兔	Rabbit		公斤 Kg
兔毛	Rabbit hair	*	公斤 Kg
狗	Dog		公斤 Kg
猫	Cat		只 Individual
其他家养动物	Other domestic animals		头 Individual
3.9.3 珍贵动物	3.9.3. Rare animals		头 Individual
鹿	Deer		头 Individual
熊	Bear		头 Individual
獐	Roe		头 Individual
狐狸	River deer		公斤 Kg
水貂	Fox		头 Individual
蛇	Marten		公斤 Kg
其他珍贵动物	Other Rare animals		公斤 Kg
3.9.4 虫类	3.9.4. Worms		公斤 Kg
蚯蚓	Earthworm		公斤 Kg
蝎子	Bristles		公斤 Kg

续表 12 continued 12

农产品类别与品名	Agricultural Products	生产价格代表产品 Representative Products for Producer Price of Agricultural Products	计量单位 Unit
其他虫类	Other Worms		公斤 Kg
3.9.5 活的家畜产品	3.9.5. Live poultry products		
蚕茧	Silkworm cocoon		公斤 Kg
蜂蜜	Honey		公斤 Kg
蜂蜡	Beeswax		公斤 Kg
麝香	Musk		公斤 Kg
鹿茸	Pilose antler		公斤 Kg
其他活的家畜产品	Other live poultry products		
3.9.6 毛皮的生产	3.9.6. Production of furs		
动物皮张	Animals' furs		张 Sheet
其他毛皮的生产	Other furs		公斤 Kg
四、渔业	IV. Fishery	*	
4.1 海水水产品	4.1. Seawater aquatic products	*	公斤 Kg
4.1.1 鱼类	4.1.1. Seawater fish	*	公斤 Kg
大黄鱼	Large yellow croaker	*	公斤 Kg
小黄鱼	Small yellow croaker	*	公斤 Kg
带鱼	Hairtail	*	公斤 Kg
鲈鱼	Perch	*	公斤 Kg
沙丁鱼	Sardine	*	公斤 Kg
鳕鱼	Cod	*	公斤 Kg
石斑鱼	Grouper	*	公斤 Kg
醍鱼	Anchovy		公斤 Kg
梭鱼	Barracuda		公斤 Kg
金枪鱼	Tuna		公斤 Kg
鲳鱼	Silvery pomfret	*	公斤 Kg
海鳗	Moray		公斤 Kg
鲅鱼	Spanish mackerel	*	公斤 Kg
鲐鱼	Chub mackerel		公斤 Kg
马面鱼	Black scraper		公斤 Kg
黄姑鱼	Spotted maigre		公斤 Kg
鳓鱼	Chinese herring		公斤 Kg
马鲛	Japanese Spanish mackerel		公斤 Kg
鲱鱼	Herring		公斤 Kg
梅童鱼	Baby croaker		公斤 Kg
鲻鱼	Mullet		公斤 Kg
蓝圆	Blue scad		公斤 Kg
远东拟沙丁鱼	Far East imitation sardine		公斤 Kg
太平洋鲱	Pacific herring		公斤 Kg
鲆鲽	Left-eyed flounder		公斤 Kg
舌鳎	Tonguefish		公斤 Kg
其他海水鱼类	Other seawater fish		公斤 Kg
4.1.2 海水甲壳蟹类	4.1.2. Seawater shrimp and crab	*	公斤 Kg

续表 13 continued 13

农产品类别与品名	Agricultural Products	生产价格代表产品 Representative Products for Producer Price of Agricultural Products	计量单位 Unit
对虾	Prawn	*	公斤 Kg
毛虾	Shrimp	*	公斤 Kg
爬虾	Mantis shrimp	*	公斤 Kg
脊尾白虾	Exopataemom carimicauda	*	公斤 Kg
鹰爪虾	Trachypemaeus curvirostris	*	公斤 Kg
梭子蟹	Swimming crab	*	公斤 Kg
锯缘青蟹	A kind of seawater crab		公斤 Kg
其他海水甲壳类	Other seawater shrimps and crabs		公斤 Kg
4.1.3 海水贝类	4.1.3. Seawater shellfish	*	公斤 Kg
贻贝	Mussel	*	公斤 Kg
扇贝	Scallop	*	公斤 Kg
牡蛎	Oyster	*	公斤 Kg
鲍鱼	Abalone	*	公斤 Kg
海水珍珠	Seawater pearl		公斤 Kg
蛤	Clam	*	公斤 Kg
蚶	Blood clam		公斤 Kg
海螺	Conch		公斤 Kg
蛏	Razor clam	*	公斤 Kg
其他海水贝类	Other seawater shellfish		公斤 Kg
4.1.4 藻类	4.1.4. Seaweeds	*	公斤 Kg
海带	Kelp	*	公斤 Kg
紫菜	Laver	*	公斤 Kg
其他藻类	Other seaweeds		公斤 Kg
4.1.5 其他海水产品	4.1.5. Other seawater products		公斤 Kg
墨鱼	Inkfish		公斤 Kg
鱿鱼	Squid		公斤 Kg
章鱼	Octopus		公斤 Kg
海蜇	Jellyfish		公斤 Kg
海参	Sea cucumber		公斤 Kg
其他未列明的海水产品	Other seawater products		公斤 Kg
4.2 内陆水域水产品	4.2. Aquatic products in inland water areas	*	公斤 Kg
4.2.1 淡水鱼类	4.2.1. Freshwater fish	*	公斤 Kg
青鱼	Black carp	*	公斤 Kg
草鱼	Grass carp	*	公斤 Kg
鲤鱼	Carp	*	公斤 Kg
鲢鱼	Silver carp	*	公斤 Kg
鲫鱼	Crucian carp	*	公斤 Kg
罗非鱼	Tilapia	*	公斤 Kg
虹鳟鱼	Rainbow trout	*	公斤 Kg
白鱼	Whitefish		公斤 Kg
鳜鱼	Mandarin fish		公斤 Kg
白鲳鱼	Round spadefish		公斤 Kg

续表 14 continued 14

农产品类别与品名	Agricultural Products	生产价格代表产品 Representative Products for Producer Price of Agricultural Products	计量单位 Unit
黑鱼	Snakeheaded fish		公斤 Kg
鲶鱼	Oriental sheatfish	*	公斤 Kg
武昌鱼	Blunt-snout bream	*	公斤 Kg
鳙鱼	Variegated carp		公斤 Kg
鲮鱼	Dace		公斤 Kg
鳊	Bream		公斤 Kg
鲂	John dory		公斤 Kg
黄颡鱼	Yellowcat fish		公斤 Kg
银鱼	Whitebait	*	公斤 Kg
淡水鲈	Freshwater perch		公斤 Kg
大马哈鱼	Chum salmon	*	公斤 Kg
乌鳢	Snakehead mullet		公斤 Kg
淡水鳗	Freshwater ell		公斤 Kg
其他淡水鱼类	Other freshwater fish		公斤 Kg
4. 2. 2 淡水甲壳类	4. 2. 2. Freshwater shrimps and crabs	*	公斤 Kg
龙虾	Lobster	*	公斤 Kg
罗氏沼虾	M. rosenbergii	*	公斤 Kg
青虾	Freshwater shirimp	*	公斤 Kg
克氏螯虾	Procambarus clarkia Giraed	*	公斤 Kg
脊尾虾	Greasyback shrimp	*	
红螯螯虾	Red Swamp Crawfish		
大闸蟹	Steamed crab	*	公斤 Kg
其他淡水甲壳类	Other freshwater shrimp and crab		公斤 Kg
4. 2. 3 淡水贝类	4. 2. 3. Freshwater shellfish	*	公斤 Kg
淡水珍珠	Freshwater pearl		公斤 Kg
螺丝	Spiral shell		公斤 Kg
河蚌	Freshwater mussel		公斤 Kg
其他淡水贝类	Other freshwater shellfish		公斤 Kg
4. 2. 4 其他淡水养殖产品	4. 2. 4. Other freshwater breeding products		公斤 Kg
河鳗	River eel		公斤 Kg
牛蛙	Bullfrog		公斤 Kg
甲鱼	Soft-shelled turtle		公斤 Kg
黄鳝	Ricefield eel		公斤 Kg
泥鳅	Loach		公斤 Kg
龟	Tortoise		公斤 Kg
蛙	frog		公斤 Kg
未列明的其他淡水产品	Other freshwater products		公斤 Kg